사무엘하 (성경, 이해하며 읽기)

Reading in understanding the Bible

사무엘하

장석환 지음

성경, 이해하며 읽기
시리즈를 시작하며 2

성경을 통해 하나님을 만난다.
성경을 통해 하나님과 동행하면 풍성한 삶이 된다.

누구를 만날 때는 인격적인(지·정·의) 만남이 되어야 한다.
그의 생각과 마음을 만나고 힘께기 공유하는 만남이다.
성경에는 하나님의 뜻(지)과 마음(정)과 힘(의)이 담겨 있다.
성경을 잘 읽으면 우리는 하나님을 만나게 된다.
눈으로 보는 것보다 더 실제적이다.

좋은 사람과 만나 대화를 하면 행복하듯이
말씀으로 하나님을 만나면 행복하다.
성경은 하나님을 만나는 가장 실제적 방법이다.

마음과 의미가 전달되지 않는 대화가 무의미하듯이
성경을 이해하지 않고 읽으면, 성경을 읽는 것이 아니다.
성경을 잘 이해하지 못하면
성경을 통해 하나님을 만나는 것을 모른다.

모든 사람이 성경을 이해하면서 읽기를 소망하며
매우 쉽지만 누군가에게는 가장 좋은 주석이 되기를 소원하며
큰 글자로 된 쉬운 주석 시리즈를 쓰고 있다.

이 주석이 하나님을 생생하게 만나는 만남의 장이 되기를 기도한다.
하나님께 영광되기를 기도한다.

목 차

사무엘하

시 대

사무엘하는 사울의 죽음으로 시작된 다윗의 통치를 다룬다. 쉽게 기억하기에는 사무엘상은 사울, 사무엘하는 다윗의 시대라고 기억하면 좋다.

내 용

다윗 통치의 성공은 10장까지이고 그 이후 10장(11장-20장)은 다윗의 죄와 벌에 대한 이야기이다. 이후 4장(21장-24장)은 부록과 같은 것으로 다윗의 생애를 돌아보게 하는 에피소드이다.

다윗이 밧세바와의 관계에서 범한 죄는 그의 전 생애에서 아주 강력하게 영향을 미친다. 그래서 사무엘하는 '죄와 벌'이라고 이해해도 될 정도로 벌에 대한 강력한 이야기를 구성한다. 에피소드도 '죄와 벌 그리고 찬양'을 다루고 있다.

간음을 범한 사람들이 흔히 하는 변명이 '다윗도 죄를 범하였다'는 말이다. 그러나 그들이 사무엘하를 잘 읽어 다윗이 죄를 범한 이후 얼마나 큰 고통을 겪게 되었는지를 알았으면 결코 그렇게 말하지 않을 것이다.

다윗의 죄와 벌을 보면서 우리는 죄의 값이 얼마나 큰지를 철저히 깨닫고 느껴야 한다.

<성경본문>

1. 한글본문: 대한성서공회. (1998). 성경전서: 개역개정. 대한성서공회.
   "여기에 사용한 '성경전서 개역개정판'의 저작권은 재단법인 대한성서공회 소유이며, 재단법인 대한성서공회의 허락을 받고 사용하였음."

2. 영어본문: GNB(American Bible Society. (1992). The Holy Bible: The Good news Translation (2nd ed.). American Bible Society.)

1부

다윗의 성공 이야기

(1:1-10:19)

1장

사울의 죽음에 대한
사람들의 반응

1 사울이 죽은 후에 다윗이 아말렉 사람을 쳐죽이고 돌아와 다윗이 시글락에서 이틀을 머물더니

1 After Saul's death David came back from his victory over the Amalekites and stayed in Ziklag for two days.

1:1 사울이 죽은 후에. 사울의 죽음은 사무엘하의 시작 역할을 한다. 새로운 시대가 시작되는 것이다.

2 사흘째 되는 날에 한 사람이 사울의 진영에서 나왔는데 그의 옷은 찢어졌고 머리에는 흙이 있더라 그가 다윗에게 나아와 땅에 엎드려 절하매

2 The next day a young man arrived from Saul's camp. To show his grief, he had torn his clothes and put earth on his head. He went to David and bowed to the ground in respect.

1:2 사흘째 되는 날에 한 사람이 사울의 진영에서 나왔는데. '사흘째 되는 날'은 다윗이 아말렉과 전쟁을 하고 시글락에 온지 사흘이 되었다는 말이다. 날짜를 계속 강조하여 말하고 있다. '사흘'은 아말렉 사람이 80km이상 떨어진 이스라엘과 블레셋 사이의 전쟁터였던 길보아 산에서 시글락까지 오는데 걸리는 시간이다. 사울이 블레셋과 싸워 패배하였을 그 시간에 다윗은 아말렉과 싸워 승리하였던 것이다.

3 다윗이 그에게 묻되 너는 어디서 왔느냐 하니 대답하되 이스라엘 진영에서 도망하여 왔나이다 하니라

4 다윗이 그에게 이르되 일이 어떻게 되었느냐 너는 내게 말하라 그가 대답하되 군사가 전쟁 중에 도망하기도 하였고 무리 가운데에 엎드러져 죽은 자도 많았고 사울과 그의 아들 요나단도 죽었나이다 하는지라

5 다윗이 자기에게 알리는 청년에게 묻되 사울과 그의 아들 요나단이 죽은 줄을 네가 어떻게 아느냐

6 그에게 알리는 청년이 이르되 내가 우연히 길보아 산에 올라가 보니 사울이 자기 창에 기대고 병거와 기병은 그를 급히 따르는데

7 사울이 뒤로 돌아 나를 보고 부르시기로 내가 대답하되 내가 여기 있나이다 한즉

8 내게 이르되 너는 누구냐 하시기로 내가 그에게 대답하되 나는 아말렉 사람이니이다 한즉

9 또 내게 이르시되 내 목숨이 아직 내게 완전히 있으므로 내가 고통 중에 있나니 청하건대 너는 내 곁에 서서 나를 죽이라 하시기로

10 그가 엎드러진 후에는 살 수 없는 줄을 내가 알고 그의 곁에 서서 죽이고 그의 머리에 있는 왕관과 팔에 있는 고리를 벗겨서 내 주께로 가져왔나이다 하니라

3 David asked him, "Where have you come from?" "I have escaped from the Israelite camp," he answered.

4 "Tell me what happened," David said. "Our army ran away from the battle," he replied, "and many of our men were killed. Saul and his son Jonathan were also killed."

5 "How do you know that Saul and Jonathan are dead?" David asked him.

6 He answered, "I happened to be on Mount Gilboa, and I saw that Saul was leaning on his spear and that the chariots and horsemen of the enemy were closing in on him.

7 Then he turned round, saw me, and called to me. I answered, 'Yes, sir!'

8 He asked who I was, and I told him that I was an Amalekite.

9 Then he said, 'Come here and kill me! I have been badly wounded, and I'm about to die.'

10 So I went up to him and killed him, because I knew that he would die anyway as soon as he fell. Then I took the crown from his head and the bracelet from his arm, and I have brought them to you, sir."

1:10 그의 곁에 서서 죽이고 그의 머리에 있는 왕관과 팔에 있는 고리를 벗겨서 내 주께로 가져왔나이다. 그는 아말렉 사람이지만 이스라엘에 속한 병사였다. 그런데 사울이 자신을 죽여 달라는 부탁을 하여 '그를 죽이고 그 증거물로 사울의 왕관과 팔걸이를 가져왔다'고 말하였다.

사무엘상에서는 사울이 '자살하였다'고 말한다. 그런데 여기에서 이 사람은 자신이 죽였다고 말한다. 무엇이 맞을까? 아마 사무엘상의 기록대로 사울이 자살하였다는 것이 더 가능성이 높을 것이다. 사무엘상은 성경 저자가 '사울이 자살하였다'고 말하였다. 그런데 여기에서는 한 아말렉 사람이 '자신이 죽였다'고 주장한다. 사울이 자살을 시도하였고 미쳐 죽지 못하고 죽어가고 있다가 아말렉 사람에게 부탁하여 죽었을 가능성도 있지만 그것보다는 아말렉 사람이 거짓말을 하고 있는 것으로 보는 것이 더 맞을 것 같다.

이 사람은 우연히 사울의 마지막 모습을 목격한 것 같다. 그 순간 그는 사울의 왕관과 팔고리를 훔쳤다. 그리고 그것으로 더 큰 유익을 얻기 위해 다윗에게 오기로 마음을 먹은 것으로 보인다. 그의 짧은 생각으로는 사울의 왕관을 다윗에게 가져가면 다윗이 기뻐하고 그에게 더 큰 상급을 줄 것이라 생각하였음이 분명하다. 비록 죽은 사울에게서 왕관을 빼앗은 것이지만 자신이 왕으로 섬기던 왕의 것을 탈취하여 다윗에게 가져온 것은 참으로 비열한 모습이다.

> **11** 이에 다윗이 자기 옷을 잡아 찢으매 함께 있는 모든 사람도 그리하고
>
> **11** David tore his clothes in sorrow, and all his men did the same.

1:11 자기 옷을 잡아 찢으매. 다윗은 사울의 죽음 소식을 듣고 슬퍼하였다. 어찌 보면 원수가 죽은 것이기 때문에 기뻐해야 할 것 같다. 그러나 다윗은 그의 죽음을 대하였을 때 진심으로 슬퍼하였다.

> **12** 사울과 그의 아들 요나단과 여호와의 백성과 이스라엘 족속이 칼에 죽음으로 말미암아 저녁 때까지 슬퍼하여 울며 금식하니라
>
> **13** 다윗이 그 소식을 전한 청년에게 묻되 너는 어디 사람이냐 대답하되 나는 아말렉 사람 곧 외국인의 아들이니이다 하니
>
> **12** They grieved and mourned and fasted until evening for Saul and Jonathan and for Israel, the people of the Lord, because so many had been killed in battle.
>
> **13** David asked the young man who had brought him the news, "Where are you from?"

He answered, "I'm an Amalekite, but I live in your country."

1:12 사울과 그의 아들 요나단과 여호와의 백성과 이스라엘 족속이 칼에 죽음으로. 사울은 이스라엘의 왕이다. 하나님께서 세우신 왕이 죽임을 당하였다. 사랑하는 요나단이 죽었다. 하나님의 백성 이스라엘 사람들이 많이 죽었다. 그것은 참으로 슬픈 일이다. 그들의 죽음은 어찌 보면 모두 다윗이 싸워야 할 대상일 수도 있다. 다윗이 사울을 싸움의 대상으로 생각할 때는 모두 적이다. 그러면 기쁜 일일 것이다. 그러나 하나님 앞에서 생각하면 모두가 같은 민족이요, 하나님의 백성이다. 다윗은 싸움의 대상으로서 자신의 적들이 죽은 것으로 생각하지 않고 하나님의 백성들이 죽은 것으로 생각하였기에 그들의 죽음을 크게 슬퍼하였다. 금식하며 슬퍼하였다.

사람들은 자신의 입장에서 사물을 보기 쉽다. 아무리 선한 사람이라 할지라도 자신에게 적이면 적으로 생각한다. 그러나 신앙인은 만물을 다스리시는 하나님의 관점에서 생각하는 습관을 길러야 한다. 하나님께서 보실 때 어떠실지를 생각해야 한다. 그래야 하나님께서 기뻐하시는 것을 생각하고 선택할 수 있다. 어떤 것은 나에게 매우 큰 유익 같지만 실제로는 매우 해로운 것도 있을 수 있다. 그러기에 마치 내가 세상의 주관자처럼 자신의 입장에서만 유익인가 그렇지 않은가를 생각하지 말고 하나님의 시야에서 '무엇이 옳고 그른지'를 생각해야 한다.

> **14** 다윗이 그에게 이르되 네가 어찌하여 손을 들어 여호와의 기름 부음 받은 자 죽이기를 두려워하지 아니하였느냐 하고
>
> **15** 다윗이 청년 중 한 사람을 불러 이르되 가까이 가서 그를 죽이라 하매 그가 치매 곧 죽으니라
>
> **14** David asked him, "How is it that you dared to kill the Lord's chosen king?"
>
> **15** Then David called one of his men and said, "Kill him!" The man struck the Amalekite and mortally wounded him,

1:14 여호와의 기름 부음 받은 자 죽이기를 두려워하지 아니하였느냐. 아말렉 사람이 자신이 죽이지도 않았으면서 죽였다고 거짓말한 것이라면 그는 거짓말한 죄가 있는 것이요, 만약 실제로 그가 죽였다면 하나님께서 세운 왕을 함부로 죽인 죄로 죽임을 당하는 것이다.

아말렉 사람은 다윗이 기뻐할 줄 알았다. 자신에게 큰 상급이 있을 줄 알았다. 그러나 다윗이 생각하기에는 그것은 큰 상급이 아니라 큰 벌을 받아야 하는 죄였다. 이렇게 서로 생각이 다른 것은 '누구의 편에 서 있는가'가 다르기 때문이다. 아말렉 사람은 보통 세상 사람들의 이기주의적 관점에 있었고 다윗은 하나님의 입장에서 판단하고 있기 때문이다.

> 16 다윗이 그에게 이르기를 네 피가 네 머리로 돌아갈지어다 네 입이 네게 대하여 증언하기를 내가 여호와의 기름 부음 받은 자를 죽였노라 함이니라 하였더라
>
> 17 다윗이 이 슬픈 노래로 사울과 그의 아들 요나단을 조상하고
>
> 16 and David said to the Amalekite, "You brought this on yourself. You condemned yourself when you admitted that you killed the one whom the Lord chose to be king."
>
> 17 David sang this lament for Saul and his son Jonathan,

1:16 네 피가 네 머리로 돌아갈지어다. 아말렉 사람은 결국 죽임을 당하였다. 그는 세상에서 출세하고 더 많은 이익을 얻기 위해 재빠르게 움직였다. 기회를 잡았다. 그러나 그의 모습은 하나님 앞에서도 사람 앞에서도 아름다운 모습이 아니었다. 추한 모습이었다. 세상에서 출세하는 것처럼 보여도 추한 모습은 결국 심판을 받을 것이다.

> 18 명령하여 그것을 유다 족속에게 가르치라 하였으니 곧 활 노래라 야살의 책에 기록되었으되
>
> 19 이스라엘아 네 영광이 산 위에서 죽임을 당하였도다 오호라 두 용사가 엎드러졌도다
>
> 18 and ordered it to be taught to the people of Judah. (It is recorded in The Book of Jashar.)
>
> 19 "On the hills of Israel our leaders are dead! The bravest of our soldiers have fallen!

1:18 유다 족속에게 가르치라. 다윗이 사울과 요나단의 죽음을 많이 슬퍼하였다는 것을 의미한다. 죽음은 슬픈 일이다. 당분간은 더 이상 볼 수 없다. 그래서 죽음은 늘 슬

프다. 그런데 이 슬픔을 숨기는 것이 아니라 드러냈다. 죽음은 슬프지만 그것 자체가 숨겨야 하는 절망적인 것은 아니다.

> 20 이 일을 가드에도 알리지 말며 아스글론 거리에도 전파하지 말지어다 블레셋 사람들의 딸들이 즐거워할까, 할례 받지 못한 자의 딸들이 개가를 부를까 염려로다
>
> 20 Do not announce it in Gath or in the streets of Ashkelon. Do not make the women of Philistia glad; do not let the daughters of pagans rejoice.

1:20 이 일을 가드에도 알리지 말며...즐거워할까...개가를 부를까 염려로다. 사울이 죽었을 때 이미 블레셋에는 다 전파되었다. 그러기에 다윗이 블레셋에 알리지 말라는 것은 사실적인 묘사가 아니라 시적인 표현으로서 그들이 즐거워하며 축하하는 것에 대해 슬퍼하는 것을 표현한 것이다.

> 21 길보아 산들아 너희 위에 이슬과 비가 내리지 아니하며 제물 낼 밭도 없을지어다 거기서 두 용사의 방패가 버린 바 됨이니라 곧 사울의 방패가 기름 부음을 받지 아니함 같이 됨이로다
>
> 21 "May no rain or dew fall on Gilboa's hills; may its fields be always barren! For the shields of the brave lie there in disgrace; the shield of Saul is no longer polished with oil.

1:21 길보아 산들아 너희 위에 이슬과 비가 내리지 아니하며. 이것은 사울과 요나단이 길보아 산에서 죽었기 때문에 그것에 대해 길보아 산이 책임이 있으며 저주받기를 원한다는 것이다. 이것은 길보아 산에 대한 것이기 보다는 사울과 요나단의 죽음을 애통해 하는 마음의 표현이다.

> 22 죽은 자의 피에서, 용사의 기름에서 요나단의 활이 뒤로 물러가지 아니하였으며 사울의 칼이 헛되이 돌아오지 아니하였도다

22 Jonathan's bow was deadly, the sword of Saul was merciless, striking down the mighty, killing the enemy.

1:22 이 구절은 해석이 애매하지만 사울과 요나단의 용맹함에 대한 이야기다. 앞 부분(21절 하반절)과 같이 해석하면 방패(이 당시에 주로 나무와 가죽으로 만들어 짐)를 기름으로 발라서 잘 보관하였는데 기름 대신 사람들의 피와 지방으로 방패가 물들었음을 이야기한다. 그리고 요나단의 활과 사울의 칼이 적군을 무수히 무찔렀음을 말한다.

23 사울과 요나단이 생전에 사랑스럽고 아름다운 자이러니 죽을 때에도 서로 떠나지 아니하였도다 그들은 독수리보다 빠르고 사자보다 강하였도다

23 "Saul and Jonathan, so wonderful and dear; together in life, together in death; swifter than eagles, stronger than lions.

1:23 사울과 요나단이 생전에 사랑스럽고. 사울과 요나단이 생전에 서로 사랑하는 관계였음을 의미한다. **죽을 때에도 서로 떠나지 아니하였도다.** 죽을 때는 또 함께 죽음으로 그 관계가 매우 돈독하였다는 것을 표현한다. 요나단은 아버지의 허물을 알고 있었지만 아버지를 떠나지 않았다. 아버지와 함께하였다. 사울도 요나단이 다윗 편을 드는 것을 알았지만 그래도 끝까지 요나단과 함께 하였다.

24 이스라엘 딸들아 사울을 슬퍼하여 울지어다 그가 붉은 옷으로 너희에게 화려하게 입혔고 금 노리개를 너희 옷에 채웠도다

25 오호라 두 용사가 전쟁 중에 엎드러졌도다 요나단이 네 산 위에서 죽임을 당하였도다

24 "Women of Israel, mourn for Saul! He clothed you in rich scarlet dresses and adorned you with jewels and gold.

25 "The brave soldiers have fallen, they were killed in battle. Jonathan lies dead in the hills.

1:24 붉은 옷으로 너희에게 화려하게 입혔고 금 노리개를 너희 옷에 채웠도다. '붉은(진

홍색) 옷'은 고급 옷을 의미한다. 이것은 사울로 인하여 고급 옷과 노리개를 사용하게 되었음을 의미한다. 곧 부요하게 되었음을 말하는 것이다. 사울이 왕으로 있는 동안 이스라엘은 이전보다 더 부강하고 부요할 수 있었다. 사울의 업적을 인정하고 기억하라는 말이다.

> 26 내 형 요나단이여 내가 그대를 애통함은 그대는 내게 심히 아름다움이라 그대가 나를 사랑함이 기이하여 여인의 사랑보다 더하였도다
>
> 27 오호라 두 용사가 엎드러졌으며 싸우는 무기가 망하였도다 하였더라
>
> 26 "I grieve for you, my brother Jonathan; how dear you were to me! How wonderful was your love for me, better even than the love of women.
>
> 27 "The brave soldiers have fallen, their weapons abandoned and useless."

1:26 그대는 내게 심히 아름다움이라 그대가 나를 사랑함이 기이하여. 다윗은 요나단이 자신을 얼마나 인정하고 사랑하였는지를 기억하였다. 그것은 참으로 기이하다 할 정도로 많이 아끼는 마음이었다. 다윗은 이 시를 '활(의 노래)'이라고 불렀다. '활'은 요나단을 상징한다. 다윗은 사울의 칼이 아니라 요나단의 활을 애가 제목으로 삼았다. 그만큼 그가 진심으로 애도하는 이는 요나단이다. 요나단은 이스라엘의 왕이 되지 못하였다. 그는 후반부에는 존재감 없이 전쟁에서 허망하게 죽고 말았다. 그러나 다윗은 이 애가를 지으면서 요나단을 주인공으로 삼았다. 하나님께서도 요나단을 기억하여 주실 것이다. 세상에서의 직분이 아니라 삶이 기억된다.

이스라엘이
두 나라로 나뉘어 전쟁

1 그 후에 다윗이 여호와께 여쭈어 아뢰되 내가 유다 한 성읍으로 올라가리이까 여호와께서 이르시되 올라가라 다윗이 아뢰되 어디로 가리이까 이르시되 헤브론으로 갈지니라

2 다윗이 그의 두 아내 이스르엘 여인 아히노암과 갈멜 사람 나발의 아내였던 아비기일을 데리고 그리로 올라갈 때에

3 또 자기와 함께 한 추종자들과 그들의 가족들을 다윗이 다 데리고 올라가서 헤브론 각 성읍에 살게 하니라

1 After this, David asked the Lord, "Shall I go and take control of one of the towns of Judah?" "Yes," the Lord answered. "Which one?" David asked. "Hebron," the Lord said.

2 So David went to Hebron, taking with him his two wives: Ahinoam, who was from Jezreel, and Abigail, Nabal's widow, who was from Carmel.

3 He also took his men and their families, and they settled in the towns round Hebron.

2:1 그 후에 다윗이 여호와께 여쭈어. 사울이 죽었다는 소식을 들은 다윗은 블레셋의 땅 시글락에 더 이상 머무르지 않고 유다 지역으로 이주하고자 하였다. 그러나 그것을 먼저 하나님께 물었다. 아마 대제사장이 가지고 있는 우림과 둠밈을 통해 하나님의 뜻을 물었을 것이다.

4 유다 사람들이 와서 거기서 다윗에게 기름을 부어 유다 족속의 왕으로 삼았더라 어떤 사람이 다윗에게 말하여 이르되 사울을 장사한 사람은 길르앗 야베스 사람들이니이다 하매

4 Then the men of Judah came to Hebron and anointed David as king of Judah. When David heard that the people of Jabesh in Gilead had buried Saul,

2:4 유다 사람들이 와서 거기서 다윗에게 기름을 부어 유다 족속의 왕으로 삼았더라. 유다 지파 사람들은 흔쾌히 다윗을 왕으로 받아들였다. 혼돈의 시대에 다윗은 유다 지파의 왕으로 세움을 입었다.

5 다윗이 길르앗 야베스 사람들에게 전령들을 보내 그들에게 이르되 너희가 너희 주 사울에게 이처럼 은혜를 베풀어 그를 장사하였으니 여호와께 복을 받을지어다

6 너희가 이 일을 하였으니 이제 여호와께서 은혜와 진리로 너희에게 베푸시기를 원하고 나도 이 선한 일을 너희에게 갚으리니

7 이제 너희는 손을 강하게 하고 담대히 할지어다 너희 주 사울이 죽었고 또 유다 족속이 내게 기름을 부어 그들의 왕으로 삼았음이니라 하니라

5 he sent some men there with the message: "May the Lord bless you for showing your loyalty to your king by burying him.

6 And now may the Lord be kind and faithful to you. I too will treat you well because of what you have done.

7 Be strong and brave! Saul your king is dead, and the people of Judah have anointed me as their king."

2:5 길르앗 야베스 사람들에게 전령들을 보내...여호와께 복을 받을지어다. 길르앗 야베스 사람들이 사울과 요나단의 시신을 거두기 위해 벧산에서 보여준 용기에 대해 칭찬하였다. 이것이 의미하는 것은 무엇일까? 다윗은 자신을 사울 왕과 적의 자리에 놓지 않았다. 길르앗 야베스 사람들이 사울 왕에게 잘하고 충성한 것은 다윗 왕에게 원수가 되는 것이 아니다. 오히려 사울 왕에게 잘한 것이 다윗 왕에게 잘한 것이나 마찬가지다. 다윗은 지금 비록 혼란 시기에 북쪽에 대해 지배권을 가지고 있지 못하고 유다 지파의 왕으로 있지만 새로운 나라가 아니라 사울 왕에 이어 이스라엘의 2대 왕이 되었다. 이스라엘의 왕으로서 정통성을 가지고 있다. 이전 사울 왕 때에 잘한 것이 다윗 왕에게도 잘한 것이나 마찬가지다. 하나님 나라는 하나이기 때문에 더욱더 그러하다.

8 사울의 군사령관 넬의 아들 아브넬이 이미 사울의 아들 이스보셋을 데리고 마하나임으로 건너가

9 길르앗과 아술과 이스르엘과 에브라임과 베냐민과 온 이스라엘의 왕으로 삼았더라

8 The commander of Saul's army, Abner son of Ner, had fled with Saul's son Ishbosheth across the Jordan to Mahanaim.

9 There Abner made Ishbosheth king of the territories of Gilead, Asher, Jezreel, Ephraim, and Benjamin, and indeed over all Israel.

2:8-9 이스보셋은 사울의 아들이기 때문에 왕이 될 자격을 갖추었다고 할 수 있다. 그러나 이스보셋은 혈통적으로 사울의 아들이라는 것 외에 다른 부분은 정통성을 가지고 있지 못하였다. 이스보셋은 하나님께서 세우신 것이 아니라 임의적으로 세워진 것이었다. 선지자나 대제사장의 기름부음이 없었다. 단지 군사령관인 아브넬이 군사력을 배경으로 이스보셋을 왕으로 세운 것이다. 백성들이 세운 것도 아니다. 오직 군대장관이 독단적으로 세운 것이다. **마하나임.** 이스보셋은 '마하나임'을 수도로 하였다. 요단강 동편에 있다. 이스라엘 지파의 땅이기는 하지만 전통적인 이스라엘의 땅인 요단강 서편이 아니다. 물론 그곳에 수도를 세울 수밖에 없는 이유가 있을 것이다. 길보아 산에서 블레셋에 패한 이후 요단강 서편은 그들에게 매우 위험한 지역이 되었다. 그래서 요단강 동편으로 가서 후일을 도모하였을 것이다. 그러나 그곳은 이스라엘이 약속 받은 약속의 땅에서 거리가 있다.

10 사울의 아들 이스보셋이 이스라엘 왕이 될 때에 나이가 사십 세이며 두 해 동안 왕위에 있으니라 유다 족속은 다윗을 따르니

11 다윗이 헤브론에서 유다 족속의 왕이 된 날 수는 칠 년 육 개월이더라

12 넬의 아들 아브넬과 사울의 아들 이스보셋의 신복들은 마하나임에서 나와 기브온에 이르고

10 He was 40 years old when he was made king of Israel, and he ruled for two years. But the tribe of Judah was loyal to David,

11 and he ruled in Hebron over Judah for seven and a half years.

12 Abner and the officials of Ishbosheth went from Mahanaim to the city of Gibeon.

2:10-11 이스보셋이...두 해 동안 왕위에 있으니라...다윗이 헤브론에서 유다 족속의 왕이 된 날 수는 칠 년 육 개월이더라. 두 왕 사이에 기간이 차이가 나는 것은 다윗이 헤

브론에서 왕이 된 후 5년 6개월 동안은 북이스라엘에 왕이 없었다는 것을 의미한다. 북이스라엘은 어떤 이유에서인지 왕을 세우지 않았다. 아마 아브넬의 의도 때문일 것이다. 어쩌면 그가 왕이 되려다가 여론이 좋지 않자 형식적으로 사울의 아들을 왕으로 세운 측면이 있을 것이다.

> 13 스루야의 아들 요압과 다윗의 신복들도 나와 기브온 못 가에서 그들을 만나 함께 앉으니 이는 못 이쪽이요 그는 못 저쪽이라
>
> 13 Joab, whose mother was Zeruiah, and David's other officials met them at the pool, where they all sat down, one group on one side of the pool and the other group on the opposite side.

2:13 기브온 못 가에서 그들을 만나 함께 앉으니. 북이스라엘이나 유다 사람 모두 하나님의 백성이다. 그런데 그들이 전쟁을 하게 되었다. 아브넬은 전면전보다는 대표로 싸우자고 하였다.

> 14 아브넬이 요압에게 이르되 원하건대 청년들에게 일어나서 우리 앞에서 겨루게 하자 요압이 이르되 일어나게 하자 하매
>
> 15 그들이 일어나 그 수대로 나아가니 베냐민과 사울의 아들 이스보셋의 편에 열두 명이요 다윗의 신복 중에 열두 명이라
>
> 14 Abner said to Joab, "Let's get some of the young men from each side to fight an armed contest." "All right," Joab answered.
>
> 15 So twelve men, representing Ishbosheth and the tribe of Benjamin, fought twelve of David's men.

2:14 청년들에게 일어나서 우리 앞에서 겨루게 하자. 다윗과 골리앗이 싸운 것처럼 서로 대표를 내세워 싸우는 싸움을 하였다.

16 각기 상대방의 머리를 잡고 칼로 상대방의 옆구리를 찌르매 일제히 쓰러진지라 그러므로 그 곳을 헬갓 핫수림이라 일컬었으며 기브온에 있더라

16 Each man caught his opponent by the head and plunged his sword into his opponent's side, so that all 24 of them fell down dead together. And so that place in Gibeon is called "Field of Swords".

2:16 칼로 상대방의 옆구리를 찌르매 일제히 쓰러진지라. 각 진영이 12명의 병사를 내세웠는데 서로가 서로를 동시에 찔러 모두 죽었다. **헬갓 핫수림.** 번역하면 '칼날의 들판'이다. 날카로운 칼날에 의해 아까운 병사들이 모두 죽임을 당하였다. 24명의 군사들이 한꺼번에 다 죽은 것은 전쟁의 참혹함을 말해주는 것 같다. 승자 없는 전쟁을 상징적으로 말해주는 것이다. 전쟁은 이겨도 패자가 되는 경우가 많다. 그런데 동족상잔의 전쟁은 더욱더 그러하다. 누가 죽더라도 하나님의 백성이 죽는 것이다. 그러니 이 전쟁은 참으로 불행한 전쟁이다.

17 그 날에 싸움이 심히 맹렬하더니 아브넬과 이스라엘 사람들이 다윗의 신복들 앞에서 패하니라

18 그 곳에 스루야의 세 아들 요압과 아비새와 아사헬이 있었는데 아사헬의 발은 들노루 같이 빠르더라

17 Then a furious battle broke out, and Abner and the Israelites were defeated by David's men.

18 The three sons of Zeruiah were there: Joab, Abishai, and Asahel. Asahel, who could run as fast as a wild deer,

2:17 이스라엘 사람들이 다윗의 신복들 앞에서 패하니라. 다윗의 장군들이 전쟁에서 이겼다. 이것이 앞으로의 방향이다. 하나님의 뜻이다. 그러나 그렇게 자랑스러운 승리는 아니다. 이 전쟁은 다윗이 헤브론에서 통치한 7년 6개월의 기간 중 기록된 유일한 전쟁이다. 이 전쟁에 다윗이 참여하지도 않았다. 전면적인 성격도 아니다. 다윗이 이스라엘과의 싸움을 피했음을 추측할 수 있다.

19 아사헬이 아브넬을 쫓아 달려가되 좌우로 치우치지 않고 아브넬의 뒤를 쫓으니

20 아브넬이 뒤를 돌아보며 이르되 아사헬아 너냐 대답하되 나로라

21 아브넬이 그에게 이르되 너는 왼쪽으로나 오른쪽으로나 가서 청년 하나를 붙잡아 그의 군복을 빼앗으라 하되 아사헬이 그렇게 하기를 원하지 아니하고 그의 뒤를 쫓으매

22 아브넬이 다시 아사헬에게 이르되 너는 나 쫓기를 그치라 내가 너를 쳐서 땅에 엎드러지게 할 까닭이 무엇이냐 그렇게 하면 내가 어떻게 네 형 요압을 대면하겠느냐 하되

19 started chasing Abner, running straight for him.

20 Abner looked back and said, "Is that you, Asahel?" "Yes," he answered.

21 "Stop chasing me!" Abner said. "Run after one of the soldiers and take what he has." But Asahel kept on chasing him.

22 Once more Abner said to him, "Stop chasing me! Why force me to kill you? How could I face your brother Joab?"

2:19 아사헬이 아브넬을 쫓아 달려가되. 아사헬은 달리기가 빨랐다. 그는 아브넬을 죽이면 큰 공을 세울 것이라 생각하여 아브넬을 쫓아갔다. 아브넬은 아사헬에게 쫓아오지 마라고 하다가 결국 아사헬과 싸움을 하게 되었다.

23 그가 물러가기를 거절하매 아브넬이 창 뒤 끝으로 그의 배를 찌르니 창이 그의 등을 꿰뚫고 나간지라 곧 그 곳에 엎드러져 죽으매 아사헬이 엎드러져 죽은 곳에 이르는 자마다 머물러 섰더라

24 요압과 아비새가 아브넬의 뒤를 쫓아 기브온 거친 땅의 길 가 기아 맞은쪽 암마산에 이를 때에 해가 졌고

25 베냐민 족속은 함께 모여 아브넬을 따라 한 무리를 이루고 작은 산 꼭대기에 섰더라

23 But Asahel would not give up; so Abner, with a backward thrust of his spear, struck him through the belly so that the spear came out at his back. Asahel dropped to the ground dead, and everyone who came to the place where he was lying stopped and stood there.

24 But Joab and Abishai started out after Abner, and at sunset they came to the hill of

Ammah, which is to the east of Giah on the road to the wilderness of Gibeon.

25 The men from the tribe of Benjamin gathered round Abner again and took their stand on the top of a hill.

2:23 아브넬이 창 뒤 끝으로 그의 배를 찌르니 창이 그의 등을 꿰뚫고. 결국 아사헬이 죽었다. 이 이야기가 이상하리만큼 길게 소개되고 있다. 의미 없는 한 사람의 죽음 같다. 그런데 아사헬의 죽음은 이후에 아주 중요한 사건이 된다. 다윗과 요압 사이에 깊은 골이 만들어지는 시작점이 된다.

26 아브넬이 요압에게 외쳐 이르되 칼이 영원히 사람을 상하겠느냐 마침내 참혹한 일이 생길 줄을 알지 못하느냐 네가 언제 무리에게 그의 형제 쫓기를 그치라 명령하겠느냐

27 요압이 이르되 하나님이 살아 계심을 두고 맹세하노니 네가 말하지 아니하였더면 무리가 아침에 각각 다 돌아갔을 것이요 그의 형제를 쫓지 아니하였으리라 하고

28 요압이 나팔을 불매 온 무리가 머물러 서고 다시는 이스라엘을 쫓아가지 아니하고 다시는 싸우지도 아니하니라

29 아브넬과 그의 부하들이 밤새도록 걸어서 아라바를 지나 요단을 건너 비드론 온 땅을 지나 마하나임에 이르니라

26 Abner called out to Joab, "Do we have to go on fighting for ever? Can't you see that in the end there will be nothing but bitterness? We are your fellow-countrymen. How long will it be before you order your men to stop chasing us?"

27 "I swear by the living God," Joab answered, "that if you had not spoken, my men would have kept on chasing you until tomorrow morning."

28 Then Joab blew the trumpet as a signal for his men to stop pursuing the Israelites; and so the fighting stopped.

29 Abner and his men marched through the Jordan Valley all that night; they crossed the River Jordan, and after marching all the next morning, they arrived back at Mahanaim.

2:26 칼이 영원히 사람을 상하겠느냐. 이것은 '전쟁으로 사람이 죽어 나가도록 계속할 것이냐'라는 말이다. **마침내 참혹한 일이 생길 줄을 알지 못하느냐.** '전쟁을 계속하는 것은 현명하지 못하다'라는 말이다.

30 요압이 아브넬 쫓기를 그치고 돌아와 무리를 다 모으니 다윗의 신복 중에 열아홉 명과 아사헬이 없어졌으나

31 다윗의 신복들이 베냐민과 아브넬에게 속한 자들을 쳐서 삼백육십 명을 죽였더라

32 무리가 아사헬을 들어올려 베들레헴에 있는 그의 조상 묘에 장사하고 요압과 그의 부하들이 밤새도록 걸어서 헤브론에 이른 때에 날이 밝았더라

30 When Joab gave up the chase, he gathered all his men and found that nineteen of them were missing, in addition to Asahel.

31 David's men had killed 360 of Abner's men from the tribe of Benjamin.

32 Joab and his men took Asahel's body and buried it in the family tomb at Bethlehem. Then they marched all night and at dawn arrived back at Hebron.

2:30-31 전쟁 결과를 말한다. 다윗의 군사들은 20명이 죽었다. 그런데 아사헬 장군의 죽음으로 큰 상처가 되었다. 아브넬의 군사들은 360명이 죽었다. 사망자 숫자로 보면 대패한 것이다. 그들에게도 큰 상처가 되었을 것이다. 동족상잔의 전쟁까지 하면서 그들은 어떤 것을 희망했는지 모르겠다. 그러나 그 싸움에 어떤 선한 결과가 있을 수 있겠는가? 누가 죽어도 하나님의 백성이 죽는 전쟁이었다.

다윗은 수 없이 많은 전쟁을 하였다. 그리고 이후에도 많은 전쟁에 참여하였다. 그런데 북이스라엘과의 싸움에서만은 매우 소극적이고 나서지 않는 것을 볼 수 있다. 그것은 하나님 백성 사이의 전쟁이기 때문일 것이다. 그것은 '칼날의 들판'에서 벌어진 싸움에서처럼 함께 망하는 길이다.

신실함과 기다림으로
통일을 이루어 감

1 사울의 집과 다윗의 집 사이에 전쟁이 오래매 다윗은 점점 강하여 가고 사울의
집은 점점 약하여 가니라

1 The fighting between the forces supporting Saul's family and those supporting
David went on for a long time. As David became stronger and stronger, his opponents
became weaker and weaker.

3:1 다윗은 점점 강하여 가고 사울의 집은 점점 약하여 가니라. 겉으로는 사울의 집이
열 지파이기 때문에 더 유리하다. 그러나 다윗의 집이 더 강해졌다. 다윗은 결코 서두
르지 않았다. 다윗은 힘이 강해졌으나 대대적으로 북이스라엘을 정복하지 않았다. 기
다리고 또 기다리는 모습이다. 그는 왜 이렇게 기다리기만 하고 있을까? 분명 그는 북
이스라엘이 같은 하나님의 백성이기 때문에 싸움을 피하고 있는 것으로 보인다.
다윗은 하나님과의 약속을 가지고 있었다. 그러면 그것을 무기로 하여 더욱 세차게
밀어부칠 수 있었다. 그러나 다윗은 그렇게 하지 않았다. 하나님의 약속을 가지고 있
기 때문에 더 느리게 움직였다. 약속이 있으니 약속을 믿으며 기다렸다. 사울이 그를
쫓을 때도 그랬다. 지금은 그가 강자다. 힘으로 해도 될 것 같다. 그러나 이번에도 기
다리고 있다. 하나님의 약속을 믿고 있었기 때문에 그랬을 것이다. 그 약속을 이루어
가는데 힘이 아니라 하나님의 섭리 가운데 이루어 가길 원하여 조심스럽게 천천히 가
고 있다.

2 다윗이 헤브론에서 아들들을 낳았으되 맏아들은 암논이라 이스르엘 여인 아히
노암의 소생이요

2 The following six sons, in the order of their birth, were born to David at Hebron:
Amnon, whose mother was Ahinoam, from Jezreel;

3:2 오늘날 시각으로 보면 좋지 않아 보일 수 있지만 이 당시에는 이것이 '생육하고 번성하라'는 하나님의 말씀을 잘 지키고 있는 것으로 보였을 것이다.

3 둘째는 길르압이라 갈멜 사람 나발의 아내였던 아비가일의 소생이요 셋째는 압살롬이라 그술 왕 달매의 딸 마아가의 아들이요

4 넷째는 아도니야라 학깃의 아들이요 다섯째는 스바댜라 아비달의 아들이요

5 여섯째는 이드르암이라 다윗의 아내 에글라의 소생이니 이들은 다윗이 헤브론에서 낳은 자들이더라

6 사울의 집과 다윗의 집 사이에 전쟁이 있는 동안에 아브넬이 사울의 집에서 점점 권세를 잡으니라

7 사울에게 첩이 있었으니 이름은 리스바요 아야의 딸이더라 이스보셋이 아브넬에게 이르되 네가 어찌하여 내 아버지의 첩과 통간하였느냐 하니

3 Chileab, whose mother was Abigail, Nabal's widow, from Carmel; Absalom, whose mother was Maacah, the daughter of King Talmai of Geshur;

4 Adonijah, whose mother was Haggith; Shephatiah, whose mother was Abital;

5 Ithream, whose mother was Eglah. All of these sons were born in Hebron.

6 As the fighting continued between David's forces and the forces loyal to Saul's family, Abner became more and more powerful among Saul's followers.

7 One day Ishbosheth son of Saul accused Abner of sleeping with Saul's concubine Rizpah, the daughter of Aiah.

3:3 압살롬이라 그술 왕 달매의 딸 마아가의 아들이요. '그술'은 갈릴리 호수의 동편에 있는 작은 나라였다. 한 때는 북이스라엘의 수도였던 마하나임의 북쪽에 위치한 나라다. 그술 왕이 자신의 딸을 다윗에게 주었다는 것은 그가 다윗을 인정하였다는 것을 의미하며 동맹을 맺었다는 것을 뜻한다. 다윗은 그렇게 힘이 더 강해지고 있었다. 북이스라엘을 압박하고 있었다.

8 아브넬이 이스보셋의 말을 매우 분하게 여겨 이르되 내가 유다의 개 머리냐 내

가 오늘 당신의 아버지 사울의 집과 그의 형제와 그의 친구에게 은혜를 베풀어 당신을 다윗의 손에 내주지 아니하였거늘 당신이 오늘 이 여인에 관한 허물을 내게 돌리는도다

8 This made Abner furious. "Do you think that I would betray Saul? Do you really think I'm serving Judah?" he exclaimed. "From the very first I have been loyal to the cause of your father Saul, his brothers, and his friends, and I have saved you from being defeated by David; yet today you find fault with me about a woman!

3:8 아브넬이 이스보셋의 말을 매우 분하게 여겨 이르되 내가 유다의 개 머리냐. 아브넬은 이스보셋의 질문에 대답 대신 분노로 대응하였다. 만약 아브넬이 실제로 사울의 첩과 통간을 하였다면 그것은 반역에 해당한다. 그 당시의 문화에서는 왕의 첩과 통간을 한 것은 단순히 여성과 통간을 한 것이 아니라 왕권에 대한 도전이요 선언이다. 실제로 아브넬이 사울의 첩과 통간을 했는지는 정확하지 않다. 이스보셋이 그렇게 주장하였다는 것과 아브넬이 분노한 것만 본문에서 말하고 있다. 본문으로는 둘 다 가능성이 충분하다.

이스보셋은 하나님의 약속이 다윗에게 있다는 것을 알고 있었을 것이다. 게다가 아브넬이 군사력으로 더 세력을 얻고 있었다. 그래서 불안하였을 것이다. 불안함은 오해를 낳을 때가 있다. 언제 아브넬이 자신을 죽일지 모르고 언제 다윗이 공격해 올지 몰랐다.

9 여호와께서 다윗에게 맹세하신 대로 내가 이루게 하지 아니하면 하나님이 아브넬에게 벌 위에 벌을 내리심이 마땅하니라

10 그 맹세는 곧 이 나라를 사울의 집에서 다윗에게 옮겨서 그의 왕위를 단에서 브엘세바까지 이스라엘과 유다에 세우리라 하신 것이니라 하매

11 이스보셋이 아브넬을 두려워하여 감히 한 마디도 대답하지 못하니라

9 The LORD promised David that he would take the kingdom away from Saul and his descendants and would make David king of both Israel and Judah, from one end of the country to the other. Now may God strike me dead if I don't make this come true!"

11 Ishbosheth was so afraid of Abner that he could not say a word.

3:9 여호와께서 다윗에게 맹세하신 대로. 아브넬이 이스보셋에게 하는 말이다. 하나님께서 사무엘을 통해 다윗을 왕으로 기름부으신 것을 말하는 것이다. 아브넬은 하나님

께서 다윗에게 약속하여 주신 것을 알고 있었다. 아브넬만이 아니다. 많은 이들이 그것을 알고 있었던 것 같다. **내가 이루게 하지 아니하면 하나님이 아브넬에게 벌 위에 벌을 내리심이 마땅하니라.** 아브넬은 자신이 오해를 받은 김에 자신이 알고 있는 하나님의 약속을 선언함으로 다윗에게 북이스라엘을 통째로 바치겠다고 말한다. 대놓고 반역을 말한 것이다. 그러나 이스보셋은 아브넬의 말에 한 마디도 대꾸하지 못하였다.

12 아브넬이 자기를 대신하여 전령들을 다윗에게 보내어 이르되 이 땅이 누구의 것이니이까 또 이르되 당신은 나와 더불어 언약을 맺사이다 내 손이 당신을 도와 온 이스라엘이 당신에게 돌아가게 하리이다 하니

12 Abner sent messengers to David, who at that time was at Hebron, to say, "Who is going to rule this land? Make an agreement with me, and I will help you win all Israel over to your side."

3:12 이 땅이 누구의 것이니이까. 이것의 의미는 두 가지 가능성이 있다. 1.북이스라엘의 진정한 지도자는 이스보셋이 아니라 자신이다. 2.다윗이 하나님의 약속을 가지고 있기 때문에 온 이스라엘이 다윗에게 속해 있다. 2가지 의미를 다 함축하고 있는 것으로 보인다. 아브넬은 자신이 다윗과 언약을 맺을 자격이 있으며 하나님의 약속에 따라 다윗이 온 이스라엘의 왕이 되도록 하겠다고 제안을 하고 있는 것이다.

13 다윗이 이르되 좋다 내가 너와 언약을 맺거니와 내가 네게 한 가지 일을 요구하노니 나를 보러올 때에 우선 사울의 딸 미갈을 데리고 오라 그리하지 아니하면 내 얼굴을 보지 못하리라 하고

14 다윗이 사울의 아들 이스보셋에게 전령들을 보내 이르되 내 처 미갈을 내게로 돌리라 그는 내가 전에 블레셋 사람의 포피 백 개로 나와 정혼한 자니라 하니

13 "Good!" David answered. "I will make an agreement with you on one condition: you must bring Saul's daughter Michal to me when you come to see me."

14 And David also sent messengers to Ishbosheth to say, "Give me back my wife Michal. I paid a hundred Philistine foreskins in order to marry her."

3:13 사울의 딸 미갈을 데리고 오라. 다윗이 아브넬의 제안에 조건을 제시한 것이다. 이것은 당시의 문화와 법에 의하면 지극히 합법적인 것이다. 다윗은 미갈과 이혼한 적이 없고 그의 의사와는 상관없이 강제로 다른 남자에게 주어졌다. 다윗이 미갈을 요구한 것은 정의회복 및 사울의 사위로서의 회복 및 정당성을 회복하려고 하는 것 같다. 다윗은 매우 조심스러운 사람이었다. 그래서 그는 이런 작은 일 하나부터 차근차근 이루어 가려고 하였던 것으로 보인다.

> 15 이스보셋이 사람을 보내 그의 남편 라이스의 아들 발디엘에게서 그를 빼앗아 오매
>
> 16 그의 남편이 그와 함께 오되 울며 바후림까지 따라왔더니 아브넬이 그에게 돌아가라 하매 돌아가니라
>
> 15 So Ishbosheth took her away from her husband Paltiel son of Laish.
>
> 16 Paltiel followed her all the way to the town of Bahurim, crying as he went. But when Abner said, "Go back home," he did.

3:15-16 그의 남편 라이스의 아들 발디엘에게서 그를 빼앗아 오매 그의 남편이 그와 함께 오되 울며. 다윗은 매우 조심스럽게 행동하고 있었지만 이 일이 누군가에게는 상처가 깊이 새겨지는 일이 되었다. 세상은 그렇게 얽혀 있다. 한쪽 매듭을 풀면 다른 쪽이 얽히게 되기도 한다. 그래서 더욱 조심해야 한다. 여하튼 아브넬은 다윗의 협상 조건을 맞추었다. 그가 다윗에게 협상을 요구하는 것이 진심이라는 것을 볼 수 있다.

> 17 아브넬이 이스라엘 장로들에게 말하여 이르되 너희가 여러 번 다윗을 너희의 임금으로 세우기를 구하였으니
>
> 18 이제 그대로 하라 여호와께서 이미 다윗에 대하여 말씀하시기를 내가 내 종 다윗의 손으로 내 백성 이스라엘을 구원하여 블레셋 사람의 손과 모든 대적의 손에서 벗어나게 하리라 하셨음이니라 하고
>
> 17 Abner went to the leaders of Israel and said to them, "For a long time you have wanted David to be your king.

18 Now here is your chance. Remember that the LORD has said, 'I will use my servant David to rescue my people Israel from the Philistines and from all their other enemies.' "

3:17 너희가 여러 번 다윗을 너희의 임금으로 세우기를 구하였으니. 과거에 대한 말이다. 이것이 사울 때인지 그의 죽음 이후인지는 모른다. 아마 그 이후의 어떤 시점일 것이다. 중요한 것은 북이스라엘의 장로들도 다윗이 하나님께 왕으로 기름부음 받은 사실을 알고 있었다는 것이다. 그래서 그들은 다윗을 이스라엘의 왕으로 세우자고 아브넬에게 말했던 것으로 보인다.

19 아브넬이 또 베냐민 사람의 귀에 말하고 아브넬이 이스라엘과 베냐민의 온 집이 선하게 여기는 모든 것을 다윗의 귀에 말하려고 헤브론으로 가니라

20 아브넬이 부하 이십 명과 더불어 헤브론에 이르러 다윗에게 나아가니 다윗이 아브넬과 그와 함께 한 사람을 위하여 잔치를 배설하였더라

19 Abner spoke also to the people of the tribe of Benjamin and then went to Hebron to tell David what the people of Benjamin and of Israel had agreed to do.

20 When Abner came to David at Hebron with twenty men, David gave a feast for them.

3:19 베냐민 사람의 귀에 말하고. 베냐민은 북이스라엘의 실질적 정치 기반이다. 그래서 그들에게 다윗과의 협상을 미리 동의를 얻는 것이 필요하였다. **이스라엘과 베냐민의 온 집이 선하게 여기는 모든 것을 다윗의 귀에 말하려고.** 아브넬은 북이스라엘의 모든 지파 지도자들에게서 다윗과의 협상에 동의를 얻었다. 사람들이 하나님께서 왕으로 기름 부은 사람이 다윗이라는 것을 알기 때문에 가능했던 일일 것이다.

다윗은 싸우지 않고 모든 이들의 동의를 얻어 이스라엘을 통일시킬 수 있는 길을 한 걸음씩 걸어갈 수 있었다. 북이스라엘의 지도자인 아브넬이 적극적으로 나섬으로 인하여 모든 일이 순조롭게 잘 진행되었다.

21 아브넬이 다윗에게 말하되 내가 일어나 가서 온 이스라엘 무리를 내 주 왕의 앞에 모아 더불어 언약을 맺게 하고 마음에 원하시는 대로 모든 것을 다스리시게 하

리이다 하니 이에 다윗이 아브넬을 보내매 그가 평안히 가니라

22 다윗의 신복들과 요압이 적군을 치고 크게 노략한 물건을 가지고 돌아오니 아브넬은 이미 보냄을 받아 평안히 갔고 다윗과 함께 헤브론에 있지 아니한 때라

21 Abner told David, "I will go now and win all Israel over to Your Majesty. They will accept you as king, and then you will get what you have wanted and will rule over the whole land." David gave Abner a guarantee of safety and sent him on his way.

22 Later on Joab and David's other officials returned from a raid, bringing a large amount of loot with them. Abner, however, was no longer there at Hebron with David, because David had sent him away with a guarantee of safety.

3:21 온 이스라엘 무리를 내 주 왕의 앞에 모아 더불어 언약을 맺게 하고. 아브넬은 언약의 마지막 단계로 이스라엘 무리와 함께 다시 오겠다고 약속하였다. 다윗이 아브넬을 보내매 그가 평안히 가니라. **다윗은 아브넬의 언약을 좋게 여겼다.** 그를 평안히 보냈다. 이스라엘은 싸우지 않고 다시 한 나라가 될 것이다.

23 요압 및 요압과 함께 한 모든 군사가 돌아오매 어떤 사람이 요압에게 말하여 이르되 넬의 아들 아브넬이 왕에게 왔더니 왕이 보내매 그가 평안히 갔나이다 하니

24 요압이 왕에게 나아가 이르되 어찌 하심이니이까 아브넬이 왕에게 나아왔거늘 어찌하여 그를 보내 잘 가게 하셨나이까

23 When Joab and his men arrived, he was told that Abner had come to King David and had been sent away with a guarantee of safety.

24 So Joab went to the king and said to him, "What have you done? Abner came to you—why did you let him go like that?

3:23 어떤 사람이 요압에게 말하여 이르되 넬의 아들 아브넬이 왕에게 왔더니 왕이 보내매 그가 평안히 갔나이다. 북이스라엘의 아브넬이 다윗과 언약을 맺기 위해 왔는데 마침 요압은 다른 전쟁터에 있었다. 요압이 전쟁터에서 돌아왔을 때 어떤 사람이 요압에게 '아브넬이 다녀갔다'고 말하였다. '평안히 갔나이다'라고 말하였다. 아주 당연한 것 같은 말을 한다. 그런데 사실 이것은 요압이 아브넬을 향해 가지고 있는 마음을 잘 알고 있기 때문에 한 말이다.

25 왕도 아시려니와 넬의 아들 아브넬이 온 것은 왕을 속임이라 그가 왕이 출입하는 것을 알고 왕이 하시는 모든 것을 알려 함이니이다 하고

26 이에 요압이 다윗에게서 나와 전령들을 보내 아브넬을 쫓아가게 하였더니 시라 우물 가에서 그를 데리고 돌아왔으나 다윗은 알지 못하였더라

25 He came here to deceive you and to find out everything you do and everywhere you go. Surely you know that!"

26 After leaving David, Joab sent messengers to get Abner, and they brought him back from the well of Sirah; but David knew nothing about it.

3:25 아브넬이 온 것은 왕을 속임이라. 요압은 아브넬이 다윗을 속이고 있는 것이라 말하였다. 요압이 진짜 그렇게 생각하였기 때문에 하는 말은 아니다. 오히려 다윗을 속이려 하고 있다. 요압의 목적은 원수를 갚기 위해 아브넬을 죽이는 것이다.

27 아브넬이 헤브론으로 돌아오매 요압이 더불어 조용히 말하려는 듯이 그를 데리고 성문 안으로 들어가 거기서 배를 찔러 죽이니 이는 자기의 동생 아사헬의 피로 말미암음이더라

27 When Abner arrived in Hebron, Joab took him aside at the gate, as though he wanted to speak privately with him, and there he stabbed him in the belly. And so Abner was murdered because he had killed Joab's brother Asahel.

3:27 요압이 더불어 조용히 말하려는 듯이 그를 데리고 성문 안으로 들어가 거기서 배를 찔러 죽이니. 요압은 자신의 왕 다윗의 허락 없이 아브넬을 다시 불러들였다. 그리고 거짓된 방법으로 아브넬을 죽였다. **이는 자기의 동생 아사헬의 피로 말미암음이더라.** 아브넬이 요압의 동생 아사헬을 죽인 것 때문에 그가 동생의 원수를 갚기 위해 아브넬을 죽인 것이다. 그런데 아브넬은 아사헬을 전쟁에서 죽였다. 전쟁에서 서로를 죽이는 것은 정당하다. 그러나 요압은 평화 협상을 하기 위해 온 아브넬을 죽였다. 그것도 정당한 싸움이 아니라 거짓으로 속여 죽였다. 원수를 갚는 일이지만 그것은 철저히 잘못된 방식이었다. 요압이 아브넬을 죽인 것은 잘못된 방식일 뿐만 아니라 자신의 왕인 다윗과 이스라엘에 큰 해를 끼치는 일이었다. 그의 개인적인 원한과 행동으로 공적으로 다른 사람들에게 큰 해가 될 상황이 되었다. 아주 많은 사람이 피를 흘릴 수 있다.

28 그 후에 다윗이 듣고 이르되 넬의 아들 아브넬의 피에 대하여 나와 내 나라는 여호와 앞에 영원히 무죄하니

28 When David heard the news, he said, "The LORD knows that my subjects and I are completely innocent of the murder of Abner.

3:28 다윗은 요압이 자신의 군대장관이기 때문에 아브넬의 죽음을 조용히 넘어가는 것이 나을 수 있다. 그러나 다윗은 그렇게 하지 않았다. **아브넬의 피에 대하여 나와 내 나라는 여호와 앞에 영원히 무죄하니.** 다윗은 아브넬이 억울하게 피를 흘린 죄에서 자신과 이스라엘을 단호하게 분리시켰다. 요압이 아브넬을 죽인 것은 분명히 죄였기 때문에 그 죄에서 자신과 이스라엘을 분리시켜 차별화시킨 것이다.

29 그 죄가 요압의 머리와 그의 아버지의 온 집으로 돌아갈지어다 또 요압의 집에서 백탁병자나 나병 환자나 지팡이를 의지하는 자나 칼에 죽는 자나 양식이 떨어진 자가 끊어지지 아니할지로다 하니라

30 요압과 그의 동생 아비새가 아브넬을 죽인 것은 그가 기브온 전쟁에서 자기 동생 아사헬을 죽인 까닭이었더라

29 May the punishment for it fall on Joab and all his family! In every generation may there be some man in his family who has gonorrhoea or a dreaded skin disease or is fit only to do a woman's work or is killed in battle or hasn't enough to eat!"

30 So Joab and his brother Abishai took revenge on Abner for killing their brother Asahel in the battle at Gibeon.

3:29 죄가 요압의 머리와 그의 아버지의 온 집으로 돌아갈지어다. 요압이 다윗의 사람이었지만 그의 죄를 감추거나 합리화하지 않고 드러내었다. 죄이기에 재앙이 임하기를 선언하였다.

31 다윗이 요압과 및 자기와 함께 있는 모든 백성에게 이르되 너희는 옷을 찢고 굵은 베를 띠고 아브넬 앞에서 애도하라 하니라 다윗 왕이 상여를 따라가

32 아브넬을 헤브론에 장사하고 아브넬의 무덤에서 왕이 소리를 높여 울고 백성도

다 우니라

31 Then David ordered Joab and his men to tear their clothes, wear sackcloth, and mourn for Abner. And at the funeral King David himself walked behind the coffin.

32 Abner was buried at Hebron, and the king wept aloud at the grave, and so did all the people.

3:31 다윗이 요압과 및 자기와 함께 있는 모든 백성에게 이르되 너희는 옷을 찢고. 모든 백성이 아브넬의 죽음을 애도하도록 명령하였다. **다윗 왕이 상여를 따라가.** 다윗은 직접 상여를 따라감으로 자신이 깊이 애도하는 것을 보여주었다.

33 왕이 아브넬을 위하여 애가를 지어 이르되 아브넬의 죽음이 어찌하여 미련한 자의 죽음 같은고

34 네 손이 결박되지 아니하였고 네 발이 차꼬에 채이지 아니하였거늘 불의한 자식의 앞에 엎드러짐 같이 네가 엎드러졌도다 하매 온 백성이 다시 그를 슬퍼하여 우니라

33 David sang this lament for Abner: "Why did Abner have to die like a fool?

34 His hands were not tied, And his feet were not bound; He died like someone killed by criminals!" And the people wept for him again.

3:33 **왕이 아브넬을 위하여 애가를 지어.** 다윗은 이전에 요나단의 죽음에 애가를 지었었다. 그런데 이번에는 아브넬을 위해 지었다. 아브넬이 평화 협상을 위해 왔다가 억울하게 죽음을 당하였기 때문에 그를 더욱 애도하였다.

35 석양에 뭇 백성이 나아와 다윗에게 음식을 권하니 다윗이 맹세하여 이르되 만일 내가 해 지기 전에 떡이나 다른 모든 것을 맛보면 하나님이 내게 벌 위에 벌을 내리심이 마땅하니라 하매

36 온 백성이 보고 기뻐하며 왕이 무슨 일을 하든지 무리가 다 기뻐하므로

35 All day long the people tried to get David to eat something, but he made a solemn promise, "May God strike me dead if I eat anything before the day is over!"

36 They took note of this and were pleased. Indeed, everything the king did pleased the people.

3:35 내가 해 지기 전에 떡이나 다른 모든 것을 맛보면 하나님이 내게 벌 위에 벌을 내리심이 마땅하니라. 다윗은 그 날 금식하면서 아브넬을 애도하였다. 아브넬을 애도하는 그의 마음은 외적으로나 내적으로나 진심이었다.

37 이 날에야 온 백성과 온 이스라엘이 넬의 아들 아브넬을 죽인 것이 왕이 한 것이 아닌 줄을 아니라

38 왕이 그의 신복에게 이르되 오늘 이스라엘의 지도자요 큰 인물이 죽은 것을 알지 못하느냐

39 내가 기름 부음을 받은 왕이 되었으나 오늘 약하여서 스루야의 아들인 이 사람들을 제어하기가 너무 어려우니 여호와는 악행한 자에게 그 악한 대로 갚으실지로다 하니라

37 All David's people and all the people in Israel understood that the king had no part in the murder of Abner.

38 The king said to his officials, "Don't you realize that this day a great leader in Israel has died?

39 Even though I am the king chosen by God, I feel weak today. These sons of Zeruiah are too violent for me. May the Lord punish these criminals as they deserve!"

3:37 이 날에야 온 백성과 온 이스라엘이...아브넬을 죽인 것이 왕이 한 것이 아닌 줄을 아니라. 유다의 사람들과 북쪽 이스라엘의 사람들도 다윗이 행하는 것을 보고 다윗을 믿어 주었다는 말이다. 처음에는 요압이 죽였다 하여도 그 말을 믿지 않았을 것이다. 그러나 다윗이 하는 행동을 보고 다윗이 죽인 것이 아니라 요압이 개인적인 복수심으로 죽인 것이라는 사실을 받아들였다는 것을 의미한다. '온 이스라엘이 알게 되었다'는 것은 '다윗이 죄의 수렁에서 헤어나오게 되었다'는 것을 의미한다. 이스라엘이 오해하였다면 요압의 죄는 더욱더 큰 문제를 만들어 유다와 북이스라엘의 치열한 전쟁으로 이어졌을 것이다. 죄의 수렁에 빠지는 것이다. 그러나 다윗이 재빠르게 진심으로 행한 여러 일로 인하여 죄의 수렁에 빠지지 않고 그 영향을 벗어났다.

4장

북쪽 이스라엘의 왕
이스보셋의 암살

1 사울의 아들 이스보셋은 아브넬이 헤브론에서 죽었다 함을 듣고 손의 맥이 풀렸고 온 이스라엘이 놀라니라

2 사울의 아들 이스보셋에게 군지휘관 두 사람이 있으니 한 사람의 이름은 바아나요 한 사람의 이름은 레갑이라 베냐민 족속 브에롯 사람 림몬의 아들들이더라 브에롯도 베냐민 지파에 속하였으니

3 일찍이 브에롯 사람들이 깃다임으로 도망하여 오늘까지 거기에 우거함이더라

1 When Saul's son Ishbosheth heard that Abner had been killed in Hebron, he was afraid, and all the people of Israel were alarmed.

2 Ishbosheth had two officers who were leaders of raiding parties, Baanah and Rechab, sons of Rimmon, from Beeroth in the tribe of Benjamin. (Beeroth is counted as part of Benjamin.

3 Its original inhabitants had fled to Gittaim, where they have lived ever since.)

4:1 이스보셋은 아브넬이 헤브론에서 죽었다 함을 듣고 손의 맥이 풀렸고 온 이스라엘이 놀라니라. 이스보셋과 온 이스라엘이 놀랐다. 나라에 희망이 없어 보일 정도가 되었다.

4 사울의 아들 요나단에게 다리 저는 아들 하나가 있었으니 이름은 므비보셋이라 전에 사울과 요나단이 죽은 소식이 이스르엘에서 올 때에 그의 나이가 다섯 살이었는데 그 유모가 안고 도망할 때 급히 도망하다가 아이가 떨어져 절게 되었더라

5 브에롯 사람 림몬의 아들 레갑과 바아나가 길을 떠나 볕이 쬘 때 즈음에 이스보셋의 집에 이르니 마침 그가 침상에서 낮잠을 자는지라

4 Another descendant of Saul was Jonathan's son Mephibosheth, who was five years old when Saul and Jonathan were killed. When the news about their death came from the city of Jezreel, his nurse picked him up and fled; but she was in such a hurry that

she dropped him, and he became crippled.

5 Rechab and Baanah set out for Ishbosheth's house and arrived there about noon, while he was taking his midday rest.

4:4 요나단에게 다리 저는 아들 하나가 있었으니 이름은 므비보셋이라...요나단이 죽은 소식이 이스르엘에서 올 때에 그의 나이가 다섯 살. 사울의 손자인 요나단의 아들 므비보셋의 현재 나이는 12살이다. 갑자기 그에 대해 말하는 것은 이스보셋만 없으면 북이스라엘에 다윗을 상대할 적수가 없다는 것을 미리 말하는 것이다.

6 레갑과 그의 형제 바아나가 밀을 가지러 온 체하고 집 가운데로 들어가서 그의 배를 찌르고 도망하였더라

6 The woman at the door had become drowsy while she was sifting wheat and had fallen asleep, so Rechab and Baanah slipped in.

4:6 레갑...집 가운데로 들어가서 그의 배를 찌르고 도망하였더라. 레갑과 바아나는 이스보셋의 중요한 군대 지휘관이었다. 이스보셋의 집에도 드나들 수 있을 정도로 높은 직위였다. 그런데 그들은 왕을 죽이기로 결심하고 죽였다.

7 그들이 집에 들어가니 이스보셋이 침실에서 침상 위에 누워 있는지라 그를 쳐죽이고 목을 베어 그의 머리를 가지고 밤새도록 아라바 길로 가

7 Once inside, they went to Ishbosheth's bedroom, where he was sound asleep, and killed him. Then they cut off his head, took it with them, and walked all night through the Jordan Valley.

4:7 침상 위에 누워 있는지라 그를 쳐죽이고 목을 베어 그의 머리를 가지고. 그들은 그들이 섬기던 왕을 누워 있을 때 죽였다. 비겁한 행동이다. '그의 머리를 가지고' 다윗에게 갔다. 그들이 왕을 죽였다는 증거를 삼기 위해 가지고 갔을 것이다. 피 흘리는 머리를 들고 먼 거리를 간 것은 참으로 잔인하다. 자신들의 이익을 위해 자신들이 섬기던 왕의 머리를 들고 간 것은 참으로 인정머리 없고 잔인한 행동이다.

8 헤브론에 이르러 다윗 왕에게 이스보셋의 머리를 드리며 아뢰되 왕의 생명을 해하려 하던 원수 사울의 아들 이스보셋의 머리가 여기 있나이다 여호와께서 오늘 우리 주 되신 왕의 원수를 사울과 그의 자손에게 갚으셨나이다 하니

9 다윗이 브에롯 사람 림몬의 아들 레갑과 그의 형제 바아나에게 대답하여 그들에게 이르되 내 생명을 여러 환난 가운데서 건지신 여호와께서 살아 계심을 두고 맹세하노니

10 전에 사람이 내게 알리기를 보라 사울이 죽었다 하며 그가 좋은 소식을 전하는 줄로 생각하였어도 내가 그를 잡아 시글락에서 죽여서 그것을 그 소식을 전한 갚음으로 삼았거든

8 They presented the head to King David at Hebron and said to him, "Here is the head of Ishbosheth, the son of your enemy Saul, who tried to kill you. Today the Lord has allowed Your Majesty to take revenge on Saul and his descendants."

9 David answered them, "I make a vow by the living Lord, who has saved me from all dangers!

10 The messenger who came to me at Ziklag and told me of Saul's death thought he was bringing good news. I seized him and had him put to death. That was the reward I gave him for his good news!

4:8 여호와께서 오늘 우리 주 되신 왕의 원수를 사울과 그의 자손에게 갚으셨나이다. 그들은 자신들의 행위가 하나님께서 지지하는 정당한 행동인 것처럼 말하였다. 그러나 자신들이 생각하기에 진짜 정당하였을까? 다윗에게 합리화의 이유를 제공하기 위한 것에 불과한 것이 아닐까? 하나님은 결코 악한 방식을 지지하지 않으신다. 게다가 그들은 다윗을 위한 것이 아니라 자신들의 이익을 위하여 하였다. 그들이 이스보셋의 머리를 들고 간 것은 자신들이 죽였음을 증명하기 위한 것이었다. 다윗에게 상을 받을 것이라 생각한 것이다.

11 하물며 악인이 의인을 그의 집 침상 위에서 죽인 것이겠느냐 그런즉 내가 악인의 피흘린 죄를 너희에게 갚아서 너희를 이 땅에서 없이하지 아니하겠느냐 하고

11 How much worse it will be for evil men who murder an innocent man asleep in his own house! I will now take revenge on you for murdering him and will wipe you off the face of the earth!"

4:11 악인이 의인을 그의 집 침상 위에서 죽인 것이겠느냐. 이스보셋이 죽은 것은 분명 다윗이 이스라엘의 왕이 되는데는 큰 도움이 된다. 그러나 다윗은 자신의 이익이 아니라 진리를 생각하였다. 자신을 생각하면 레갑과 바아나가 잘한 것이지만 진리를 생각하면 악한 일이다. 다윗은 그것을 악한 일이라고 말하였다.

> **12** 청년들에게 명령하매 곧 그들을 죽이고 수족을 베어 헤브론 못 가에 매달고 이스보셋의 머리를 가져다가 헤브론에서 아브넬의 무덤에 매장하였더라

> **12** David gave the order, and his soldiers killed Rechab and Baanah and cut off their hands and feet, which they hung up near the pool in Hebron. They took Ishbosheth's head and buried it in Abner's tomb there at Hebron.

4:12 그들을 죽이고 수족을 베어. 그들이 손으로 이스보셋을 죽였으니 손을 잘랐고 다리로 달려왔으니 다리를 잘랐다. 그리고 그들이 악한 자임을 드러내기 위해 '헤브론 못 가'에 매달았다.

5장

다윗이 왕이 되고
블레셋과의 전쟁을 이김

1 이스라엘 모든 지파가 헤브론에 이르러 다윗에게 나아와 이르되 보소서 우리는 왕의 한 골육이니이다

2 전에 곧 사울이 우리의 왕이 되었을 때에도 이스라엘을 거느려 출입하게 하신 분은 왕이시었고 여호와께서도 왕에게 말씀하시기를 네가 내 백성 이스라엘의 목자가 되며 네가 이스라엘의 주권자가 되리라 하셨나이다 하니라

1 Then all the tribes of Israel came to David at Hebron and said to him, "We are your own flesh and blood.

2 In the past, even when Saul was still our king, you led the people of Israel in battle, and the Lord promised you that you would lead his people and be their ruler."

5:2 사울이 우리의 왕이 되었을 때에도...여호와께서도 왕에게 말씀하시기를. 다윗이 온 이스라엘의 왕이 되어야 하는 이유를 말하였다. 사울 왕 때에도 다윗은 그들을 이끄는 장군이었다. 그리고 무엇보다 중요한 것은 하나님께서 다윗을 온 이스라엘의 왕으로 세우셨다. 그러니 다윗이 왕이 되는 것은 당연하였다.

3 이에 이스라엘 모든 장로가 헤브론에 이르러 왕에게 나아오매 다윗 왕이 헤브론에서 여호와 앞에 그들과 언약을 맺으매 그들이 다윗에게 기름을 부어 이스라엘 왕으로 삼으니라

4 다윗이 나이가 삼십 세에 왕위에 올라 사십 년 동안 다스렸으되

3 So all the leaders of Israel came to King David at Hebron. He made a sacred alliance with them, they anointed him, and he became king of Israel.

4 David was 30 years old when he became king, and he ruled for 40 years.

5:3 그들이 다윗에게 기름을 부어 이스라엘 왕으로 삼으니라. 다윗이 기름부음을 받은 것이 세 번째이다. 이전에 17살 때쯤 사무엘에게 기름부음을 받았었다. 30세에 유다의 왕으로 기름부음을 받았고, 이제 37세가 되어 온 이스라엘의 왕으로 기름부음을 받았다. 사무엘을 통해 이스라엘의 왕으로 기름부음을 받은지 약 20년만에 온 이스라엘의 왕으로 세움을 입었다. 오랜 세월을 기다렸다. 드디어 하나님의 방법으로 가장 평화롭고 좋은 절차를 따라 온 이스라엘의 왕이 되었다.

> 5 헤브론에서 칠 년 육 개월 동안 유다를 다스렸고 예루살렘에서 삼십삼 년 동안 온 이스라엘과 유다를 다스렸더라
>
> 5 He ruled in Hebron over Judah for seven and a half years, and in Jerusalem over all Israel and Judah for **33** years.

5:5 삼십삼 년 동안 온 이스라엘과 유다를 다스렸더라. 다윗은 사무엘에게 기름부음을 받고 근 20년을 기다려 온 이스라엘의 왕이 되었다. 그 과정을 더 짧게 할 수도 있었는데 다윗은 계속 기다렸다. 그렇게 기다리면 왕이 되지 못할 수도 있고 왕위에 올라도 기간이 짧아지니 불안할 수도 있다. 그러나 다윗은 결국 왕이 되었고 온 이스라엘과 유다의 왕이 된 이후에도 33년을 더 섬길 수 있었다. 아주 충분한 기간이다. 서두르지 않아도 때는 충분히 주어진다.

> 6 왕과 그의 부하들이 예루살렘으로 가서 그 땅 주민 여부스 사람을 치려 하매 그 사람들이 다윗에게 이르되 네가 결코 이리로 들어오지 못하리라 맹인과 다리 저는 자라도 너를 물리치리라 하니 그들 생각에는 다윗이 이리로 들어오지 못하리라 함이나
>
> 7 다윗이 시온 산성을 빼앗았으니 이는 다윗 성이더라
>
> 6 The time came when King David and his men set out to attack Jerusalem. The Jebusites, who lived there, thought that David would not be able to conquer the city, and so they said to him, "You will never get in here; even the blind and the crippled could keep you out."
>
> 7 (But David did capture their fortress of Zion, and it became known as "David's City".)

5:6 예루살렘. 다윗은 온 이스라엘의 왕이 된 이후 수도를 바꾸고자 하였다. 헤브론은 너무 아래에 위치해 있어 온 이스라엘의 수도로 적당하지 않았다. 그래서 생각한 것이 예루살렘이었다. 당시 예루살렘은 여부스 족속이 차지하고 있었다. 이스라엘은 여호수아 가나안 정복 때 여부스 족속을 쫓아내야 했는데 여전히 쫓아내지 못하고 있었다. 예루살렘 성이 워낙 난공불락의 성이었기 때문이다. 당시 여부스 성은 13,000평 정도로 축구장 6배 면적의 크기였다. 성 주민은 1,500명 정도였을 것이다. 그러나 가파른 비탈길과 성안에 공급되는 샘물 그리고 오래 전에 만들어진 성으로 성벽이 훌륭하여 결코 점령할 수 없는 성이었다. **그 사람들이 다윗에게 이르되...맹인과 다리 저는 자라도 너를 물리치리라.** 여부스 사람들은 다윗과 일행을 조롱하며 예루살렘 성이 워낙 강하기 때문에 성을 지키는 사람이 '맹인과 다리 저는 자'라도 다윗 군대를 이길 것이라 하였다.

8 그 날에 다윗이 이르기를 누구든지 여부스 사람을 치거든 물 긷는 데로 올라가서 다윗의 마음에 미워하는 다리 저는 사람과 맹인을 치라 하였으므로 속담이 되어 이르기를 맹인과 다리 저는 사람은 집에 들어오지 못하리라 하더라

9 다윗이 그 산성에 살면서 다윗 성이라 이름하고 다윗이 밀로에서부터 안으로 성을 둘러 쌓으니라

8 That day David said to his men, "Does anybody here hate the Jebusites as much as I do? Enough to kill them? Then go up through the water tunnel and attack those poor blind cripples." (That is why it is said, "The blind and the crippled cannot enter the Lord's house.")

9 After capturing the fortress, David lived in it and named it "David's City". He built the city round it, starting at the place where land was filled in on the east side of the hill.

5:8 물 긷는 데로 올라가서. 다윗은 기혼샘에서 성에 연결된 물 긷는 수로를 이용하였다. 수로가 수직으로 만들어져 있었기 때문에 성안의 사람들은 그 수로를 타고 군사들이 들어올 것이라고는 상상도 하지 못했다. 생각했으면 위에서 한 명만 지켜도 막을 수 있었을 것이다. 그러나 다윗은 그 수로를 이용하여 성내로 들어가 결국 예루살렘 성을 점령하였다. **다리 저는 사람과 맹인을 치라 하였으므로.** 이것은 실제로 '다리 저는 사람과 맹인'이라는 뜻이 아니라 여부스 사람들의 조롱의 말을 그대로 받아쳐서 여부스 사람들을 '다리 저는 사람과 맹인'으로 표현한 것이다. 여부스 족속은 교만함으로

그들의 조롱 그대로 그들이 멸망하는 길이 되었다.

10 만군의 하나님 여호와께서 함께 계시니 다윗이 점점 강성하여 가니라

11 두로 왕 히람이 다윗에게 사절들과 백향목과 목수와 석수를 보내매 그들이 다윗을 위하여 집을 지으니

10 He grew stronger all the time, because the Lord God Almighty was with him.

11 King Hiram of Tyre sent a trade mission to David; he provided him with cedar logs and with carpenters and stonemasons to build a palace.

5:10 여호와께서 함께 계시니. 다윗은 하나님께서 함께 하심으로 '강해졌다'는 것을 인식하고 있었다.

12 다윗이 여호와께서 자기를 세우사 이스라엘 왕으로 삼으신 것과 그의 백성 이스라엘을 위하여 그 나라를 높이신 것을 알았더라

12 And so David realized that the Lord had established him as king of Israel and was making his kingdom prosperous for the sake of his people.

5:12 여호와께서...그의 백성 이스라엘을 위하여 그 나라를 높이신 것을 알았더라. 다윗은 하나님께서 이 모든 일을 하셨으며, 이스라엘이 강성해진 것은 하나님의 백성 이스라엘을 위하여 하신 것임을 알았다. 그래서 하나님을 위하여, 하나님의 백성을 위하여 섬겼다. 그는 하나님의 거룩한 도구였다.

13 다윗이 헤브론에서 올라온 후에 예루살렘에서 처첩들을 더 두었으므로 아들과 딸들이 또 다윗에게서 나니

14 예루살렘에서 그에게서 난 자들의 이름은 삼무아와 소밥과 나단과 솔로몬과

15 입할과 엘리수아와 네벡과 야비아와

16 엘리사마와 엘랴다와 엘리벨렛이었더라

13 After moving from Hebron to Jerusalem, David took more concubines and wives, and had more sons and daughters.

14 The following children were born to him in Jerusalem: Shammua, Shobab, Nathan, Solomon,

15 Ibhar, Elishua, Nepheg, Japhia,

16 Elishama, Eliada, and Eliphelet.

5:13 예루살렘에서 처첩들을 더 두었으므로. 정치적인 이유로 여러 아내와 첩을 두었다. 당시에 처첩이 많고 자녀가 많은 것은 복받은 것이다. 다윗은 많은 복을 누린 것이 분명하다. 왕이 되기까지는 누구보다 더 많은 시련을 겪었지만 왕이 된 후 매우 번영하였다. 마치 호랑이가 더 멀리 뛰기 위해 한 발자국 뒤로 웅크린 것과 같다. 그러기에 하나님의 뜻을 좇아 뒤로 웅크리는 것을 걱정할 필요가 없다.

다윗 가정의 번영은 매우 좋아 보이지만 꼭 그렇지만은 않다. 세상적으로는 분명히 좋다. 그러나 신앙인은 그것만 생각해서는 안 된다. "그에게 아내를 많이 두어 그의 마음이 미혹되게 하지 말 것이며 자기를 위하여 은금을 많이 쌓지 말 것이니라" (신 17:17) 다윗은 이 말씀을 분명히 잘 알고 있었을 것이다. 그런데 이 말씀을 제대로 준행하지는 못하였다. 그는 나름대로 합리화하였을 것이다. 그가 처첩을 둔 것은 당대의 다른 나라 왕보다 더 적을 수도 있고, 나라의 부강함을 위해 어쩔 수 없는 것이었다고 말할 수도 있다. 그러나 그것은 합리화일 뿐이다.

세상적으로 볼 때는 전혀 문제 없지만 하나님 앞에 섰을 때 문제가 되는 것이 있다. 그것을 조심해야 한다. 사람 앞에서는 전혀 문제가 되지 않기 때문에 그것의 문제의식을 느끼지 못할 수 있다. 그래서 더 위험하다. 세상에서 권장하는 일이라 하여도 말씀 앞에 섰을 때 적당하지 않다면 그것을 더욱더 조심하면서 경계해야 한다. 그것이 신앙인이다. 다윗은 매우 부강한 나라를 이루었지만 나중에 심각한 어려움을 겪게 된다. 그가 여러 아내에게서 낳은 여러 아들들 때문이었다. 당장은 문제가 되지 않았지만 나중에 문제가 되었다. 문제의 씨앗을 심은 것이다.

17 이스라엘이 다윗에게 기름을 부어 이스라엘 왕으로 삼았다 함을 블레셋 사람들이 듣고 블레셋 사람들이 다윗을 찾으러 다 올라오매 다윗이 듣고 요새로 나가니라

18 블레셋 사람들이 이미 이르러 르바임 골짜기에 가득한지라

17 The Philistines were told that David had been made king of Israel, so their army set out to capture him. When David heard of it, he went down to a fortified place.

18 The Philistines arrived at the Valley of Rephaim and occupied it.

5:17 이스라엘이 다윗에게 기름을 부어 이스라엘 왕으로 삼았다 함을 블레셋 사람들이 듣고...다 올라오매. 블레셋은 남쪽 유다의 왕 다윗을 그리 경계하지 않았지만 온 이스라엘의 왕 다윗에 대해서는 큰 경계심을 가졌다. 그래서 왕권이 불안한 초반에 확실한 승기를 잡기 위해 공격하였다.

19 다윗이 여호와께 여쭈어 이르되 내가 블레셋 사람에게로 올라가리이까 여호와께서 그들을 내 손에 넘기시겠나이까 하니 여호와께서 다윗에게 말씀하시되 올라가라 내가 반드시 블레셋 사람을 네 손에 넘기리라 하신지라

19 David asked the Lord, "Shall I attack the Philistines? Will you give me the victory?" "Yes, attack!" the Lord answered. "I will give you the victory!"

5:19 내가 블레셋 사람에게로 올라가리이까. 다윗은 하나님께 물었다. 블레셋은 기세 등등하여 르바임 골짜기를 통해 예루살렘 가까이까지 올라왔다. 그러나 다윗에게는 하나님이 계셨다. **올라가라 내가 반드시 블레셋 사람을 네 손에 넘기리라.** 다윗이 블레셋을 이기도록 하시겠다고 하나님께서 약속하셨다.

20 다윗이 바알브라심에 이르러 거기서 그들을 치고 다윗이 말하되 여호와께서 물을 흩음 같이 내 앞에서 내 대적을 흩으셨다 하므로 그 곳 이름을 바알브라심이라 부르니라

21 거기서 블레셋 사람들이 그들의 우상을 버렸으므로 다윗과 그의 부하들이 치우니라

20 So David went to Baal Perazim and there he defeated the Philistines. He said, "The Lord has broken through my enemies like a flood." And so that place is called Baal Perazim.

21 When the Philistines fled, they left their idols behind, and David and his men carried them away.

5:20 여호와께서 물을 흩음 같이 내 앞에서 내 대적을 흩으셨다. 다윗은 하나님께서 그에게 힘을 주셔서 승리하게 하신 것을 고백하였다. 이러한 고백이 중요하다.

22 블레셋 사람들이 다시 올라와서 르바임 골짜기에 가득한지라

23 다윗이 여호와께 여쭈니 이르시되 올라가지 말고 그들 뒤로 돌아서 뽕나무 수풀 맞은편에서 그들을 기습하되

22 Then the Philistines went back to the Valley of Rephaim and occupied it again.

23 Once more David consulted the Lord, who answered, "Don't attack them from here, but go round and get ready to attack them from the other side, near the balsam trees.

5:22-23 블레셋 군대가 다시 공격하였다. 가드에서 예루살렘까지 최단거리 골짜기인 르바임 골짜기로 또 올라왔다. 이번에도 다윗은 하나님께 물었다. 그런데 이번에는 하나님께서 이전과 다른 말씀을 하셨다. **올라가지 말고 그들 뒤로 돌아서...기습하되.** 이전에 블레셋을 이겼다고 이번에도 정면으로 싸울 것이 아니라 뒤로 돌아서 기습하도록 하셨다. 이것은 전쟁을 다윗의 군대가 강하여 이기는 것이 아니라는 것을 '가르치시기 위함'인 것 같다.

24 뽕나무 꼭대기에서 걸음 걷는 소리가 들리거든 곧 공격하라 그 때에 여호와가 너보다 앞서 나아가서 블레셋 군대를 치리라 하신지라

24 When you hear the sound of marching in the treetops, then attack because I will be marching ahead of you to defeat the Philistine army."

5:24 기습작전 신호는 '뽕나무 꼭대기에서 걸음 걷는 소리가 들리거든'이다. 나무 위에 바람이 불어 마치 '걸음 걷는 소리'가 들리면 그것이 '여호와가 너보다 앞서 나아가는' 소리요 신호로 듣고 공격하라 하셨다.

25 이에 다윗이 여호와의 명령대로 행하여 블레셋 사람을 쳐서 게바에서 게셀까지 이르니라

25 David did what the Lord had commanded, and was able to drive the Philistines back from Geba all the way to Gezer.

5:25 여호와의 명령대로 행하여 블레셋 사람을 쳐서. 다윗은 하나님의 말씀대로 순종하여 블레셋을 이겼다. 여기에서 중요한 것은 블레셋을 이긴 것이 아니라 '하나님의 명령대로 순종하였다'는 사실이다. 그래서 강하였다. 강함의 원천은 하나님이다. 다윗 군대의 힘은 오직 하나님으로부터 나오는 것이었다. 다윗과 다윗의 군대는 그것을 명심해야 했다.

6장

언약궤를
예루살렘으로 옮김

1 다윗이 이스라엘에서 뽑은 무리 삼만 명을 다시 모으고

2 다윗이 일어나 자기와 함께 있는 모든 사람과 더불어 바알레유다로 가서 거기서 하나님의 궤를 메어 오려 하니 그 궤는 그룹들 사이에 좌정하신 만군의 여호와의 이름으로 불리는 것이라

1 Once more David called together the best soldiers in Israel, a total of 30,000 men,

2 and led them to Baalah in Judah, in order to bring from there God's Covenant Box, bearing the name of the Lord Almighty, who is enthroned above the winged creatures.

6:2 바알레유다로 가서 거기서 하나님의 궤를 메어 오려 하니. '기럇여아림'이라는 이름으로 더 알려진 바알레유다로 가서 언약궤를 예루살렘으로 옮기고자 하였다. 다윗은 하나님의 전에 대한 열심을 가진 사람이었다. 이전에는 놉에 하나님의 성막이 있었다. 지금은 기브온에 있었다. 그런데 언약궤는 기럇여아림에 있었다. 실로의 성막에서 나간 언약궤를 블레셋에 빼앗긴 이후 다시 유다에 들여와 기럇여아림에 수십년간 있었다. 다윗은 이제 그것을 예루살렘으로 옮기고자 하였다. **그 궤는 그룹들 사이에 좌정하신 만군의 여호와의 이름으로 불리는 것이라.** 본래 언약궤는 성막의 지성소 안에 있어야 정상이다. 언약궤는 지성소 안에서도 가장 성스러운 것이었다. 언약궤의 뚜껑은 '임재의 자리'로서 하나님의 발등상이었다. 그러니 성전을 사모하는 다윗이 언약궤를 예루살렘으로 옮기고자 하는 것은 당연한 마음이다. 이전에 옮기지 않은 것이 이상하다.

3 그들이 하나님의 궤를 새 수레에 싣고 산에 있는 아비나답의 집에서 나오는데 아비나답의 아들 웃사와 아효가 그 새 수레를 모니라

4 그들이 산에 있는 아비나답의 집에서 하나님의 궤를 싣고 나올 때에 아효는 궤 앞에서 가고

5 다윗과 이스라엘 온 족속은 잣나무로 만든 여러 가지 악기와 수금과 비파와 소고와 양금과 제금으로 여호와 앞에서 연주하더라

3 They took it from Abinadab's home on the hill and placed it on a new cart. Uzzah and Ahio, sons of Abinadab, were guiding the cart,

4 with Ahio walking in front.

5 David and all the Israelites were dancing and singing with all their might to honour the Lord. They were playing harps, lyres, drums, rattles, and cymbals.

6:3 하나님의 궤를 새 수레에 싣고. 언약궤를 수레에 실은 것은 이전에 블레셋에서 유다로 언약궤를 옮겨올 때와 같은 방법이다. 새 수레를 사용하였으니 많이 신경 쓴 것 같다. 그러나 하나님께서 말씀하신 방법이 아니었다. "그 채를 궤 양쪽 고리에 꿰어시 궤를 메게 하며"(출 25:14) 언약궤는 옮길 때 반드시 '메어' 옮겨야 했다.

6 그들이 나곤의 타작 마당에 이르러서는 소들이 뛰므로 웃사가 손을 들어 하나님의 궤를 붙들었더니

6 As they came to the threshing place of Nacon, the oxen stumbled, and Uzzah reached out and took hold of the Covenant Box.

6:6 웃사가 손을 들어 하나님의 궤를 붙들었더니. 언약궤가 수레 위에서 흔들려 땅으로 떨어지려 하니 웃사가 그것을 잡았다. 매우 정상적인 행동 같으나 실상은 매우 잘못된 행동이었다. 언약궤를 손으로 잡으면 안 되었기 때문이다.

7 여호와 하나님이 웃사가 잘못함으로 말미암아 진노하사 그를 그 곳에서 치시니 그가 거기 하나님의 궤 곁에서 죽으니라

7 At once the Lord God became angry with Uzzah and killed him because of his irreverence. Uzzah died there beside the Covenant Box,

6:7 웃사가 잘못함으로 말미암아 진노하사 그를 그 곳에서 치시니. 웃사가 잘못하였다. 하나님께서 치심으로 그 자리에서 죽었다.

8 여호와께서 웃사를 치시므로 다윗이 분하여 그 곳을 베레스웃사라 부르니 그 이름이 오늘까지 이르니라

8 and so that place has been called Perez Uzzah ever since. David was furious because the Lord had punished Uzzah in anger.

6:8 베레스웃사라 부르니. '웃사를 치다'는 뜻이다. 웃사가 왜 죽었는가? 그동안 언약궤를 보관한 사람이면서도 이것을 옮길 때는 '메고 옮겨야 하고 언약궤를 만지면 안 된다는 것'을 모르고 잘못하였기 때문이다.

마음만으로는 안 된다. 잘 알아야 한다. 오늘날 성경을 엉터리로 해석하는 사람들을 본다. 자유주의적 사고를 가지고 있어서 성경의 권위를 인정하지 않음으로 말씀구절을 무시하는 사람들이 있고, 말씀에 대한 편견으로 엉터리를 우기며 싸우는 사람이 있다. 말씀에 대한 무지와 무관심으로 단순 무식한 경우도 있다. 그러한 경우 모두 '베레스웃사'의 대상이 될 것이다. 말씀 앞에 서는 경외의 마음을 가져야 한다. 자신의 생각이 아니라 오직 말씀의 생각을 알기 위해 최선을 다해야 한다. 자신이 할 수 있는 방법으로 최선을 다해야 한다. 특히 말씀을 전해야 할 책임이 있는 목회자라면 더욱더 그러하다.

9 다윗이 그 날에 여호와를 두려워하여 이르되 여호와의 궤가 어찌 내게로 오리요 하고

9 Then David was afraid of the Lord and said, "How can I take the Covenant Box with me now?"

6:9 여호와를 두려워하여 이르되 여호와의 궤가 어찌 내게로 오리요. 그는 자신이 언약궤에 대한 열심을 가졌지만 함부로 옮길 수 없다는 생각을 갖게 되었다. 믿음에 대한 열심을 가졌어도 때로 어떤 사람은 '이용자'로서의 열심을 가지고 있다. 그러나 '사용자'가 아니라 '경외자'로서 믿음을 가져야 한다.

10 다윗이 여호와의 궤를 옮겨 다윗 성 자기에게로 메어 가기를 즐겨하지 아니하고 가드 사람 오벧에돔의 집으로 메어 간지라

11 여호와의 궤가 가드 사람 오벧에돔의 집에 석 달을 있었는데 여호와께서 오벧에돔과 그의 온 집에 복을 주시니라

10 So he decided not to take it with him to Jerusalem; instead, he turned off the road and took it to the house of Obed Edom, a native of the city of Gath.

11 It stayed there three months, and the Lord blessed Obed Edom and his family.

6:10 가드 사람 오벧에돔의 집. '가드'는 블레셋의 도시 '가드'일 수도 있으나 그것보다는 이스라엘에 있는 '가드' 사람이라는 뜻일 것이다. 인근에 레위인의 도시 가드가 있었다.

12 어떤 사람이 다윗 왕에게 아뢰어 이르되 여호와께서 하나님의 궤로 말미암아 오벧에돔의 집과 그의 모든 소유에 복을 주셨다 한지라 다윗이 가서 하나님의 궤를 기쁨으로 메고 오벧에돔의 집에서 다윗 성으로 올라갈새

12 King David heard that because of the Covenant Box the Lord had blessed Obed Edom's family and all that he had; so he fetched the Covenant Box from Obed's house to take it to Jerusalem with a great celebration.

6:12 궤로 말미암아 오벧에돔의 집과 그의 모든 소유에 복을 주셨다 한지라. 언약궤를 옮기면서 웃사가 죽은 것은 말씀에 어긋난 방식으로 언약궤를 옮긴 것 때문이라는 것을 다윗이 깨달은 것 같다. 언약궤를 옮긴 것이 문제라면 언약궤가 옮겨간 오벧에돔이 복을 받을리가 없다. 그래서 언약궤를 다시 옮길 용기를 갖게 되었다.

13 여호와의 궤를 멘 사람들이 여섯 걸음을 가매 다윗이 소와 살진 송아지로 제사를 드리고

14 다윗이 여호와 앞에서 힘을 다하여 춤을 추는데 그 때에 다윗이 베 에봇을 입었더라

15 다윗과 온 이스라엘 족속이 즐거이 환호하며 나팔을 불고 여호와의 궤를 메어오니라

16 여호와의 궤가 다윗 성으로 들어올 때에 사울의 딸 미갈이 창으로 내다보다가 다윗 왕이 여호와 앞에서 뛰놀며 춤추는 것을 보고 심중에 그를 업신여기니라

13 After the men carrying the Covenant Box had gone six steps, David made them stop while he offered the Lord a sacrifice of a bull and a fattened calf.

14 David, wearing only a linen cloth round his waist, danced with all his might to honour the Lord.

15 And so he and all the Israelites took the Covenant Box up to Jerusalem with shouts of joy and the sound of trumpets.

16 As the Box was being brought into the city, Michal, Saul's daughter, looked out of the window and saw King David dancing and jumping around in the sacred dance, and she was disgusted with him.

6:13 여호와의 궤를 멘 사람들. '궤를 멘'이라는 동사는 출 25:14절의 '궤를 메게 하며' 와 같은 단어이다. 드디어 언약궤를 성경에서 말하는 바른 방법으로 옮기게 된 것이 다. 언약궤를 옮기기 전 다윗은 이 부분의 말씀을 읽고 또 읽으며 제사장들의 조언을 들었을 것이다. 이번에는 '고리에 꿰어 메어' 옮겼다. **여섯 걸음을 가매 다윗이 소와 살 진 송아지로 제사를 드리고.** 경외의 마음을 담고 있다. 바른 방법에 경외의 마음을 담 기 위해 여섯 걸음만에 제사를 드린 것으로 보인다. 그들이 지금 언약궤를 옮기고 있 지만 그들이 멋대로 옮겨도 되는 것으로서 옮기는 것이 아니라 하나님을 향한 경외의 마음을 담아 옮기는 것을 상징적으로 보여주는 것이다. '전심으로 섬긴다'는 것은 마 음만으로 되는 것이 아니다. 하나님의 말씀에 대한 무지로 가득하면서 전심으로 섬긴 다고 말할 수 있다. 그러나 그것은 전심이 아니다. 하나님께서 말씀하신 것에도 관심 을 기울이지 않으면서 무슨 전심이 될 수 있겠는가? 전심이 되기 위해서는 하나님의 뜻이 무엇인지 알기 위해 말씀에 관심을 기울여야 한다. 말씀이 말하는 것을 따라가 면서 마음을 다할 때 전심이 되는 것이다.

17 여호와의 궤를 메고 들어가서 다윗이 그것을 위하여 친 장막 가운데 그 준비한 자리에 그것을 두매 다윗이 번제와 화목제를 여호와 앞에 드리니라

17 They brought the Box and put it in its place in the Tent that David had set up for it. Then he offered sacrifices and fellowship offerings to the Lord.

6:17 다윗이 그것을 위하여 친 장막 가운데 그 준비한 자리에 그것을 두매. 여기에서의 '장막'은 모세 때 만들었던 성막과는 다른 것이다. 이것은 다윗이 언약궤를 위해 특별히 만든 다른 장막이다.

언약궤는 본래 성막 안 지성소에 있던 것이다. 그런데 지금은 성막과 언약궤가 따로 떼어져 있다. 언약궤를 블레셋에 빼앗기고 그 이후에 두려움과 무관심이 섞여 옮기지 못하다가 드디어 옮기게 되었다. 그렇다면 본래 자리인 성막 안으로 옮기는 것이 맞다. 그런데 왜 예루살렘으로 옮겼을까?

이 당시 성막은 기브온 산당에 있었던 것으로 보인다. "제사장 사독과 그의 형제 제사장들에게 기브온 산당에서 여호와의 성막 앞에 모시게 하여" (대상 16:39) 이전에는 성막이 예루살렘 근처의 제사장의 도시 놉에 있었지만 놉이 사울에 의해 파괴된 이후 성막이 기브온 산당으로 옮겨진 것으로 보인다.

다윗은 언약궤가 거기는 하나님이 임재를 사모하여 언약궤를 예루살렘으로 옮긴 것으로 보인다. 성막 자체를 예루살렘으로 옮기기에는 이 당시 예루살렘 성이 매우 협소하였다. 그래서 많은 제사장이 살아야 할 공간과, 제사를 드려야 하는 성막을 옮겨 올 수는 없었을 것이다. 지금까지 언약궤가 따로 있었기 때문에 언약궤만 예루살렘 성으로 옮긴 것으로 보인다. 다윗의 마음에는 이후에 성전을 짓고 성막을 이곳으로 옮겨 올 생각을 가지고 있었을 것이다. 그래서 언약궤를 먼저 예루살렘으로 운반하고 다음 단계를 준비하고 있는 것으로 보인다.

> **18** 다윗이 번제와 화목제 드리기를 마치고 만군의 여호와의 이름으로 백성에게 축복하고
>
> **18** When he had finished offering the sacrifices, he blessed the people in the name of the Lord Almighty

6:18 다윗은 언약궤를 예루살렘으로 옮긴 것을 기뻐하였다. **여호와의 이름으로 백성에게 축복하고.** 언약궤가 이스라엘의 수도 예루살렘에 들어옴으로 이스라엘의 중심에 하나님의 임재가 있게 되었다. 그래서 하나님의 이름으로 축복하였다.

19 모든 백성 곧 온 이스라엘 무리에게 남녀를 막론하고 떡 한 개와 고기 한 조각과 건포도 떡 한 덩이씩 나누어 주매 모든 백성이 각기 집으로 돌아가니라

19 and distributed food to them all. He gave each man and woman in Israel a loaf of bread, a piece of roasted meat, and some raisins. Then everyone went home.

6:19 온 이스라엘 무리에게 남녀를 막론하고 떡 한 개와 고기 한 조각과 건포도 떡 한 덩이씩 나누어 주매. 엄청난 양의 음식이다. 엄청난 잔치다. 하나님의 임재는 우리에게 진정 아주 큰 잔치다. 하나님의 임재를 소망하라. 기뻐하고 잔치하라. 언약궤 안에 십계명이 기록된 돌이 있었듯이 언약궤는 철저히 하나님의 말씀과 임재를 상징한다. 오늘날 우리가 말씀을 읽고 순종할 때 하나님의 임재가 충만하게 임할 것이다. 하나님의 말씀으로 하나님의 임재를 경험하며 하루하루가 잔치가 되게 하라.

20 다윗이 자기의 가족에게 축복하러 돌아오매 사울의 딸 미갈이 나와서 다윗을 맞으며 이르되 이스라엘 왕이 오늘 어떻게 영화로우신지 방탕한 자가 염치 없이 자기의 몸을 드러내는 것처럼 오늘 그의 신복의 계집종의 눈앞에서 몸을 드러내셨도다 하니

20 Afterwards, when David went home to greet his family, Michal came out to meet him. "The king of Israel made a big name for himself today!" she said. "He exposed himself like a fool in the sight of the servant women of his officials!"

6:20 다윗이 자기의 가족에게 축복하러 돌아오매. 다윗은 모든 제사를 마치고 행복하게 집에 왔다. 하나님의 임재의 기쁨을 가지고 음식을 가족과 함께하기 위해 집으로 돌아왔다. **이스라엘의 왕이 오늘 어떻게 영화로우신지.** 미갈은 다윗을 조롱하며 맞이했다. **방탕한 자가 염치 없이 자기의 몸을 드러내는 것처럼 오늘 그의 신복의 계집종의 눈앞에서 몸을 드러내셨도다.** 다윗은 왕복을 벗고 린넨(베) 옷을 입었다. 아마 언약궤 앞에서 예식으로 춤을 추는 사람들과 함께 춤을 춘 것으로 보인다. 그는 기쁨으로 격하게 춤을 추었다. 껑충껑충 뛰기도 하고 빙글빙글 돌기도 하였다. 활동적으로 움직이기 위해 거추장스러운 부분을 걷었을 수도 있다. 뛰면서 속살이 보였을 수도 있다. 그러나 웃통을 벗거나 그러지는 않았을 것이다.

문제는 미갈이 보기에는 다윗이 왕의 체통을 생각하고 있지 않다는 것이다. '방탕한 자' 같이 생각 없는 사람처럼 춤추는 무리 속에 있었다. 스스로 왕의 권위를 깎아내리

는 것처럼 보였다. 계집종의 눈 앞에서 몸을 드러내셨도다. 신하들의 계집종조차도 다윗을 가까이에서 볼 수 있었다. 왕의 체통이 완전히 깎였다.

> 21 다윗이 미갈에게 이르되 이는 여호와 앞에서 한 것이니라 그가 네 아버지와 그의 온 집을 버리고 나를 택하사 나를 여호와의 백성 이스라엘의 주권자로 삼으셨으니 내가 여호와 앞에서 뛰놀리라
>
> 21 David answered, "I was dancing to honour the Lord, who chose me instead of your father and his family to make me the leader of his people Israel. And I will go on dancing to honour the Lord,

0:21 여호와 앞에서 한 것이니라, 다윗은 여호와 앞에서 스스로 낮아졌다. 하나님의 임재를 기뻐하기 위해 스스로 춤추는 자의 무리에 속하여 춤을 추었다. 미갈은 다윗의 춤을 '사람들이 어떻게 보겠느냐' 말하였지만 다윗은 '하나님께서 보시기에 어떤지'를 말하였다.

> 22 내가 이보다 더 낮아져서 스스로 천하게 보일지라도 네가 말한 바 계집종에게는 내가 높임을 받으리라 한지라
>
> 23 그러므로 사울의 딸 미갈이 죽는 날까지 그에게 자식이 없으니라
>
> 22 and will disgrace myself even more. You may think I am nothing, but those women will think highly of me!"
>
> 23 Michal, Saul's daughter, never had any children.

6:22 내가 이보다 더 낮아져서 스스로 천하게 보일지라도. 다윗은 하나님 앞에서 더 낮아질 필요가 있다면 더 낮아질 것이다. 하나님 앞에서 다윗은 왕이 아니라 오직 백성이기 때문이다. 하나님 앞에서 왕이 어디 있고 천한 사람이 어디 있겠는가?

사람 앞에서의 체면 때문에 예배가 가장 불편한 순간이 되는 경우가 있다. 그때 체면이 아니라 하나님 앞에서의 믿음과 존귀함을 생각해야 한다. 사람 앞에서의 체면은 아무것도 아니다. 미갈의 경우처럼 허상이다. 오직 다윗처럼 하나님 앞에서의 삶이 되어야 한다.

7장

성전을 지으려는
다윗에게 언약을 주심

1 여호와께서 주위의 모든 원수를 무찌르사 왕으로 궁에 평안히 살게 하신 때에

1 King David was settled in his palace, and the Lord kept him safe from all his enemies.

7:1 여호와께서...왕으로 궁에 평안히 살게 하신 때. 하나님께서 다윗과 동행하셔서 복을 주셨다. 다윗은 하나님께서 그에게 복을 주셨다는 사실을 알았다. 그것이 중요하다.

2 왕이 선지자 나단에게 이르되 볼지어다 나는 백향목 궁에 살거늘 하나님의 궤는 휘장 가운데에 있도다

2 Then the king said to the prophet Nathan, "Here I am living in a house built of cedar, but God's Covenant Box is kept in a tent!"

7:2 나는 백향목 궁...하나님의 궤는 휘장 가운데에 있도다. 다윗은 자신이 좋은 집에 살고 있는데 하나님의 임재의 상징인 언약궤가 텐트 안에 있는 것에 마음이 쓰였다.

3 나단이 왕께 아뢰되 여호와께서 왕과 함께 계시니 마음에 있는 모든 것을 행하소서 하니라

4 그 밤에 여호와의 말씀이 나단에게 임하여 이르시되

3 Nathan answered, "Do whatever you have in mind, because the Lord is with you."

4 But that night the Lord said to Nathan,

7:3 여호와께서 왕과 함께 계시니 마음에 있는 모든 것을 행하소서. 선지자 나단이 상식적으로 생각할 때 그것은 하나님을 향한 좋은 마음이었다. 그래서 나단은 바로 동의를 표하였다.

> 5 가서 내 종 다윗에게 말하기를 여호와께서 이와 같이 말씀하시되 네가 나를 위하여 내가 살 집을 건축하겠느냐
>
> 6 내가 이스라엘 자손을 애굽에서 인도하여 내던 날부터 오늘까지 집에 살지 아니하고 장막과 성막 안에서 다녔나니
>
> 5 "Go and tell my servant David that I say to him, 'You are not the one to build a temple for me to live in.
>
> 6 From the time I rescued the people of Israel from Egypt until now, I have never lived in a temple; I have travelled round living in a tent.

7:5 네가 나를 위하여 내가 살 집을 건축하겠느냐. 하나님의 대답은 매우 의외였다. '너'와 '나'가 강조된 문장이다. 이 질문은 '성전을 건축할 사람은 최소한 너는 아니다'는 말씀이다. 이것은 또한 성전을 짓는다는 것이 무엇을 의미하는지에 대한 말씀이다.

> 7 이스라엘 자손과 더불어 다니는 모든 곳에서 내가 내 백성 이스라엘을 먹이라고 명령한 이스라엘 어느 지파들 가운데 하나에게 내가 말하기를 너희가 어찌하여 나를 위하여 백향목 집을 건축하지 아니하였느냐고 말하였느냐
>
> 7 In all my travelling with the people of Israel I never asked any of the leaders that I appointed why they had not built me a temple made of cedar.'

7:7 너희가 어찌하여 나를 위하여 백향목 집을 건축하지 아니하였느냐고 말하였느냐. 지금까지 성막을 성전으로 하여 하나님께서 특별히 임재하셨지만 그것을 하나님께서 '누추하다' 말씀하지 않으셨다. 하나님의 집(성전)은 텐트로 만들어진 장막이나 화려한 건물성전이나 똑같다. 화려한 건물 성전이라고 성막 성전보다 더 위대한 것이 아니다. 성전의 위대함은 건물의 크기나 화려함에 있는 것이 아니라 오직 위대하신 하나님의 임재에 있기 때문이다.

8 그러므로 이제 내 종 다윗에게 이와 같이 말하라 만군의 여호와께서 이와 같이 말씀하시기를 내가 너를 목장 곧 양을 따르는 데에서 데려다가 내 백성 이스라엘의 주권자로 삼고

8 "So tell my servant David that I, the Lord Almighty, say to him, 'I took you from looking after sheep in the fields and made you the ruler of my people Israel.

7:8 내가 너를 목장 곧 양을 따르는 데에서 데려다가 내 백성 이스라엘의 주권자로 삼고. 다윗은 목자였다. 그런데 하나님께서 '주권자'로 세우셨다. 다윗이 하나님을 위해 무엇인가를 하는 것이 아니다. 하나님께서 다윗을 위해 무엇을 해 주셨다.

9 네가 가는 모든 곳에서 내가 너와 함께 있어 네 모든 원수를 네 앞에서 멸하였은 즉 땅에서 위대한 자들의 이름 같이 네 이름을 위대하게 만들어 주리라

10 내가 또 내 백성 이스라엘을 위하여 한 곳을 정하여 그를 심고 그를 거주하게 하고 다시 옮기지 못하게 하며 악한 종류로 전과 같이 그들을 해하지 못하게 하여

9 I have been with you wherever you have gone, and I have defeated all your enemies as you advanced. I will make you as famous as the greatest leaders in the world.

10 I have chosen a place for my people Israel and have settled them there, where they will live without being oppressed any more. Ever since they entered this land, they have been attacked by violent people, but this will not happen again. I promise to keep you safe from all your enemies and to give you descendants.

7:9 네가 가는 모든 곳에서 내가 너와 함께 있어 네 모든 원수를 네 앞에서 멸하였은즉. 하나님께서 다윗과 함께 하셔서 원수들을 멸하셨다. 하나님께서 하셨다. 과거도 그랬고 현재도 그렇다. **위대한 자들의 이름 같이 네 이름을 위대하게 만들어 주리라.** 이후에도 하나님께서 다윗에게 은혜를 주실 것이다. 은혜를 받았으니 다윗이 무엇인가를 해야 한다는 강박관념을 가질 필요는 없다. 다윗에게 필요한 것은 무엇일까? 하나님을 위해 무엇인가를 하는 것이 아니다. 하나님을 인정하는 것이다. 하나님을 인정한다는 것은 순종한다는 것을 의미한다. 어떤 크고 위대한 일을 하는 것이 아니라 하나님께서 말씀하시는 것에 순종만 하면 된다.

11 전에 내가 사사에게 명령하여 내 백성 이스라엘을 다스리던 때와 같지 아니하게 하고 너를 모든 원수에게서 벗어나 편히 쉬게 하리라 여호와가 또 네게 이르노니 여호와가 너를 위하여 집을 짓고

12 네 수한이 차서 네 조상들과 함께 누울 때에 내가 네 몸에서 날 네 씨를 네 뒤에 세워 그의 나라를 견고하게 하리라

12 When you die and are buried with your ancestors, I will make one of your sons king and will keep his kingdom strong.

7:11 여호와가 너를 위하여 집을 짓고. 다윗이 하나님을 위한 집을 짓는 것이 아니라 하나님께서 다윗을 위하여 집을 지어 주실 것이라 말씀한다. 내가 하나님을 위하여 무엇을 해야 하는가를 생각하기 보다는 하나님께서 우리 안에서 행하시는 것을 볼 수 있어야 한다.

13 그는 내 이름을 위하여 집을 건축할 것이요 나는 그의 나라 왕위를 영원히 견고하게 하리라

14 나는 그에게 아버지가 되고 그는 내게 아들이 되리니 그가 만일 죄를 범하면 내가 사람의 매와 인생의 채찍으로 징계하려니와

15 내가 네 앞에서 물러나게 한 사울에게서 내 은총을 빼앗은 것처럼 그에게서 빼앗지는 아니하리라

16 네 집과 네 나라가 내 앞에서 영원히 보전되고 네 왕위가 영원히 견고하리라 하셨다 하라

17 나단이 이 모든 말씀들과 이 모든 계시대로 다윗에게 말하니라

13 He will be the one to build a temple for me, and I will make sure that his dynasty continues for ever.

14 I will be his father, and he will be my son. When he does wrong, I will punish him as a father punishes his son.

15 But I will not withdraw my support from him as I did from Saul, whom I removed so that you could be king.

16 You will always have descendants, and I will make your kingdom last for ever. Your dynasty will never end.' "

17 Nathan told David everything that God had revealed to him.

7:13-14 그는 내 이름을 위하여 집을 건축할 것이요. 다윗의 아들 솔로몬이 성전을 건축할 것을 말씀한다. **나는 그의 나라 왕위를 영원히 견고하게 하리라 나는 그에게 아버지가 되고 그는 내게 아들이 되리니.** 이것은 메시야에 대한 말씀이다. 그래서 '영원히'라고 말한다. 이후에는 계속 '영원히'를 말한다. 하나님 나라의 영원함이다. 혈통적 이스라엘 왕조가 아니라 믿음을 가진 이가 들어가는 메시야의 영원한 나라를 말한다. 다윗의 믿음은 메시야 나라를 설명하기 좋은 근거가 되었다. 그는 성전을 짓지 못하지만 성전을 지은 솔로몬보다 훨씬 더 위대한 왕이다. 그는 영원한 하나님 나라를 건설하는 기초 바위가 된다. 그의 믿음 때문이다. 이후 다윗은 계속 메시야 사상과 하나님 나라의 상징으로 사용된다. 그는 믿음의 거장이 된다. '하나님의 집'을 지으려는 다윗을 막으시고 하나님께서 지으시는 '다윗의 집'에 대해 말씀하여 주셨다. 화려한 성전이 중요한 것이 아니다. 진짜 성전은 다윗의 집이었다. 건물 성전은 무너진다. 다윗의 믿음을 이어가는 사람들 안에 하나님의 나라가 임할 것이다.

> 18 다윗 왕이 여호와 앞에 들어가 앉아서 이르되 주 여호와여 나는 누구이오며 내 집은 무엇이기에 나를 여기까지 이르게 하셨나이까
>
> 18 Then King David went into the Tent of the Lord's presence, sat down and prayed, "I am not worthy of what you have already done for me, Sovereign Lord, nor is my family.

7:18 다윗이 성전을 짓고 싶었는데 하나님께서 짓지 말라 하시고 대신 하나님께서 다윗을 위하여 '다윗의 집'을 지어 주실 것이라 말씀하셨다. 그것이 다윗 언약이다. 하나님께서 다윗에게 주신 다윗 언약에 대한 다윗의 응답으로 기도를 한다. **다윗 왕이 여호와 앞에 들어가 앉아서.** '하나님 앞에 들어간다'는 것이 무엇을 의미할까? 하나님이 어디에 계시는데 '하나님 앞에 들어갔다'고 말하고 있을까? 아마 '언약궤가 있었던 장막 안으로 들어간 것'을 의미할 것이다. 다윗은 선지자 나단을 통해 하나님께서 말씀하신 '다윗 언약'을 들었다. 그리고 하나님 앞에 나아가 기도하였다.

오늘날 교회(성전)가 모이는 예배당은 다윗이 들어간 '여호와 앞'과 비슷한 역할을 할 것이다. 할 수만 있으면 오며 가며 예배당에 들려 기도하라. 또한 '말씀을 읽는 모습'도 '여호와 앞에 들어가는 것'과 조금은 비슷하다. 말씀을 제대로 읽으면 하나님의 생각과 마음과 힘 앞에 서게 된다. 말씀을 읽다 깨달으면 그 순간 '하나님 앞에 있는 나'를 발견하게 된다. **나는 누구이오며 내 집은 무엇이기에 나를 여기까지 이르게 하셨나이**

까. 다윗은 자신과 자신의 집안을 지금의 위치에 있게 하신 하나님께 '자격 없는데 하나님께서 주신 은혜'라고 고백하고 있다. 자신이 왕의 자리에 있으니 이렇게 고백하고 있을 것이다. 그런데 사실 모든 신앙인이 이 고백을 할 수 있는 자리에 있다. 이것은 겉모습의 자리가 아니라 영혼의 자리에 대한 고백이다. 왕의 자리가 아니어도 된다. 돌이켜 보면서 '모든 것이 은혜였다'고 고백할 수 있다면 다윗의 고백과 같다.

19 주 여호와여 주께서 이것을 오히려 적게 여기시고 또 종의 집에 있을 먼 장래의 일까지도 말씀하셨나이다 주 여호와여 이것이 사람의 법이니이다

20 주 여호와는 주의 종을 아시오니 다윗이 다시 주께 무슨 말씀을 하오리이까

21 주의 말씀으로 말미암아 주의 뜻대로 이 모든 큰 일을 행하사 주의 종에게 알게 하셨나이다

19 Yet now you are doing even more, Sovereign Lord; you have made promises about my descendants in the years to come. And you let a man see this, Sovereign Lord!

20 What more can I say to you! You know me, your servant.

21 It was your will and purpose to do this; you have done all these great things in order to teach me.

7:19 먼 장래의 일까지도 말씀하셨나이다. 창세기에 아브라함에게 몇 백 년 후의 일을 말씀하시는 이야기가 나온다. 아브라함에게 그 후손이 애굽에 갔다가 나와 가나안 땅을 차지하는 이야기를 하셨다. 아브라함은 그 약속을 현재 주어진 것처럼 여겼다. 미래의 일은 현재의 일보다 더 약한 것이 아니라 오히려 더 영광스러운 일이다. 다윗에게 '먼 장래의 일'을 말씀하신 것은 먼 미래의 일이기에 다윗과 상관없는 이야기가 아니라 믿음만 있으면 오히려 더욱더 영광스러운 일이다. 다윗에게 '메시야의 나라'를 말씀하신 것은 더욱더 놀라운 약속이며 복이다.

22 그런즉 주 여호와여 주는 위대하시니 이는 우리 귀로 들은 대로는 주와 같은 이가 없고 주 외에는 신이 없음이니이다

23 땅의 어느 한 나라가 주의 백성 이스라엘과 같으리이까 하나님이 가서 구속하

사 자기 백성으로 삼아 주의 명성을 내시며 그들을 위하여 큰 일을, 주의 땅을 위하여 두려운 일을 애굽과 많은 나라들과 그의 신들에게서 구속하신 백성 앞에서 행하셨사오며

24 주께서 주의 백성 이스라엘을 세우사 영원히 주의 백성으로 삼으셨사오니 여호와여 주께서 그들의 하나님이 되셨나이다

22 How great you are, Sovereign Lord! There is none like you; we have always known that you alone are God.

23 There is no other nation on earth like Israel, whom you rescued from slavery to make them your own people. The great and wonderful things you did for them have spread your fame throughout the world. You drove out other nations and their gods as your people advanced, the people whom you set free from Egypt to be your own.

24 You have made Israel your own people for ever, and you, Lord, have become their God.

7:22 그런즉 주 여호와여 주는 위대하시니. 다윗은 하나님께서 지금까지 자신을 인도하셨을 뿐만 아니라 미래의 일까지도 말씀하시는 것을 들었다. '미래의 일을 말씀하신다'는 것은 하나님께서 미래의 역사를 주관하시는 분이라는 것을 의미한다. 그것은 하나님께서 위대하시다는 것을 증거한다. **주와 같은 이가 없고.** 하나님은 세상의 어떤 것과 비교할 수 없다. 오직 유일하신 분이라고 고백하고 있다. **주 외에는 신이 없음이니이다.** 다윗 시대 주변에는 사람들이 말하는 많은 '신'이 있었다. 그러나 다윗은 오직 하나님만이 '신'이라 말하고 있다. 하나님께서 신이신 것과 다른 것들이 신이라 불리는 것은 완전히 다른 것이었다. 신이라는 같은 이름을 사용하지만 완전히 다른 범주에 속한다. 용어 정의를 한다면 '하나님은 신이시요' 다른 것은 '우상'이다.

25 여호와 하나님이여 이제 주의 종과 종의 집에 대하여 말씀하신 것을 영원히 세우시며 말씀하신 대로 행하사

26 사람이 영원히 주의 이름을 크게 높여 이르기를 만군의 여호와는 이스라엘의 하나님이라 하게 하옵시며 주의 종 다윗의 집이 주 앞에 견고하게 하옵소서

25 "And now, Lord God, fulfil for all time the promise you made about me and my descendants, and do what you said you would.

26 Your fame will be great, and people will for ever say, 'The Lord Almighty is God over

Israel.' And you will preserve my dynasty for all time.

7:25 이제 주의 종과 종의 집에 대하여 말씀하신 것을 영원히 세우시며. 다윗은 이제 영원한 복을 바라보고 있다. 미래의 일이지만 현재의 일과 같다. 아니 현재의 일보다 더 영광스럽고 강력한 복이다. 더 바라보게 만드는 복이다. 믿음이 있는 사람에게는 그러하다.

> 27 만군의 여호와 이스라엘의 하나님이여 주의 종의 귀를 여시고 이르시기를 내가 너를 위하여 집을 세우리라 하셨으므로 주의 종이 이 기도로 주께 간구할 마음이 생겼나이다
>
> 27 Almighty Lord, God of Israel! I have the courage to pray this prayer to you, because you have revealed all this to me, your servant, and have told me that you will make my descendants kings.

7:27 주의 종의 귀를 여시고. 다윗은 귀가 열렸다. 그가 알아야 하는 '진정한 복'을 들을 귀가 열렸다. 깨닫게 되었다.

> 28 주 여호와여 오직 주는 하나님이시며 주의 말씀들이 참되시니이다 주께서 이 좋은 것을 주의 종에게 말씀하셨사오니
>
> 28 "And now, Sovereign Lord, you are God; you always keep your promises, and you have made this wonderful promise to me.

7:28 주께서 이 좋은 것을 주의 종에게 말씀하셨사오니. 하나님께서 다윗에게 복을 말씀하셨다. 엄청 큰 복이다. 우리는 복을 소원해야 한다. 원하고 또 원해야 한다. 기복주의가 문제인 것은 복을 원하는 것이 아니라 재앙을 원하기 때문이다. 자신들은 그것이 복이라 생각하지만 실제로는 재앙을 원하는 것이다. 그래서 하나님께서 기뻐하지 않으신다. 우리가 원하는 것이 진정 '참된 복'이라면 결코 그것을 기복주의라 말하지 않는다. 하나님께서 우리가 복을 원하는 것을 책망하지 않으시고 오히려 기뻐하신다.

29 이제 청하건대 종의 집에 복을 주사 주 앞에 영원히 있게 하옵소서 주 여호와
께서 말씀하셨사오니 주의 종의 집이 영원히 복을 받게 하옵소서 하니라

29 I ask you to bless my descendants so that they will continue to enjoy your favour.
You, Sovereign Lord, have promised this, and your blessing will rest on my descendants
for ever."

7:29 청하건데 종의 집에 복을 주사 주 앞에 영원히 있게 하옵소서. 다윗은 진정한 복을
알았다. 그래서 이제 당당하게 그 복을 구하였다. 우리에게 필요한 것은 다윗처럼 진
정한 복을 아는 것이다. 재앙을 복으로 알고 원할 것이 아니라 하나님께서 주시는 진
정한 복을 알고 그것을 구해야 한다. '영원히' 빛나는 복을 구해야 한다. 이 땅에서 우
리가 사는 삶이 영원한 가치를 가질 수 있다. 영원한 가치의 일을 하는 것이 진정한
복이다. 다윗처럼 영원한 가치의 것을 구해야 한다. **여호와께서 말씀하셨사오니 주의
종의 집이 영원히 복을 받게 하옵소서.** 이 부분은 번역이 원문을 제대로 살리지 못하였
다. '주님의 말씀대로 이 종의 왕실은 복을 길이 받아 누리겠습니다(공동번역).'가 더
낫다. 이 구절은 '청원'이 아니라 '단언'이다. 하나님께서 약속하신 것이니 말씀하신
복이 자신과 집(믿음의 나라)에 영원히 있을 것이라는 확신이다.

신앙인이 복을 누리는 것은 당연하다. 하나님께서 그것을 말씀하셨다. 하나님께서 그
것을 원하신다. 오늘날 모든 신앙인이 그러하다. 어떤 사람을 향해서라도 하나님께서
원하시는 것은 그의 복이다. 그의 재앙이 아니다. 혹시 어려움이 있어도 그것은 복을
원하시는 하나님께서 인도하시는 복의 길이다. 욥이 받은 고난은 복이었다. 신앙인은
하나님 앞에 엎드리면 고난도 복이다.

복을 바라보라. 세상의 '속임수 복'을 바라보다 지쳐서 포기하고 이제는 복을 바라지
도 못하고 목숨만 연명하고 있는 사람이 많다. 그것은 하나님께서 우리에게 바라시는
인생의 모습이 아니다. 우리는 늘 복을 받으면서 살 수 있다. 우리 앞에는 매일 복이
있다. 세상이 줄 수 없는 엄청난 복이다.

8장

블레셋 및 주변국과의
전쟁 승리

1 그 후에 다윗이 블레셋 사람들을 쳐서 항복을 받고 블레셋 사람들의 손에서 메덱암마를 빼앗으니라

1 Some time later King David attacked the Philistines again, defeated them, and ended their control over the land.

8:1 그 후에 다윗이 블레셋 사람들을 쳐서 항복을 받고. 이스라엘의 서쪽 해안에 거주한 블레셋은 이스라엘의 강력한 적이었다. 사울 시대에 블레셋은 늘 가장 강력한 적이었다. 선진 문명이었고 이스라엘을 속국으로 여기며 늘 괴롭혔다. 그런데 다윗 시대에 드디어 블레셋의 압제에서 벗어났다. 압제에서 벗어날 뿐만 아니라 블레셋을 완전히 제압하였다. 이후에 블레셋은 더 이상 이스라엘의 적수가 되지 못한다.

2 다윗이 또 모압을 쳐서 그들로 땅에 엎드리게 하고 줄로 재어 그 두 줄 길이의 사람은 죽이고 한 줄 길이의 사람은 살리니 모압 사람들이 다윗의 종들이 되어 조공을 드리니라

2 Then he defeated the Moabites. He made the prisoners lie down on the ground and put two out of every three of them to death. So the Moabites became his subjects and paid taxes to him.

8:2 모압 사람들이 다윗의 종들이 되어 조공을 드리니라. 이스라엘의 동남쪽에 있던 모압을 제압하였다.

3 르홉의 아들 소바 왕 하닷에셀이 자기 권세를 회복하려고 유브라데 강으로 갈 때에 다윗이 그를 쳐서

3 Then he defeated the king of the Syrian state of Zobah, Hadadezer son of Rehob, as Hadadezer was on his way to restore his control over the territory by the upper Euphrates.

8:3 소바 왕...그를 쳐서. '소바'는 이스라엘의 북쪽에 위치한 아람의 소왕국이다. 그들은 호전적이었다. 다윗은 이스라엘에서 먼 소바 왕국까지 쳤다.

4 그에게서 마병 천칠백 명과 보병 이만 명을 사로잡고 병거 일백 대의 말만 남기고 다윗이 그 외의 병거의 말은 다 발의 힘줄을 끊었더니

5 다메섹의 아람 사람들이 소바 왕 하닷에셀을 도우러 온지라 다윗이 아람 사람 이만 이천 명을 죽이고

4 David captured 1,700 of his horsemen and 20,000 of his foot soldiers. He kept enough horses for a hundred chariots and crippled all the rest.

5 When the Syrians of Damascus sent an army to help King Hadadezer, David attacked it and killed 22,000 men.

8:4 다윗은 하나님의 인도하심으로 전쟁에서 승리하였다. 그런데 더욱 중요한 것이 있다. 승리 이후의 열매 처리다. 많은 사람이 승리 이후에 실패한다. 승리의 열매로 탐욕을 채우기 때문이다. 하나님께서 승리하게 하셨음을 안다면 승리의 열매를 하나님의 뜻에 맞게 사용해야 한다. 그래야 '진정한 승리'가 된다. **그 외의 병거의 말은 다 발의 힘줄을 끊었더니.** 다윗은 전쟁에서 승리하여 얻은 말의 발 힘줄을 끊었다. 말은 '힘의 상징'이다. 그래서 그것을 소유하고 싶을 수 있다. 물론 이스라엘은 산지에 있는 나라이기 때문에 말이 필요 없을 수 있다. 그러나 말은 자랑거리가 된다. 전쟁 무기는 많을수록 좋다. 그러나 다윗은 말의 발 힘줄을 끊음으로 헛된 자랑을 끊었다. 힘을 의지하지 않고 하나님을 의지하는 마음을 간직하였다.

6 다윗이 다메섹 아람에 수비대를 두매 아람 사람이 다윗의 종이 되어 조공을 바

치니라 다윗이 어디로 가든지 여호와께서 이기게 하시니라

7 다윗이 하닷에셀의 신복들이 가진 금 방패를 빼앗아 예루살렘으로 가져오고

8 또 다윗 왕이 하닷에셀의 고을 베다와 베로대에서 매우 많은 놋을 빼앗으니라

9 하맛 왕 도이가 다윗이 하닷에셀의 온 군대를 쳐서 무찔렀다 함을 듣고

10 도이가 그의 아들 요람을 보내 다윗 왕에게 문안하고 축복하게 하니 이는 하닷에셀이 도이와 더불어 전쟁이 있던 터에 다윗이 하닷에셀을 쳐서 무찌름이라 요람이 은 그릇과 금 그릇과 놋 그릇을 가지고 온지라

6 Then he set up military camps in their territory, and they became his subjects and paid taxes to him. The Lord made David victorious everywhere.

7 David captured the gold shields carried by Hadadezer's officials and took them to Jerusalem.

8 He also took a great quantity of bronze from Betah and Berothai, cities ruled by Hadadezer.

9 King Toi of Hamath heard that David had defeated all of Hadadezer's army.

10 So he sent his son Joram to greet King David and congratulate him on his victory over Hadadezer, against whom Toi had fought many times. Joram took David presents made of gold, silver, and bronze.

8:6 다메섹 아람에 수비대를 두매 아람 사람이 다윗의 종이 되어 조공을 바치니라. '아람에 수비대를 둔다'는 것은 아람을 속국으로 삼았다는 것을 의미한다. 이전에 블레셋은 이스라엘에 수비대를 두었었다. **다윗이 어디로 가든지 여호와께서 이기게 하시니라.** 8장의 주제 구절이다. 다윗이 전쟁에서 승리하였는데 그것은 하나님께서 이기게 하신 것이다. 이것이 매우 중요하다. 당시 많은 나라에서 수많은 전쟁이 있었다. 전쟁에서 이긴 왕들이 많이 있었다. 그러나 그들을 복되다 하지 않는다. 다윗의 승리가 복된 것은 그의 승리는 하나님께서 이기게 하신 것이기 때문이다. 하나님께서 함께 하신 것이 복이다. 그렇다면 역으로 패배도 하나님께서 하신 것이라면 복이 될 것이다. 중요한 것은 이기고 지는 것이 아니라 하나님께서 함께 하시는 것이다. 하나님께서 함께 하시도록 진리의 길을 걸어가고, 하나님께서 함께 하시는 것을 아는 것이 중요하다.

11 다윗 왕이 그것도 여호와께 드리되 그가 정복한 모든 나라에서 얻은 은금

12 곧 아람과 모압과 암몬 자손과 블레셋 사람과 아말렉에게서 얻은 것들과 소바 왕 르홉의 아들 하닷에셀에게서 노략한 것과 같이 드리니라

13 다윗이 소금 골짜기에서 에돔 사람 만 팔천 명을 쳐죽이고 돌아와서 명성을 떨치니라

11 King David dedicated them for use in worship, along with the silver and gold he took from the nations he had conquered—

12 Edom, Moab, Ammon, Philistia, and Amalek—as well as part of the loot he had taken from Hadadezer.

13 David became even more famous when he returned from killing 18,000 Edomites in the Valley of Salt.

8:11 다윗 왕이 그것도 여호와께 드리되. 다윗은 전쟁에서 얻은 중요한 것들을 모두 하나님께 드렸다. 자신의 탐욕을 채우지 않았다. 자신의 것을 채우면 어느새 승리가 아니라 탐욕을 위한 전쟁으로 변질될 것이다. 다윗은 하나님께 드림으로 승리 속에서 탐욕을 제어하였다.

14 다윗이 에돔에 수비대를 두되 온 에돔에 수비대를 두니 에돔 사람이 다 다윗의 종이 되니라 다윗이 어디로 가든지 여호와께서 이기게 하셨더라

14 He set up military camps throughout Edom, and the people there became his subjects. The Lord made David victorious everywhere.

8:14 에돔에 수비대를 두니. 에돔은 이스라엘의 남쪽에 위치한 나라다. 남쪽의 에돔까지 이김으로 이스라엘은 동서남북 모든 나라와의 전쟁에서 승리하였다. 이 전쟁에서도 역시 중요한 것이 있다. **여호와께서 이기게 하셨더라.** 하나님께서 이기게 하신 전쟁이다. 다윗은 진리 안에 있었고 하나님을 예배하는 사람이었다. 하나님께서 그러한 다윗의 길에 복을 주셨다. 이기게 하셨다.

15 다윗이 온 이스라엘을 다스려 다윗이 모든 백성에게 정의와 공의를 행할새

16 스루야의 아들 요압은 군사령관이 되고 아힐룻의 아들 여호사밧은 사관이 되고

17 아히둡의 아들 사독과 아비아달의 아들 아히멜렉은 제사장이 되고 스라야는 서기관이 되고

18 여호야다의 아들 브나야는 그렛 사람과 블렛 사람을 관할하고 다윗의 아들들은 대신들이 되니라

15 David ruled over all Israel and made sure that his people were always treated fairly and justly.

16 Joab, whose mother was Zeruiah, was the commander of the army; Jehoshaphat son of Ahilud was in charge of the records;

17 Zadok son of Ahitub and Ahimelech son of Abiathar were priests; Seraiah was the court secretary;

18 Benaiah son of Jehoiada was in charge of David's bodyguard and David's sons were priests.

8:15 모든 백성에게 정의와 공의를 행할새. 전쟁에서 이기다 보면 교만할 수 있다. 그러면 백성을 다스리는데 소홀하며 자신의 이익을 위하여 백성을 이용할 수 있다. 그러나 다윗은 오직 하나님의 법에 따라 백성을 다스렸다. 전쟁에서 승리하게 하신 분은 하나님이시기 때문에 전쟁에서 승리하면 할수록 더욱더 하나님의 법에 의해 백성을 다스리는 것이 마땅하다. 그런데 사람들은 자신이 승리한 줄 알고 자신의 법에 따라 행하기 쉽다. 다윗은 그러한 마음을 경계하고 하나님의 법에 따라 백성을 다스렸던 것이다.

다윗은 전쟁에서 얻은 열매를 자신을 위해 사용하지 않았다. 전쟁에서 승리하게 하신 분은 하나님이라는 사실을 잘 알고 있었기 때문이다. 오늘날 사람들은 십중팔구는 승리의 열매를 잘못 사용하고 있는 것 같다. 높은 자리에 오르면 자신의 탐욕을 위하여 사용한다. 부자가 되면 자신을 위해서만 사용해야 하는 줄 안다. 그러나 신앙인은 그 자리가 하나님께서 주신 은혜임을 고백한다. 그렇다면 열매를 사용할 때도 하나님의 은혜를 드러내는 곳에 사용해야 한다. 그래야 진정 그가 하나님의 은혜로 승리하였다는 고백이 완성된다.

9장

요나단과의 언약을 기억하고
은혜를 베풂

1 다윗이 이르되 사울의 집에 아직도 남은 사람이 있느냐 내가 요나단으로 말미암아 그 사람에게 은총을 베풀리라 하니라

2 사울의 집에는 종 한 사람이 있으니 그의 이름은 시바라 그를 다윗의 앞으로 부르매 왕이 그에게 말하되 네가 시바냐 하니 이르되 당신의 종이니이다 하니라

1 One day David asked, "Is there anyone left of Saul's family? If there is, I would like to show him kindness for Jonathan's sake."

2 There was a servant of Saul's family named Ziba, and he was told to go to David. "Are you Ziba?" the king asked. "At your service, sir," he answered.

9:1 사울의 집에 아직도 남은 사람이 있느냐. 일반적으로는 새로 왕에 오른 사람은 위험을 제거하기 위해 이전 왕의 집안을 몰살한다. 그러나 다윗은 그렇게 하지 않았다. 요나단과 맺은 언약을 기억하고 있었을 것이다. "여호와께서 너 다윗의 대적들을 지면에서 다 끊어 버리신 때에도 너는 네 인자함을 내 집에서 영원히 끊어 버리지 말라 하고 이에 요나단이 다윗의 집과 언약하기를 여호와께서는 다윗의 대적들을 치실지어다 하니라"(삼상 20:15-16) 다윗은 요나단과의 약속을 지켰다. **요나단으로 말미암아 그 사람에게 은총을 베풀리라.** 다윗은 사울의 집을 멸족시키지 않았을 뿐 아니라 요나단과의 우정을 생각하였다. 다윗은 요나단을 생각하여 요나단의 자손이 있으면 그에게 '은총'을 베풀기 원하였다. '은총'으로 번역한 단어는 히브리어 '헤세드'다. 이 단어는 주로 '사랑' 또는 '인자'로 많이 번역한다. 오늘 본문에서는 '은총'으로 번역하였다. 이 단어의 가장 근본적 의미는 '(신실한) 관계'라 할 수 있다. 신실한 관계에서 나오는 마음이나 행동을 그 상황에 맞게 해석한다. 이 시점은 다윗이 왕이 되고 20년 정도 지난 때다. 그가 유다 지파의 왕으로 헤브론에서 있었던 7년 6개월을 빼면 온 이스라엘의 왕이 된 13년 후의 일로 지난 시간이 매우 바쁜 시기였다. 그래서 이제야 요나단의 자손에게 더 큰 은혜를 베풀고자 하는 마음을 가질 수 있는 여유를 가지게 되었다.

3 왕이 이르되 사울의 집에 아직도 남은 사람이 없느냐 내가 그 사람에게 하나님의 은총을 베풀고자 하노라 하니 시바가 왕께 아뢰되 요나단의 아들 하나가 있는데 다리 저는 자니이다 하니라

4 왕이 그에게 말하되 그가 어디 있느냐 하니 시바가 왕께 아뢰되 로드발 암미엘의 아들 마길의 집에 있나이다 하니라

5 다윗 왕이 사람을 보내어 로드발 암미엘의 아들 마길의 집에서 그를 데려오니

6 사울의 손자 요나단의 아들 므비보셋이 다윗에게 나아와 그 앞에 엎드려 절하매 다윗이 이르되 므비보셋이여 하니 그가 이르기를 보소서 당신의 종이니이다

3 The king asked him, "Is there anyone left of Saul's family to whom I can show loyalty and kindness, as I promised God I would?" Ziba answered, "There is still one of Jonathan's sons. He is crippled."

4 "Where is he?" the king asked. "At the home of Machir son of Ammiel in Lodebar," Ziba answered

5 So King David sent for him.

6 When Mephibosheth, the son of Jonathan and grandson of Saul, arrived, he bowed down before David in respect. David said, "Mephibosheth," and he answered, "At your service, sir."

9:3 내가 그 사람에게 하나님의 은총을 베풀고자 하노라. 다윗은 요나단의 후손을 죽이지 않는 수동적 은총이 아니라 많은 것을 주는 능동적 은총을 베풀고자 하였다. 본래는 사울의 자손이면 여전히 다윗에게 잠재적 경쟁자이다. 어느 나라를 막론하고 그러한 경쟁자는 싹을 잘라버린다. 형제도 서로 죽인다. 사울의 후손은 전임 왕의 후손이기 때문에 죽이는 것이 당연함에도 불구하고 죽이지 않은 은총에다가 더 많은 것을 주고자 적극적으로 찾는 열정까지 가지고 있었다. 누가 권유해서가 아니라 다윗이 먼저 찾았다.

7 다윗이 그에게 이르되 무서워하지 말라 내가 반드시 네 아버지 요나단으로 말미암아 네게 은총을 베풀리라 내가 네 할아버지 사울의 모든 밭을 다 네게 도로 주겠고 또 너는 항상 내 상에서 떡을 먹을지니라 하니

8 그가 절하여 이르되 이 종이 무엇이기에 왕께서 죽은 개 같은 나를 돌아보시나이까 하니라

9 왕이 사울의 시종 시바를 불러 그에게 이르되 사울과 그의 온 집에 속한 것은 내가 다 네 주인의 아들에게 주었노니

10 너와 네 아들들과 네 종들은 그를 위하여 땅을 갈고 거두어 네 주인의 아들에게 양식을 대주어 먹게 하라 그러나 네 주인의 아들 므비보셋은 항상 내 상에서 떡을 먹으리라 하니라 시바는 아들이 열다섯 명이요 종이 스무 명이라

11 시바가 왕께 아뢰되 내 주 왕께서 모든 일을 종에게 명령하신 대로 종이 준행하겠나이다 하니라 므비보셋은 왕자 중 하나처럼 왕의 상에서 먹으니라

12 므비보셋에게 어린 아들 하나가 있으니 이름은 미가더라 시바의 집에 사는 자마다 므비보셋의 종이 되니라

13 므비보셋이 항상 왕의 상에서 먹으므로 예루살렘에 사니라 그는 두 발을 다 절더라

7 "Don't be afraid," David replied. "I will be kind to you for the sake of your father Jonathan. I will give you back all the land that belonged to your grandfather Saul, and you will always be welcome at my table."

8 Mephibosheth bowed again and said, "I am no better than a dead dog, sir! Why should you be so good to me?"

9 Then the king called Ziba, Saul's servant, and said, "I am giving Mephibosheth, your master's grandson, everything that belonged to Saul and his family.

10 You, your sons, and your servants will farm the land for your master Saul's family and bring in the harvest, to provide food for them. But Mephibosheth himself will always be a guest at my table." (Ziba had fifteen sons and twenty servants.)

11 Ziba answered, "I will do everything Your Majesty commands." So Mephibosheth ate at the king's table, just like one of the king's sons.

12 Mephibosheth had a young son named Mica. All the members of Ziba's family became servants of Mephibosheth.

13 So Mephibosheth, who was crippled in both feet, lived in Jerusalem, eating all his meals at the king's table.

9:7 네 아버지 요나단으로 말미암아 네게 은총을 베풀리라 내가 네 할아버지 사울의 모든 밭을 다 네게 도로 주겠고. 다윗은 므비보셋에게 할아버지 사울이 가지고 있던 모든 부동산을 주겠다고 말하였다. 이것은 엄청난 호의다. 잠재적 적대자가 될 수 있는 사람에게 엄청난 재산까지 주었다. 참으로 어려운 일이다. 본래 사울의 재산이면 다윗의 재산이 될 수 있다. 그런데 그것을 므비보셋에게 다 주었다. 어떻게 이런 큰 은총을 베풀 마음을 가질 수 있었을까? 이전에 요나단이 다윗에게 말하였다. "너는 내가 사

는 날 동안에 여호와의 인자하심을 내게 베풀어서 나를 죽지 않게 할 뿐 아니라 여호와께서 너 다윗의 대적들을 지면에서 다 끊어 버리신 때에도 너는 네 인자함을 내 집에서 영원히 끊어 버리지 말라 하고" (삼상 20:14-15) '인자'는 이 구절의 '은총'과 같은 단어 '헤세드'이다. 다윗은 요나단이 말하는 인자를 기억하였을 것이다. '여호와의 인자하심'이라고 말한다. 이것은 1.하나님께서 베푸시는 최고의 인자. 2.하나님 앞에서의 약속으로서의 인자. 3.하나님께서 요구하시는 인자. 등을 의미할 수 있다. 다 포함된다고 생각해도 좋을 것 같다. 다윗은 요나단이 왕자로 있고 자신이 어려움에 있을 때 요다단이 자신에게 베푼 은총을 잘 알고 있었다. 그러기에 지금 요나단의 아들 므비보셋에게 더 큰 은총을 베풀 수 있었던 것이다. **내 상에서 떡을 먹을지니라.** 엄청난 은총이다. 혹자는 이것을 통해 감시를 하는 것이라고 말하기도 하지만 성경은 이것을 은총으로 말하고 있음이 분명하다. 왕과 함께 식사하는 것은 엄청난 특권이다. 다윗은 므비보셋에게 형식상의 은총이 아니라 재산이라는 실질적인 은총과 왕과 함께 식사하는 '명예'라는 은총을 함께 주었다. 다윗은 약속을 지켰다. 억지로 지킨 것이 아니라 진심으로 넘치게 지켰다. 요나단이 다윗의 이 모습을 본다면 분명 매우 감사하고 기뻐할 수 있을 만큼 엄청난 은총을 베풀었다.

10장

암몬의 하눈이
이스라엘과의 언약을 깨트림

1 그 후에 암몬 자손의 왕이 죽고 그의 아들 하눈이 대신하여 왕이 되니

2 다윗이 이르되 내가 나하스의 아들 하눈에게 은총을 베풀되 그의 아버지가 내게 은총을 베푼 것 같이 하리라 하고 다윗이 그의 신하들을 보내 그의 아버지를 조상 하라 하니라 다윗의 신하들이 암몬 자손의 땅에 이르매

1 Some time later King Nahash of Ammon died, and his son Hanun became king.

2 King David said, "I must show loyal friendship to Hanun, as his father Nahash did to me." So David sent messengers to express his sympathy. When they arrived in Ammon,

10:2 다윗이 이르되 내가 나하스의 아들 하눈에게 은총을 베풀되 그의 아버지가 내게 은총을 베푼 것 같이 하리라. 다윗은 요나단의 아들 므비보셋에게 은총을 베풀었다. 그리고 하눈에게도 은총(헤세드)을 베풀고자 하였다. 다윗은 요나단과의 관계에서 그의 아들 므비보셋과의 관계로 이어갔다. 그리고 이제 나하스와의 관계에서 하눈과의 관계로 이어가고자 하였다. 이 이야기가 이곳에 위치한 것은 은총의 이어짐과 끊어짐을 서로 대조하기 위해서 일 것이다. 다윗은 나하스가 비록 이방 나라 암몬의 왕이었지만 평화협정의 관계를 맺고 있었다. 그 관계를 이어 그의 아들 하눈과도 평화 관계를 맺기 원하였다. 다윗은 군사적으로 강하였지만 하눈에게 은총을 베풀고자 하였다.

3 암몬 자손의 관리들이 그들의 주 하눈에게 말하되 왕은 다윗이 조객을 당신에게 보낸 것이 왕의 아버지를 공경함인 줄로 여기시나이까 다윗이 그의 신하들을 당신에게 보내 이 성을 엿보고 탐지하여 함락시키고자 함이 아니니이까 하니

3 the Ammonite leaders said to the king, "Do you think that it is in your father's honour that David has sent these men to express sympathy to you? Of course not! He has sent

them here as spies to explore the city, so that he can conquer us!"

10:3 다윗이 그의 신하들을 당신에게 보내 이 성을 엿보고 탐지하여 함락시키고자 함이 아니니이까. 하눈의 신하들이 하눈에게 잘못된 조언을 하였다. 그들은 신의(은총)를 정치로 해석하였다. 이익이나 정치보다 더 중요한 것은 서로의 관계다. 그 관계를 무시하고 정치적으로만 해석하였다. 그것도 잘못 해석하였다.

4 이에 하눈이 다윗의 신하들을 잡아 그들의 수염 절반을 깎고 그들의 의복의 중 동볼기까지 자르고 돌려보내매

4 Hanun seized David's messengers, shaved off one side of their beards, cut off their clothes at the hips, and sent them away.

10:4 신하들을 잡아 그들의 수염 절반을 깎고. '수염을 깎는다'는 것은 1.조롱 및 모욕 2.이스라엘의 율법을 어김 3.장례 등의 의미를 가질 수 있다. 3가지 다 담고 있지만 1번의 의미가 제일 강하였을 것이다. 다윗의 선의가 완전히 깨져서 돌아왔다. 하눈은 그렇게 이스라엘과의 관계를 끊었다. 다윗과의 관계를 끊었다.

5 사람들이 이 일을 다윗에게 알리니라 그 사람들이 크게 부끄러워하므로 왕이 그들을 맞으러 보내 이르기를 너희는 수염이 자라기까지 여리고에서 머물다가 돌아오라 하니라

5 They were too ashamed to return home. When David heard about what had happened, he sent word that they should stay in Jericho and not return until their beards had grown again.

10:5 너희는 수염이 자라기까지 여리고에서 머물다가 돌아오라. 다윗은 수염을 깎인 평화사절단의 명예를 지켜 주기 위해 여리고에서 수염이 어느정도 자랄 때까지 머물렀다가 오라고 명령하였다.

6 암몬 자손들이 자기들이 다윗에게 미움이 된 줄 알고 암몬 자손들이 사람을 보내 벧르홉 아람 사람과 소바 아람 사람의 보병 이만 명과 마아가 왕과 그의 사람 천 명과 돕 사람 만 이천 명을 고용한지라

6 The Ammonites realized that they had made David their enemy, so they hired 20,000 Syrian soldiers from Bethrehob and Zobah, 12,000 men from Tob, and the king of Maacah with a thousand men.

10:6 자기들이 다윗에게 미움이 된 줄 알고. 하눈은 이스라엘과의 관계를 깨트리고 군사력을 강화하였다. 아람의 용병 33,000명을 고용하였다. 그가 깨트린 관계는 엄청난 대가를 치르게 된다. 관계 속에 있을 때는 모르나 관계가 깨지고 나면 많은 대가가 있다는 것을 그때서야 알게 된다.

7 다윗이 듣고 요압과 용사의 온 무리를 보내매

8 암몬 자손은 나와서 성문 어귀에 진을 쳤고 소바와 르홉 아람 사람과 돕과 마아가 사람들은 따로 들에 있더라

7 David heard of it and sent Joab against them with the whole army.

8 The Ammonites marched out and took up their position at the entrance to Rabbah, their capital city, while the others, both the Syrians and the men from Tob and Maacah, took up their position in the open countryside.

10:7 다윗은 국가의 이익과 명예 회복을 위해 군사를 파견하였다. 하눈이 헤세드의 관계를 깨트렸기 때문에 이제 더이상 하눈과 다윗의 관계가 헤세드의 관계가 아니다. 그래서 하눈은 엄청난 대가를 치르게 되었다. 암몬은 다윗과의 관계를 깨트리지 말았어야 하며 최소한 그렇게 악의적이고 조롱의 방법으로는 하지 말았어야 한다.

9 요압이 자기와 맞서 앞뒤에 친 적진을 보고 이스라엘의 선발한 자 중에서 또 엄선하여 아람 사람과 싸우려고 진 치고

10 그 백성의 남은 자를 그 아우 아비새의 수하에 맡겨 암몬 자손과 싸우려고 진 치게 하고

11 이르되 만일 아람 사람이 나보다 강하면 네가 나를 돕고 만일 암몬 자손이 너보다 강하면 내가 가서 너를 도우리라

12 너는 담대하라 우리가 우리 백성과 우리 하나님의 성읍들을 위하여 담대히 하자 여호와께서 선히 여기시는 대로 행하시기를 원하노라 하고

13 요압과 그와 함께 한 백성이 아람 사람을 대항하여 싸우려고 나아가니 그들이 그 앞에서 도망하고

14 암몬 자손은 아람 사람이 도망함을 보고 그들도 아비새 앞에서 도망하여 성읍으로 들어간지라 요압이 암몬 자손을 떠나 예루살렘으로 돌아가니라

9 Joab saw that the enemy troops would attack him in front and from the rear, so he chose the best of Israel's soldiers and put them in position facing the Syrians.

10 He placed the rest of his troops under the command of his brother Abishai, who put them in position facing the Ammonites.

11 Joab said to him, "If you see that the Syrians are defeating me, come and help me, and if the Ammonites are defeating you, I will go and help you.

12 Be strong and courageous! Let's fight hard for our people and for the cities of our God. And may the Lord's will be done!"

13 Joab and his men advanced to attack, and the Syrians fled.

14 When the Ammonites saw the Syrians running away, they fled from Abishai and retreated into the city. Then Joab turned back from fighting the Ammonites and went back to Jerusalem.

10:9 요압이...엄선하여 아람 사람과 싸우려고 진 치고. 다윗의 군대가 왔을 때 암몬에는 많은 아람의 군사가 있었다. 이 당시 아람은 매우 강한 나라였다. 그래서 오늘 본문을 보면 '아람 사람'이라는 말이 '암몬 사람'이라는 말보다 더 많이 나온다.

15 아람 사람이 자기가 이스라엘 앞에서 패하였음을 보고 다 모이매

16 하닷에셀이 사람을 보내 강 건너쪽에 있는 아람 사람을 불러 내매 그들이 헬람에 이르니 하닷에셀의 군사령관 소박이 그들을 거느린지라

15 The Syrians realized that they had been defeated by the Israelites, so they called all their troops together.

16 King Hadadezer sent for the Syrians who were on the east side of the River

Euphrates, and they came to Helam under the command of Shobach, commander of the army of King Hadadezer of Zobah.

10:15 아람 사람이...다 모이매. 암몬과의 전쟁은 아람의 지원으로 복잡해졌다. 이스라엘이 위험하게 되었다. 이때 요압은 군사를 두 떼로 나누고 한 떼를 자신이 이끌어 아람과 싸웠다. 결국 아람이 졌다. 이 싸움에서 지자 아람의 왕은 암몬을 지원하는 차원이 아니라 직접 이스라엘과 싸움을 시도하였다.

17 어떤 사람이 다윗에게 알리매 그가 온 이스라엘을 모으고 요단을 건너 헬람에 이르매 아람 사람들이 다윗을 향하여 진을 치고 더불어 싸우더니

18 아람 사람이 이스라엘 앞에서 도망한지라 다윗이 아람 병거 칠백 대와 마병 사만 명을 죽이고 또 그 군사령관 소박을 치매 거기서 죽으니라

17 When David heard of it, he gathered the Israelite troops, crossed the River Jordan, and marched to Helam, where the Syrians took up their position facing him. The fighting began,

18 and the Israelites drove the Syrian army back. David and his men killed 700 Syrian chariot drivers and 40,000 horsemen, and they wounded Shobach, the enemy commander, who died on the battlefield.

10:17 아람 사람들이 다윗을 향하여 진을 치고 더불어 싸우더니. 다윗은 이번에는 직접 군사를 이끌고 아람과 싸웠다.

19 하닷에셀에게 속한 왕들이 자기가 이스라엘 앞에서 패함을 보고 이스라엘과 화친하고 섬기니 그러므로 아람 사람들이 두려워하여 다시는 암몬 자손을 돕지 아니하니라

19 When the kings who were subject to Hadadezer realized that they had been defeated by the Israelites, they made peace with them and became their subjects. And the Syrians were afraid to help the Ammonites any more.

10:19 패함을 보고 이스라엘과 화친하고 섬기니 그러므로 아람 사람들이 두려워하여 다

시는 암몬 자손을 돕지 아니하니라. 암몬은 돈으로 아람의 용병을 샀다. 그러나 아람이 패하고 난 후 누구도 암몬 편에 서지 않았다. 자신의 이익을 위하여 돈으로 맺은 관계는 결국 또한 자신의 이익과 상반될 때 아주 쉽게 깨졌다.

사람들은 다른 사람들과 관계를 맺고 있다. 그 관계가 헤세드의 관계가 아니라 이익의 관계인 경우가 많다. 자신의 이익이 없으면 바로 깨지는 관계다. 그런 관계는 진정한 관계가 아니다. 헤세드의 관계를 끊고 이익의 관계를 좇아갔던 암몬은 결국 철저히 손해를 입게 되었다. 세상의 관계도 그렇다. 그러니 사람과의 관계를 자신의 이익만 좇아가는 세속적 관계가 아니라 이익을 떠나 서로 관계를 맺고 사랑하는 헤세드의 관계가 되도록 해야 한다.

사람과의 관계를 깨트리지 마라. 하나님께서 맺어 주신 관계다. 부부의 관계, 부모 자식의 관계, 형제의 관계, 이웃의 관계, 성도의 관계 등 모두 아주 소중한 관계다. 하나님께서 주신 관계를 자신이 성질과 이익을 좇아 깨트리지 말아야 한다. 만약 깨트리면 오늘 본문의 암몬처럼 처절한 결과만 있을 것이다.

2부

다윗의 죄 이야기

(11:1-12:31)

11장

다윗이 죄를 범함
(하나님과의 언약 깨트림)

1 그 해가 돌아와 왕들이 출전할 때가 되매 다윗이 요압과 그에게 있는 그의 부하들과 온 이스라엘 군대를 보내니 그들이 암몬 자손을 멸하고 랍바를 에워쌌고 다윗은 예루살렘에 그대로 있더라

1 The following spring, at the time of the year when kings usually go to war, David sent out Joab with his officers and the Israelite army; they defeated the Ammonites and besieged the city of Rabbah. But David himself stayed in Jerusalem.

11:1 그 해가 돌아와 왕들이 출전할 때가 되매. 이것은 우기가 끝나고 봄이 되어 '전쟁하기 좋은 때'를 의미한다. 이전에 이스라엘은 암몬과 전쟁을 하여 승리하였다. 그러나 더 큰 적인 아람과의 전쟁이 시작되어 아람과의 전쟁 때문에 암몬의 수도를 함락시키지 못하였었다. 이제 전쟁의 시기가 다시 와서 암몬과의 전쟁이 시작되었음을 알리는 말이다. 하눈이 신의를 버림으로 다윗은 암몬과의 전쟁을 시작하였다. 그런데 그 전쟁의 과정에 다윗은 하나님과의 신의를 어기는 죄를 범하게 된다. **다윗은 예루살렘에 그대로 있더라.** 다윗이 암몬과의 전쟁에 나가지 않은 것을 문제 삼는 경우도 있으나 왕이 전쟁에 나가지 않는 것이 비난의 대상이 될 수는 없다. 다윗은 1년 전에도 암몬과의 전쟁에 나가지 않았었다. 다른 전쟁에서는 신하들이 다윗에게 나가지 않도록 말리기도 하였다. 이것은 이스라엘 군사가 암몬과 전쟁 중에 있을 때 다윗은 사실 죄와의 전쟁을 시작하는 것을 말하고 있는 것 같다.

2 저녁 때에 다윗이 그의 침상에서 일어나 왕궁 옥상에서 거닐다가 그 곳에서 보니 한 여인이 목욕을 하는데 심히 아름다워 보이는지라

2 One day, late in the afternoon, David got up from his nap and went to the palace roof. As he walked about up there, he saw a woman having a bath. She was very beautiful.

11:2 저녁 때에 다윗이 그의 침상에서 일어나. 더위를 피하는 낮잠이나 휴식 이후를 말한다. 해가 떨어지는 무렵이었다. 이때는 매우 감성적이기 쉬운 때다. **한 여인이 목욕을 하는데.** '목욕'은 아마 '정결례'를 의미할 것이다. 월경 후의 정결례를 하고 있다는 의미다. 정결례는 보통 옷을 입고 한다. 집 울타리 안의 뜰이나 혹은 공중 정결례를 하는 장소에서 하고 있었을 것이다. 왕궁은 가장 높은 위치에 있었기 때문에 정결례하는 여인을 내려다 볼 수 있었다. **아름다워 보이는지라.** 보통의 '아름답다'는 단어 대신 '좋은(토브)'라는 단어를 사용하였다. 아마 주관적인 아름다움을 표현하기 위해 그렇게 사용한 것 같다. 정결례를 위해 흰 옷을 입고 있는 여인의 모습과 물에 담그는 모습 그리고 석양이 지는 시간의 붉은 빛 등 모든 것이 완벽하게 결합되어 환상적인 모습을 만들어 낸 것 같다.

> **3** 다윗이 사람을 보내 그 여인을 알아보게 하였더니 그가 아뢰되 그는 엘리암의 딸이요 헷 사람 우리아의 아내 밧세바가 아니니이까 하니
>
> **3** So he sent a messenger to find out who she was, and learnt that she was Bathsheba, the daughter of Eliam and the wife of Uriah the Hittite.

11:3 다윗은 자신이 방금 본 여인에 대한 생각으로 가득하였다. 남녀의 관계가 그렇다. 때로는 그렇게 맹목적이다. **헷 사람 우리아의 아내 밧세바가 아니니이까.** 여인이 누구인지 알아보았을 때 유부녀라는 보고를 받았다. 그렇다면 여인에 대한 관심을 멈추었어야 한다. 왕은 어떤 여인이라도 아내로 맞이할 권리가 있었으나 유부녀만은 예외다. 그러나 다윗의 관심은 거기에서 멈추지 않았다.

> **4** 다윗이 전령을 보내어 그 여자를 자기에게로 데려오게 하고 그 여자가 그 부정함을 깨끗하게 하였으므로 더불어 동침하매 그 여자가 자기 집으로 돌아가니라
>
> **4** David sent messengers to fetch her; they brought her to him and he made love to her. (She had just finished her monthly ritual of purification.) Then she went back home.

11:4 여자를 자기에게로 데려오게 하고...더불어 동침하매. 여인을 궁정으로 불러들였

다. 그리고 동침하였다. 결코 일어나지 말아야 할 일이 일어났다. 이 모든 것이 어쩌면 하루 저녁에 다 일어난 일인 것 같다. 다윗은 무엇인가에 빠졌다. 그곳에서 허우적거렸다. 그가 여인과 동침하는 순간 그는 여인만 보였을 것이다. 그러나 그가 보지 않았다 하여 하나님이 계시지 않은 것이 아니다. 그의 눈이 하나님을 향하여 가려 있었지만 하나님의 눈은 가려 있지 않으셨다. 그가 여인만 보고 있어 말씀을 어기고 하나님을 향한 신의를 버렸다. 여인만 보고 있었기 때문에 그것을 다 잊고 있었다. 오직 여인만 머리에 가득하였다.

다윗이 범죄하였다. 지금까지 다윗의 모습을 보면 상상이 안 되는 모습이다. 그러나 이것이 인간이다. 우리는 늘 죄의 위험 속에 살고 있다. 다윗이 죄에 빠지는 것을 보면서 우리는 죄의 위험성을 더 알아야 한다. 아담의 타락 이후 우리 안에는 많은 죄의 뿌리가 있다. 그러기에 죄에 대해 늘 경계하면서 살아야 한다.

> 5 그 여인이 임신하매 사람을 보내 다윗에게 말하여 이르되 내가 임신하였나이다 하니라
>
> 6 다윗이 요압에게 기별하여 헷 사람 우리아를 내게 보내라 하매 요압이 우리아를 다윗에게로 보내니
>
> 7 우리아가 다윗에게 이르매 다윗이 요압의 안부와 군사의 안부와 싸움이 어떠했는지를 묻고
>
> 5 Afterwards she discovered that she was pregnant and sent a message to David to tell him.
>
> 6 David then sent a message to Joab: "Send me Uriah the Hittite." So Joab sent him to David.
>
> 7 When Uriah arrived, David asked him if Joab and the troops were well, and how the fighting was going.

11:5 내가 임신하였나이다. 여인이 임신함으로 다윗의 범죄가 드러나게 되었다. 다윗은 어찌해야 할지를 아주 많이 고민한 것 같다. 그래서 한 가지 궁여지책을 생각해냈다.

> 8 그가 또 우리아에게 이르되 네 집으로 내려가서 발을 씻으라 하니 우리아가 왕궁

에서 나가매 왕의 음식물이 뒤따라 가니라

8 Then he said to Uriah, "Go home and rest a while." Uriah left, and David sent a
present to his home.

11:8 다윗은 전장에 있는 밧세바의 남편 우리아를 불러들였다. 밧세바의 임신을 그의
남편의 아이로 둔갑시킬 계획이었다. **네 집으로 내려가서 발을 씻으라.** 이것은 아마 부
부관계를 유화적으로 표현한 말일 것이다. 이것은 다윗이 급한 마음에 생각한 꾀다.
그러나 사실 선한 꾀가 아니다. 설령 우리아가 집에 가서 밧세바와 함께 밤을 지내 우
리아의 자녀로 둔갑한다 하여도 죄가 없어지는 것이 아니다. 임시적으로 부끄러움만
감추는 것이다.
다윗은 죄를 범하고 그것이 드러날까봐 전전긍긍하였다. 다윗은 그것을 숨기는 것이
아니라 드러냈어야 한다. 그래야 회개가 가능하다. 사람은 연약한 존재인 것을 받아
들였어야 한다. 다윗이 지금까지 그렇게 믿음의 사람으로 살았어도 자신 또한 죄를
범할 수 있다는 사실을 받아들이고 죄를 인정했어야 한다. 그렇다면 죄가 더 깊어지
지 않았을 것이다. 그러나 그는 자신이 죄를 범할 수 있다는 사실을 받아들이지 않았
다. 영적 교만이다.

9 그러나 우리아는 집으로 내려가지 아니하고 왕궁 문에서 그의 주의 모든 부하들
과 더불어 잔지라

10 어떤 사람이 다윗에게 아뢰되 우리아가 그의 집으로 내려가지 아니하였나이다
다윗이 우리아에게 이르되 네가 길 갔다가 돌아온 것이 아니냐 어찌하여 네 집으
로 내려가지 아니하였느냐 하니

11 우리아가 다윗에게 아뢰되 언약궤와 이스라엘과 유다가 야영 중에 있고 내 주
요압과 내 왕의 부하들이 바깥 들에 진 치고 있거늘 내가 어찌 내 집으로 가서 먹
고 마시고 내 처와 같이 자리이까 내가 이 일을 행하지 아니하기로 왕의 살아 계심
과 왕의 혼의 살아 계심을 두고 맹세하나이다 하니라

12 다윗이 우리아에게 이르되 오늘도 여기 있으라 내일은 내가 너를 보내리라 우
리아가 그 날에 예루살렘에 머무니라 이튿날

9 But Uriah did not go home; instead he slept at the palace gate with the king's guards.

10 When David heard that Uriah had not gone home, he asked him, "You have just

returned after a long absence; why didn't you go home?"

11 Uriah answered, "The men of Israel and Judah are away at the war, and the Covenant Box is with them; my commander Joab and his officers are camping out in the open. How could I go home, eat and drink, and sleep with my wife? By all that's sacred, I swear that I could never do such a thing!"

12 So David said, "Then stay here the rest of the day, and tomorrow I'll send you back." So Uriah stayed in Jerusalem that day and the next.

11:9 우리아는 집으로 내려가지 아니하고. 우리아는 집에 내려가서 아내와 잠을 자면 정결법에 따라 전장에 나갈 수 없는 처지가 된다. 다른 모든 병사가 전장에서 목숨 걸고 싸우고 있는데 자신만 뒤로 빠질 수 없었다. 그래서 우리아는 집에 내려가지 않았다.

13 다윗이 그를 불러서 그로 그 앞에서 먹고 마시고 취하게 하니 저녁 때에 그가 나가서 그의 주의 부하들과 더불어 침상에 눕고 그의 집으로 내려가지 아니하니라

13 David invited him to supper and made him drunk. But again that night Uriah did not go home; instead he slept on his blanket in the palace guardroom.

11:13 먹고 마시고 취하게 하니. 취하면 술김에 집에 가지 않을까 생각하였다. 그러나 우리아는 술에 취해도 집에 내려가지 않았다. 다윗은 여인에 취해 죄악을 행하였는데 우리아는 술에 취해도 전장에 있는 병사들에 대한 의리를 지켰다.

다윗은 여인에 취해 신의를 버리고 범죄하였는데 우리아는 술에 취해도 신의를 지켰다. 우리아가 신앙이 더 좋기 때문이 아니다. 객관적으로 볼 때 분명히 다윗이 더 성숙한 신앙인이었을 것이다. 그런데 이런 때가 있다. 신앙이 좋아도 약하여서 죄를 범할 때가 있다. 믿음이 좋아도 죄를 범할 수 있다. 사람은 여전히 연약하며 또한 더욱 더 연약해지는 순간이 있기 때문이다.

14 아침이 되매 다윗이 편지를 써서 우리아의 손에 들려 요압에게 보내니

14 The next morning David wrote a letter to Joab and sent it by Uriah.

11:14 아침이 되매. 다윗에게 아주 긴 밤이 지나고 아침이 되었다. 어쩌면 밤새도록 잠을 자지 못했을 것이다. 수없이 많은 생각을 하며 수많은 경계를 넘나들었을 것이다. 그리고 아주 나쁜 결정을 하였다. 자신의 죄를 숨기기 위해 '우리아를 죽이는' 결정을 하였다.

15 그 편지에 써서 이르기를 너희가 우리아를 맹렬한 싸움에 앞세워 두고 너희는 뒤로 물러가서 그로 맞아 죽게 하라 하였더라

16 요압이 그 성을 살펴 용사들이 있는 것을 아는 그 곳에 우리아를 두니

15 He wrote: "Put Uriah in the front line, where the fighting is heaviest, then retreat and let him be killed."

16 So while Joab was besieging the city, he sent Uriah to a place where he knew the enemy was strong.

11:15 그로 맞아 죽게 하라. 다윗은 요압에게 편지를 보내면서 '우리아를 전장에서 죽게 하라'고 명령하였다. 아주 악한 명령이다. 자신의 직위를 이용하여 살인을 저지르는 행위다. 자신을 죽이라는 명령서를 들고 왕의 도장으로 인봉되었을 그 편지를 우리아가 직접 가지고 전장으로 돌아갔다.

17 그 성 사람들이 나와서 요압과 더불어 싸울 때에 다윗의 부하 중 몇 사람이 엎드러지고 헷 사람 우리아도 죽으니라

18 요압이 사람을 보내 그 전쟁의 모든 일을 다윗에게 보고할새

19 그 전령에게 명령하여 이르되 전쟁의 모든 일을 네가 왕께 보고하기를 마친 후에

20 혹시 왕이 노하여 네게 말씀하기를 너희가 어찌하여 성에 그처럼 가까이 가서 싸웠느냐 그들이 성 위에서 쏠 줄을 알지 못하였느냐

21 여룹베셋의 아들 아비멜렉을 쳐죽인 자가 누구냐 여인 하나가 성에서 맷돌 위짝을 그 위에 던지매 그가 데벳스에서 죽지 아니하였느냐 어찌하여 성에 가까이 갔더냐 하시거든 네가 말하기를 왕의 종 헷 사람 우리아도 죽었나이다 하라

22 전령이 가서 다윗에게 이르러 요압이 그를 보낸 모든 일을 다윗에게 아뢰어

23 이르되 그 사람들이 우리보다 우세하여 우리를 향하여 들로 나오므로 우리가 그들을 쳐서 성문 어귀까지 미쳤더니

24 활 쏘는 자들이 성 위에서 왕의 부하들을 향하여 쏘매 왕의 부하 중 몇 사람이 죽고 왕의 종 헷 사람 우리아도 죽었나이다 하니

17 The enemy troops came out of the city and fought Joab's forces; some of David's officers were killed, and so was Uriah.

18 Then Joab sent a report to David telling him about the battle,

19 and he instructed the messenger, "After you have told the king all about the battle,

20 he may get angry and ask you, 'Why did you go so near the city to fight them? Didn't you realize that they would shoot arrows from the walls?

21 Don't you remember how Abimelech son of Gideon was killed? It was at Thebez, where a woman threw a millstone down from the wall and killed him. Why, then, did you go so near the wall?' If the king asks you this, tell him, 'Your officer Uriah was also killed.'"

22 So the messenger went to David and told him what Joab had commanded him to say.

23 He said, "Our enemies were stronger than we were and came out of the city to fight us in the open, but we drove them back to the city gate.

24 Then they shot arrows at us from the wall, and some of Your Majesty's officers were killed; your officer Uriah was also killed."

11:17 다윗의 부하 중 몇 사람이 엎드러지고 헷 사람 우리아도 죽으니라. 요압은 우리아의 군대가 성벽에 가까이 가도록 시켰다. 결국 성 안에서 날아온 화살과 돌에 의해 우리아와 몇 군사가 죽었다. 다윗은 자신의 죄를 숨기기 위해 우리아를 죽게 만들었다. 우리아와 함께 여러 명의 병사들을 죽게 만들었다. 억울하게 우리아와 병사들이 죽었다.

25 다윗이 전령에게 이르되 너는 요압에게 이같이 말하기를 이 일로 걱정하지 말라 칼은 이 사람이나 저 사람이나 삼키느니라 그 성을 향하여 더욱 힘써 싸워 함락시키라 하여 너는 그를 담대하게 하라 하니라

26 우리아의 아내는 그 남편 우리아가 죽었음을 듣고 그의 남편을 위하여 소리내어 우니라

25 David said to the messenger, "Encourage Joab and tell him not to be upset, since you never can tell who will die in battle. Tell him to launch a stronger attack on the city and capture it."

26 When Bathsheba heard that her husband had been killed, she mourned for him.

11:25 이 일로 걱정하지 말라. 이 구절에는 '너의 눈에 보기에'가 생략된 것으로 이것은 27절의 '여호와 보시기에'와 같은 단어다. 요압은 다윗이 살인교사를 하였다는 것을 아는 유일한 사람이다. 다윗은 요압을 안심시킴으로 자신의 살인교사가 완벽하게 감추어졌다고 생각하였다.

27 그 장례를 마치매 다윗이 사람을 보내 그를 왕궁으로 데려오니 그가 그의 아내가 되어 그에게 아들을 낳으니라 다윗이 행한 그 일이 여호와 보시기에 악하였더라

27 When the time of mourning was over, David sent for her to come to the palace; she became his wife and bore him a son. But the Lord was not pleased with what David had done.

11:27 장례를 마치매 다윗이 사람을 보내 그를 왕궁으로 데려오니 그가 그의 아내가 되어. 다윗은 '자신이 간통을 하였고 우리아를 살인교사 하였다'는 것을 완벽하게 감출수 있었다. 우리아의 아내를 자신의 아내로 삼았을 때 사람들이 보기에는 다윗이 매우 긍휼이 많은 사람으로 보였을 것이다. 악한 일을 하였는데 선한 일을 한 사람처럼 보이는 것이다. 모든 것이 아주 완벽하게 마쳤다. **다윗이 행한 그 일이 여호와 보시기에 악하였더라.** 세상 모든 사람들에게 감추어졌어도 하나님께는 감추어지지 않는다. 하나님께서는 모든 것을 정확히 보시기 때문이다. 세상 모든 사람에게 감추어졌어도 그것이 완벽한 것이 아니다. 사람들에게는 사실 감추어지든 드러나든 그리 큰 것이 아니다. 진짜 중요한 것은 하나님 앞에서의 모습이다. 오직 하나님 한 분만 심판하시는 분이기 때문이다.

하나님 앞에서 드러나는 것을 중요하게 생각하지 않고 사람들의 눈에만 들키지 않으려고 하는 것은 하나님의 심판을 믿지 않기 때문이다. 하나님의 심판을 믿는 사람이라면 사람에게 감추어지는 것이 중요한 것이 아니라 하나님 앞에서 어떤 모습으로 평가받을 것인지를 더 생각한다. 그래서 죄를 숨기는 것이 아니라 죄를 범하지 않고 죄

를 범한 경우에는 회개하는 것을 중요하게 여겨야 한다.

다윗의 범죄는 그렇게 그냥 지나갈 수도 있었다. 그러나 하나님께서 다윗을 사랑하셨다. 그래서 다윗의 죄를 깊이 다루신다. 다윗과 밧세바의 이야기의 핵심은 이 구절이다. 사람들 보기에는 해피 엔딩으로 끝난 것 같지만 하나님께서 보시기에 악하였기에 하나님께서 죄를 심각하게 물으신다는 것이다. 이후의 본문은 하나님께서 죄를 물으시는 이야기다. 지금까지의 사건에서 다윗은 하나님을 생각하지 않았다. 하나님의 이름이 한 번도 나오지 않았다. 하나님의 뜻도 묻지 않았다. 그러나 하나님은 여전히 그 모든 것을 지켜보고 계셨다. 그 이야기의 중심에서 지켜보고 계셨다.

12장

다윗의 드러난
죄와 벌

1 여호와께서 나단을 다윗에게 보내시니 그가 다윗에게 가서 그에게 이르되 한 성읍에 두 사람이 있는데 한 사람은 부하고 한 사람은 가난하니

2 그 부한 사람은 양과 소가 심히 많으나

3 가난한 사람은 아무것도 없고 자기가 사서 기르는 작은 암양 새끼 한 마리뿐이라 그 암양 새끼는 그와 그의 자식과 함께 자라며 그가 먹는 것을 먹으며 그의 잔으로 마시며 그의 품에 누우므로 그에게는 딸처럼 되었거늘

1 The Lord sent the prophet Nathan to David. Nathan went to him and said, "There were two men who lived in the same town; one was rich and the other poor.

2 The rich man had many cattle and sheep,

3 while the poor man had only one lamb, which he had bought. He took care of it, and it grew up in his home with his children. He would feed it with some of his own food, let it drink from his cup, and hold it in his lap. The lamb was like a daughter to him.

12:1 여호와께서 나단을 다윗에게 보내시니. 하나님께서 나단을 다윗에게 보내셔서 다윗의 죄를 드러내신다. 그런데 다윗이 범죄하고 바로 그렇게 하신 것이 아니라 어느 정도 시간이 지난 후에 하셨다. 스스로 회개하기를 기다리신 것일까? 다윗은 죄가 드러나지 않아 마치 다 잊은 듯하다. 다윗이 범죄하고 1년 정도의 시간이 지났다. 죄는 바로 드러나는 경우도 있지만 죄의 단물을 다 먹고 난 후 드러나는 경우도 있다. 어쩌면 전혀 드러나지 않는 경우도 있다. 그러나 중요한 것은 바로 드러나든 어느 정도 후에 드러나든 아니면 아예 드러나지 않든 모든 죄에 대해 값과 벌이 있다는 것이다. **한 성읍에 두 사람이 있는데 한 사람은 부하고 한 사람은 가난하니.** 나단은 한 사건에 대해 말하였다. 이 사건이 진짜 있었던 것인지 아니면 만들어 낸 이야기인지는 정확히 모른다. 이 사건을 통해 나단은 다윗의 죄를 드러내고자 하였던 것은 분명해 보인다. 당시 왕은 오늘날 대법원의 역할을 하기도 하였다. 나단은 왕에게 이 사건의 경우 어떻게 해야 하는지 최종 판결을 구하고 있는 것으로 보인다.

4 어떤 행인이 그 부자에게 오매 부자가 자기에게 온 행인을 위하여 자기의 양과 소를 아껴 잡지 아니하고 가난한 사람의 양 새끼를 빼앗아다가 자기에게 온 사람을 위하여 잡았나이다 하니

4 One day a visitor arrived at the rich man's home. The rich man didn't want to kill one of his own animals to prepare a meal for him; instead, he took the poor man's lamb and cooked a meal for his guest."

12:4 부자가 자기에게 온 행인을 위하여...가난한 사람의 양 새끼를 빼앗아다가 자기에게 온 사람을 위하여 잡았나이다. 어떻게 이럴 수가 있을까? 그러나 강한 자는 늘 약한 자 위에 군림하면서 자기 멋대로 하곤 한다.

5 다윗이 그 사람으로 말미암아 노하여 나단에게 이르되 여호와의 살아 계심을 두고 맹세하노니 이 일을 행한 그 사람은 마땅히 죽을 자라

5 David was very angry with the rich man and said, "I swear by the living Lord that the man who did this ought to die!

12:5 이 일을 행한 그 사람은 마땅히 죽을 자라. 강자가 약자의 소중한 것을 빼앗았으니 참으로 파렴치하고 악한 사람이라고 판단한 것이다.

6 그가 불쌍히 여기지 아니하고 이런 일을 행하였으니 그 양 새끼를 네 배나 갚아 주어야 하리라 한지라

6 For having done such a cruel thing, he must pay back four times as much as he took."

12:6 양 새끼를 네 배나 갚아 주어야 하리라. 다윗은 "사람이 소나 양을 도둑질하여 잡거나 팔면 그는 소 한 마리에 소 다섯 마리로 갚고 양 한 마리에 양 네 마리로 갚을지니라" (출 22:1)는 율법을 잘 알고 있었음이 분명하다. 그렇다면 "어떤 남자가 유부녀와 동침한 것이 드러나거든 그 동침한 남자와 그 여자를 둘 다 죽여 이스라엘 중에 악을 제할지니라" (신 22:22)라는 율법도 잘 알고 있었을 것이다.

7 나단이 다윗에게 이르되 당신이 그 사람이라 이스라엘의 하나님 여호와께서 이와 같이 이르시기를 내가 너를 이스라엘 왕으로 기름 붓기 위하여 너를 사울의 손에서 구원하고

8 네 주인의 집을 네게 주고 네 주인의 아내들을 네 품에 두고 이스라엘과 유다 족속을 네게 맡겼느니라 만일 그것이 부족하였을 것 같으면 내가 네게 이것 저것을 더 주었으리라

7 "You are that man," Nathan said to David. "And this is what the Lord God of Israel says: 'I made you king of Israel and rescued you from Saul.

8 I gave you his kingdom and his wives; I made you king over Israel and Judah. If this had not been enough, I would have given you twice as much.

12:7 당신이 그 사람이라. '여호와께서 이르시기를'이라고 말하면서 하나님께서 다윗에게 벌을 내리시는 것을 말한다.

9 그러한데 어찌하여 네가 여호와의 말씀을 업신여기고 나 보기에 악을 행하였느냐 네가 칼로 헷 사람 우리아를 치되 암몬 자손의 칼로 죽이고 그의 아내를 빼앗아 네 아내로 삼았도다

9 Why, then, have you disobeyed my commands? Why did you do this evil thing? You had Uriah killed in battle; you let the Ammonites kill him, and then you took his wife!

12:9 어찌하여 네가 여호와의 말씀을 업신여기고 나 보기에 악을 행하였느냐. 다윗이 우리아를 죽이고 그의 아내를 빼앗은 것은 하나님의 말씀을 업신여긴 것이다.

10 이제 네가 나를 업신여기고 헷 사람 우리아의 아내를 빼앗아 네 아내로 삼았은즉 칼이 네 집에서 영원토록 떠나지 아니하리라 하셨고

10 Now, in every generation some of your descendants will die a violent death because you have disobeyed me and have taken Uriah's wife.

12:10 네가 나를 업신여기고. 다윗은 죄를 범할 때 '내가 하나님을 업신여길 거야'라고

절대 생각하지 않았을 것이다. 그러나 실제로는 하나님을 업신여긴 것이다. 모든 죄가 그렇다. 모든 죄는 하나님의 말씀을 업신여기는 것이며 또한 하나님을 업신여기는 것이다. 말씀을 업신여기는 것은 하나님을 업신여기는 것이다. 그러기에 우리는 말씀을 경외하고 말씀을 지키기 위해 모든 힘을 다 쏟아야 한다. **칼이 네 집에서 영원토록 떠나지 아니하리라.** 다윗의 죄에 대해 하나님께서 벌을 선언하셨다. 이후에 다윗이 겪는 사건은 모두 이것과 연결되어 있다. 압살롬이 암논을 죽이는 사건, 압살롬이 다윗을 배신하고 전쟁을 일으킨 사건, 아도니야와 솔로몬 사이의 사건 등 계속 집 안에서 피를 흘리는 사건이 생긴다.

11 여호와께서 또 이와 같이 이르시기를 보라 내가 너와 네 집에 재앙을 일으키고 내가 네 눈앞에서 네 아내를 빼앗아 네 이웃들에게 주리니 그 사람들이 네 아내들과 더불어 백주에 동침하리라

11 I swear to you that I will cause someone from your own family to bring trouble on you. You will see it when I take your wives from you and give them to another man; and he will have intercourse with them in broad daylight.

12:11 네 눈앞에서 네 아내를 빼앗아...그 사람들이 네 아내들과 더불어 백주에 동침하리라. 아주 끔찍한 사건이다. 압살롬이 실제로 이렇게 행한다. 다윗에게 어떻게 이렇게 끔찍한 일들이 일어날 수 있을까? 이 사건 이전과 이후의 다윗에게 일어나는 일이 완전히 다르다. 오늘날 우리들은 이 끔찍한 일들을 꼭 기억해야 한다. 이것이 죄에 대한 벌이다. 죄를 범하는 사람들이 다윗의 죄를 말하면서 합리화하는 경향이 있다. 그러나 그들이 다윗의 죄가 얼마나 끔찍한 대가를 치르게 되었는지를 기억하고 있는 걸까? 다윗이 우리아의 아내와 범인 간통은 일시적인 기쁨이었다면 그가 겪는 벌과 고통은 두고두고 일어난다.

모든 사람의 죄와 벌이 그렇다. 사람들은 흔히 생각하기를 죄 값은 예수님께서 다 치르셨기 때문에 자신들은 죄의 단물만 먹는다고 착각한다. 그러나 그런 사람에게는 예수님의 죄 용서도 없을 것이다. 예수님께서 죄 용서를 위해 십자가에서 죽으신 참으로 엄청난 일을 쉽게 생각해서는 안 된다. 십자가의 용서를 믿어도 자신이 죄 때문에 당하는 벌과 책임에 대해서 결코 간과하지 말아야 한다. 다윗은 예수님의 죄사함을 믿지 않았기 때문에 이렇게 벌을 받는 것이 아니다.

12 너는 은밀히 행하였으나 나는 온 이스라엘 앞에서 백주에 이 일을 행하리라 하셨나이다 하니

13 다윗이 나단에게 이르되 내가 여호와께 죄를 범하였노라 하매 나단이 다윗에게 말하되 여호와께서도 당신의 죄를 사하셨나니 당신이 죽지 아니하려니와

12 You sinned in secret, but I will make this happen in broad daylight for all Israel to see.' "

13 "I have sinned against the Lord," David said. Nathan replied, "The Lord forgives you; you will not die.

12:13 내가 여호와께 죄를 범하였노라. 이것은 참으로 위대한 고백이다. 이것이 매우 중요하다. 이것은 지금까지의 어떤 선언보다 더 위대한 선언이다. 다윗이 골리앗과 싸워 이긴 것보다 더 위대하다. **나단이 다윗에게 말하되 여호와께서도 당신의 죄를 사하셨나니 당신이 죽지 아니하려니와.** 하나님께서 회개하는 다윗을 긍휼히 여기시고 용서하셨다. 오늘날 우리들도 많은 죄를 범한다. 그러나 하나님 앞에서 우리의 죄를 인정하고 회개하는, 작지만 위대한 고백을 하나님께서 보시고 우리의 죄를 용서하신다. 그래서 죽지 않는다. 그래서 믿음의 사람이다.

14 이 일로 말미암아 여호와의 원수가 크게 비방할 거리를 얻게 하였으니 당신이 낳은 아이가 반드시 죽으리이다 하고

15 나단이 자기 집으로 돌아가니라 우리아의 아내가 다윗에게 낳은 아이를 여호와께서 치시매 심히 앓는지라

14 But because you have shown such contempt for the Lord in doing this, your child will die."

15 Then Nathan went home.

12:14 이 일로 말미암아 여호와의 원수가 크게 비방할 거리를 얻게 하였으니. 이것은 '임금께서 여호와를 얕보셨으니'(공동번역)가 더 나은 번역일 것 같다. 죄의 산물인 '아이가 반드시 죽으리라'고 말씀한다. 모든 죄의 값은 반드시 죽는 것이다. 크고 작은 모든 죄가 그렇다. 아무리 작은 죄도 사실 죽을 죄다. 사람은 참으로 존귀하여 작은 죄 하나도 용납이 안 된다. 그래서 예수님이 이 땅에 오셨다. 모든 사람은 예수님의 대속의 은혜가 필요하다.

사람은 죄값만 생각하는 경향이 있다. 그러나 죄에 대한 '벌'도 생각해야 한다. 사실 죄값이 가장 큰 것이다. 그런데 사람은 그것을 자신들이 당하지 않으니 실감하지 못할 때가 많다. '벌'은 자신이 당하는 것이다. 그래서 조금 더 실감할 것이다. 죄값을 해결하였어도 여전히 죄에 대한 벌이 있다는 것을 알아야 한다. 모든 사람은 예수님의 재림 때 선악간에 심판받을 것이니 그때 벌이 있음이 분명하다. 물론 그것은 지옥과 같은 것은 아니겠지만 어떤 형식으로든 있을 것이다. 그리고 그 벌은 오늘날 이 땅에서 죄로 얻은 이익보다 훨씬 더 크고 중할 것이다.

다윗의 경우 죄를 용서하셨으니 끝날 것 같지만 그렇지 않다. 그의 아이가 죽을 것이다. 그리고 이미 선언하신 참으로 비참한 일들이 앞으로 다윗의 집안에서 차근차근 다 일어난다. 다윗의 엄청난 믿음의 삶을 생각할 때 너무 비참하고 가슴 아픈 일이다. 그러나 그런 일들이 다 일어난다. 그러니 우리가 어찌 죄에 대한 벌을 가볍게 생각할 수 있겠는가?

> 16 다윗이 그 아이를 위하여 하나님께 간구하되 다윗이 금식하고 안에 들어가서 밤새도록 땅에 엎드렸으니
>
> 17 그 집의 늙은 자들이 그 곁에 서서 다윗을 땅에서 일으키려 하되 왕이 듣지 아니하고 그들과 더불어 먹지도 아니하더라
>
> 16 David prayed to God that the child would get well. He refused to eat anything, and every night he went into his room and spent the night lying on the floor.
>
> 17 His court officials went to him and tried to make him get up, but he refused and would not eat anything with them.

12:16 다윗이 금식하고 안에 들어가서 밤새도록 땅에 엎드렸으니. 다윗은 아픈 아기를 위해 금식하며 땅에 엎드려 기도하였다.

> 18 이레 만에 그 아이가 죽으니라 그러나 다윗의 신하들이 아이가 죽은 것을 왕에게 아뢰기를 두려워하니 이는 그들이 말하기를 아이가 살았을 때에 우리가 그에게 말하여도 왕이 그 말을 듣지 아니하셨나니 어떻게 그 아이가 죽은 것을 그에게 아뢸 수 있으랴 왕이 상심하시리로다 함이라

19 다윗이 그의 신하들이 서로 수군거리는 것을 보고 그 아이가 죽은 줄을 다윗이 깨닫고 그의 신하들에게 묻되 아이가 죽었느냐 하니 대답하되 죽었나이다 하는지라

18 A week later the child died, and David's officials were afraid to tell him the news. They said, "While the child was living, David wouldn't answer us when we spoke to him. How can we tell him that his child is dead? He might do himself some harm!" When David noticed them whispering to each other, he realized that the child had died. So he asked them, "Is the child dead?" "Yes, he is," they answered.

19 The Lord caused the child that Uriah's wife had borne to David to become very ill.

12:18 이레 만에 그 아이가 죽으니라. 태어난지 7일 되었거나, 병든지 7일 되어 죽었다는 뜻일 것이다. 다윗의 기도가 응답되지 못하고 결국 아기가 죽었다. 하나님께서 말씀하신 대로 아기가 죽었다. 그리고 이후에 여전히 죄에 대한 벌이 남아 있어 더 많은 슬프고 엄청난 재앙이 다윗에게 일어날 것이다. 그러한 일들은 모두 다윗의 죄 때문이다. 다윗이 자신이 지은 죄를 인정하였고 하나님께서 그의 죄를 용서하셨다. 용서가 있어 그는 영원한 죽음에서 구원받았다. 그러나 모든 죄는 영원한 죽음만이 아니라 벌도 따른다. 이 땅에서든 이후에든 모든 죄에 대해서는 반드시 그에 따른 벌이 있다. 죄 지은 사람이 져야 하는 책임이다. 영원한 형벌에 비하면 매우 작은 것이지만 책임이 있는 것 또한 분명하다. 중요한 것은 다윗이 죄 용서를 받았고 그렇게 아기의 회복을 위해 기도하였어도 결국 죽었다는 사실이다. 죄 용서를 가볍게 생각하지 말아야 한다. 죄 용서는 엄청난 대가를 치른다. 그냥 용서하는 것이 아니라 예수님이 대속하시는 것이다. 죄에 대한 벌을 받지 않으려는 것은 아주 잘못된 마음이다.

20 다윗이 땅에서 일어나 몸을 씻고 기름을 바르고 의복을 갈아입고 여호와의 전에 들어가서 경배하고 왕궁으로 돌아와 명령하여 음식을 그 앞에 차리게 하고 먹은지라

21 그의 신하들이 그에게 이르되 아이가 살았을 때에는 그를 위하여 금식하고 우시더니 죽은 후에는 일어나서 잡수시니 이 일이 어찌 됨이니이까 하니

20 David got up from the floor, had a bath, combed his hair, and changed his clothes. Then he went and worshipped in the house of the Lord. When he returned to the palace, he asked for food and ate it as soon as it was served.

21 "We don't understand this," his officials said to him. "While the child was alive, you wept for him and would not eat; but as soon as he died, you got up and ate!"

12:20 의복을 갈아입고 여호와의 전에 들어가서 경배하고 왕궁으로 돌아와 명령하여 음식을 그 앞에 차리게 하고. 보통은 죽으면 더 슬퍼하는데 다윗은 아들이 죽기 전에는 금식하였지만 죽은 이후에는 금식을 멈추고 하나님께 나아가 경배하였다. 경배하는 다윗의 마음과 모습을 상상해 보라.

22 이르되 아이가 살았을 때에 내가 금식하고 운 것은 혹시 여호와께서 나를 불쌍히 여기사 아이를 살려 주실는지 누가 알까 생각함이거니와

22 "Yes," David answered, "I did fast and weep while he was still alive. I thought that the Lord might be merciful to me and not let the child die.

12:22 내가 금식하고 운 것은 혹시 여호와께서 나를 불쌍히 여기사 아이를 살려 주실는지. 다윗은 자신의 죄에 대해 벌하시는 하나님의 통치를 받아들였다. 하나님의 은혜는 어떤 누구도 다 측량할 수 없으니 혹시 하나님께서 긍휼히 여기시고 아기를 살리실 수 있기에 금식하며 울었다 말한다. 벌하시는 하나님께 저항한 것이 아니라 은혜 베푸시는 하나님께 호소한 것이다.

23 지금은 죽었으니 내가 어찌 금식하랴 내가 다시 돌아오게 할 수 있느냐 나는 그에게로 가려니와 그는 내게로 돌아오지 아니하리라 하니라

23 But now that he is dead, why should I fast? Could I bring the child back to life? I will some day go to where he is, but he can never come back to me."

12:23 지금은 죽었으니 내가 어찌 금식하랴. 다윗은 하나님의 통치와 벌 내리심을 저항하지 않고 받아들였다. 그것이 옳다는 것을 알기 때문이다.

24 다윗이 그의 아내 밧세바를 위로하고 그에게 들어가 그와 동침하였더니 그가 아들을 낳으매 그의 이름을 솔로몬이라 하니라 여호와께서 그를 사랑하사

24 Then David comforted his wife Bathsheba. He had intercourse with her, and she bore a son, whom David named Solomon. The Lord loved the boy

12:24 밧세바를 위로하고 그에게 들어가 그와 동침하였더니 그가 아들을 낳으매. 다윗은 밧세바를 통해 낳은 첫 아들이 죽었지만 절망을 본 것이 아니라 희망을 보았다. 하나님은 다윗이 범죄하였다고 그의 미래를 막지는 않으셨다. 그를 용서하셨다. 그래서 그의 미래는 새롭게 만들어 갈 수 있도록 허락하셨다. **솔로몬이라 하니라 여호와께서 그를 사랑하사.** 첫 번째 아이는 죽었으나 두 번째 아이는 다윗을 잇는 왕이 된다. 이렇게 완전한 반전이 일어날 수 있었던 것은 하나님께서 죄인이라 하여 모든 미래를 부정하지는 않으시기 때문이다. 오히려 새롭게 만들어 가는 미래를 격려하시고 인도하신다.

25 선지자 나단을 보내 그의 이름을 여디디야라 하시니 이는 여호와께서 사랑하셨기 때문이더라

26 요압이 암몬 자손의 랍바를 쳐서 그 왕성을 점령하매

27 요압이 전령을 다윗에게 보내 이르되 내가 랍바 곧 물들의 성읍을 쳐서 점령하였으니

28 이제 왕은 그 백성의 남은 군사를 모아 그 성에 맞서 진 치고 이 성읍을 쳐서 점령하소서 내가 이 성읍을 점령하면 이 성읍이 내 이름으로 일컬음을 받을까 두려워하나이다 하니

25 and commanded the prophet Nathan to name the boy Jedidiah, because the Lord loved him.

26 Meanwhile Joab continued his campaign against Rabbah, the capital city of Ammon, and was about to capture it.

27 He sent messengers to David to report: "I have attacked Rabbah and have captured its water supply.

28 Now gather the rest of your forces, attack the city and take it yourself. I don't want to get the credit for capturing it."

12:25 그의 이름을 여디디야라 하시니 이는 여호와께서 사랑하셨기 때문이더라. 하나님께서 솔로몬에게 또 하나의 이름을 주셨다. 여디디야는 '하나님의 사랑을 입은 자'라는 뜻이다. 하나님께서 그를 사랑하셨다. 다윗이 자신의 죄를 진정성 있게 인정하였을 때 하나님께서 그를 용서하셨다. 여전히 벌이 남아 있지만 더욱 중요한 것은 하나님의 사

랑이 그를 감쌀 것이라는 사실이다.

우리는 죄로 인하여 엄청난 고통의 벌을 당한다 할지라도 하나님의 사랑이 더 크다는 것을 기억해야 한다. 하나님은 우리를 사랑하시고 복 주기를 원하신다. 그러니 죄와 죄책감과 벌로 인한 고통에 좌절하고 머물러 있지 말아야 한다. 우리를 향한 사랑이 있음을 알고 다시 믿음으로 사랑을 만나는 미래를 써 가야 한다.

29 다윗이 모든 군사를 모아 랍바로 가서 그 곳을 쳐서 점령하고

30 그 왕의 머리에서 보석 박힌 왕관을 가져오니 그 중량이 금 한 달란트라 다윗이 자기의 머리에 쓰니라 다윗이 또 그 성읍에서 노략한 물건을 무수히 내오고

31 그 안에 있는 백성들을 끌어내어 톱질과 써레질과 철도끼질과 벽돌구이를 그들에게 하게 하니라 암몬 자손의 모든 성읍을 이같이 하고 다윗과 모든 백성이 예루살렘으로 돌아가니라

29 So David gathered his forces, went to Rabbah, attacked it, and conquered it.

30 From the head of the idol of the Ammonite god Molech David took a gold crown which weighed about 35 kilogrammes and had a jewel in it. David took the jewel and put it in his own crown. He also took a large amount of loot from the city

31 and put its people to work with saws, iron hoes, and iron axes, and forced them to work at making bricks. He did the same to the people of all the other towns of Ammon. Then he and his men returned to Jerusalem.

12:29 다윗이...랍바로 가서 그곳을 쳐서 점령하고. 랍바는 암몬의 수도다. 암몬의 하눈이 이스라엘을 배신하면서 생긴 암몬과의 전쟁 이야기가 이렇게 마무리된다. 암몬과의 전쟁이 조금 길어진 것 같다. 최소한 2년 반 정도의 시간이다. 아마 랍바가 철옹성이어서 포위 작전을 썼고 그래서 많은 시간이 걸린 것 같다.

암몬과의 전쟁과 함께 엮고 있는 이야기가 다윗이 우리아의 아내와 간통하는 죄를 범한 이야기다. 이 두 가지를 함께 엮으면서 다윗에게 진짜 중요했던 전쟁 이야기를 말한다. 암몬과의 전쟁에서 최종적으로 승리하게 하심으로 하나님께서 다윗에게 복을 주셨다. 끔찍한 죄를 범하였기 때문에 인생이 망하는 것이 아니라 전쟁에서 승리하게 하심으로 계속 미래로 나갈 수 있도록 하셨다. 물론 앞에서 하나님께서 말씀하신 남은 벌에 대해서는 앞으로 이어질 것이다. 그러나 여전히 희망을 가지고 미래를 살아갈 수 있는 것은 하나님의 사랑 때문이다. 그것을 암몬과의 전쟁 승리를 통해 볼 수 있다.

3부

다윗의 죄에 대한
벌 이야기

(13:1-20:26)

13장

암논과 압살롬이
죄를 범함

1 그 후에 이 일이 있으니라 다윗의 아들 압살롬에게 아름다운 누이가 있으니 이름은 다말이라 다윗의 다른 아들 암논이 그를 사랑하나

1 David's son Absalom had a beautiful unmarried sister named Tamar. Amnon, another of David's sons, fell in love with her.

13:1 아름다운 누이가 있으니 이름은 다말이라 다윗의 다른 아들 암논이 그를 사랑하나. 암논은 이복동생인 다말을 좋아하였다. **사랑하나.** 이 단어는 많은 경우 진짜 사랑에 사용하는 단어다. 그러나 암논이 진짜 다말을 사랑한 것일까? 이름만 사랑일 뿐 가짜 사랑도 많다.

2 그는 처녀이므로 어찌할 수 없는 줄을 알고 암논이 그의 누이 다말 때문에 울화로 말미암아 병이 되니라

3 암논에게 요나답이라 하는 친구가 있으니 그는 다윗의 형 시므아의 아들이요 심히 간교한 자라

4 그가 암논에게 이르되 왕자여 당신은 어찌하여 나날이 이렇게 파리하여 가느냐 내게 말해 주지 아니하겠느냐 하니 암논이 말하되 내가 아우 압살롬의 누이 다말을 사랑함이니라 하니라

5 요나답이 그에게 이르되 침상에 누워 병든 체하다가 네 아버지가 너를 보러 오거든 너는 그에게 말하기를 원하건대 내 누이 다말이 와서 내게 떡을 먹이되 내가 보는 데에서 떡을 차려 그의 손으로 먹여 주게 하옵소서 하라 하니

2 He was so much in love with her that he became ill, because it seemed impossible for him to have her; as a virgin, she was kept from meeting men.

3 But he had a friend, a very shrewd man named Jonadab, the son of David's brother

Shammah.

4 Jonadab said to Amnon, "You are the king's son, yet day after day I see you looking sad. What's the matter?" "I'm in love with Tamar, the sister of my half-brother Absalom," he answered.

5 Jonadab said to him, "Pretend that you are ill and go to bed. When your father comes to see you, say to him, 'Please ask my sister Tamar to come and feed me. I want her to prepare the food here where I can see her, and then serve it to me herself.' "

13:2 처녀이므로 어찌할 수 없는 줄을 알고. 이것은 '조신한 여인이므로'라고 의역해도 좋다. 다말이 밖으로 도는 여인이 아니기 때문에 암논이 어찌 가까이할 수 없다는 의미를 담고 있을 수 있고 아니면 다말이 말씀을 잘 지키는 여인이라서 암논이 어찌 할 수 없다는 의미일 수도 있다. "너는 네 자매 곧 네 아버지의 딸이나 네 어머니의 딸이나 집에서나 다른 곳에서 출생하였음을 막론하고 그들의 하체를 범하지 말지니라"(레 18:9) 말씀은 이복형제간 결혼을 금하고 있다. 말씀을 잘 지키는 다말은 암논에게 눈길도 안 주었고 암논은 다말을 여인으로 좋아하였으니 문제가 된 것이다. **울화로 말미암아 병이 되니라.** 사랑으로 병까지 얻은 것을 보면 암논은 다말을 일단 많이 좋아한 것으로 보인다. 그러나 그것은 진짜 좋아한 것이 아니라 집착이었다. 가짜 사랑도 집착하면 그것이 진짜 사랑처럼 느끼게 되고 그것 때문에 병까지 얻을 수 있다는 것을 볼 수 있다. 사람은 스스로의 감정에 많이 속으며 산다.

감정이 자신을 속일 때 우리는 말씀으로 자기 자신을 찾아야 한다. 다말이 말씀으로 이복 오빠인 암논에게 거리를 둔 것처럼 암논 또한 말씀으로 자신의 마음을 다스렸어야 했다. 그러면 일시적으로는 힘들지 모르지만 이후에는 다말을 좋아한 것이 자신의 진짜 마음이 아니라는 것을 알게 될 것이다. 사람을 사람되게 하고 자기 자신을 본래의 모습으로 되찾는 것은 감정이 아니라 말씀이다. 감정은 창조된 본래의 모습에서 타락한 상태이고 말씀은 창조된 본래의 모습으로 회복하는 것이다. 그러기에 말씀을 따라 갈 때 창조될 때의 본래 모습을 회복하게 된다. 그런데 사람들은 흔히 감정이 자신의 진짜 모습이고 말씀은 외부적인 것으로 생각한다. 말씀이 자신의 본래 모습을 회복시킨다는 사실을 잘 알아야 한다.

6 암논이 곧 누워 병든 체하다가 왕이 와서 그를 볼 때에 암논이 왕께 아뢰되 원하건대 내 누이 다말이 와서 내가 보는 데에서 과자 두어 개를 만들어 그의 손으로

내게 먹여 주게 하옵소서 하니

7 다윗이 사람을 그의 집으로 보내 다말에게 이르되 이제 네 오라버니 암논의 집으로 가서 그를 위하여 음식을 차리라 한지라

8 다말이 그 오라버니 암논의 집에 이르매 그가 누웠더라 다말이 밀가루를 가지고 반죽하여 그가 보는 데서 과자를 만들고 그 과자를 굽고

9 그 냄비를 가져다가 그 앞에 쏟아 놓아도 암논이 먹기를 거절하고 암논이 이르되 모든 사람을 내게서 나가게 하라 하니 다 그를 떠나 나가니라

10 암논이 다말에게 이르되 음식물을 가지고 침실로 들어오라 내가 네 손에서 먹으리라 하니 다말이 자기가 만든 과자를 가지고 침실에 들어가 그의 오라버니 암논에게 이르러

6 So Amnon pretended that he was ill and went to bed. King David went to see him, and Amnon said to him, "Please let Tamar come and make a few cakes here where I can see her, and then serve them to me herself."

7 So David sent word to Tamar in the palace: "Go to Amnon's house and prepare some food for him."

8 She went there and found him in bed. She took some dough, prepared it, and made some cakes there where he could see her. Then she baked the cakes

9 and emptied them out of the pan for him to eat, but he wouldn't. He said, "Send everyone away"—and they all left.

10 Then he said to her, "Bring the cakes here to my bed and serve them to me yourself." She took the cakes and went over to him.

13:6 암논이 왕께 아뢰되 원하건대 내 누이 다말이 와서 내가 보는 데에서 과자 두어 개를 만들어. 암논은 다윗의 관대함을 이용하였다. 다말이 자신의 집으로 오도록 하기 위해 병든 체하여 아버지 다윗에게 요청하였다.

11 그에게 먹이려고 가까이 가지고 갈 때에 암논이 그를 붙잡고 그에게 이르되 나의 누이야 와서 나와 동침하자 하는지라

11 As she offered them to him, he grabbed her and said, "Come to bed with me!"

13:11 속이기 시작한 암논은 거짓의 길을 폭주한다. 나의 누이야 와서 나와 동침하자.

거짓은 거짓을 낳는다. 거짓은 사다리와 같다. 한 번에 큰 거짓을 행하지는 않지만 한 번 행하면 한 계단씩 올라가는 힘은 매우 강하다.

12 그가 그에게 대답하되 아니라 내 오라버니여 나를 욕되게 하지 말라 이런 일은 이스라엘에서 마땅히 행하지 못할 것이니 이 어리석은 일을 행하지 말라

12 "No," she said. "Don't force me to do such a degrading thing! That's awful!

13:12 이런 일은 이스라엘에서 마땅히 행하지 못할 것이니. 이복 누이와의 근친상간은 당시 이방민족에는 어느 정도 일반적으로 있었다. 그러나 이스라엘에서는 명백하게 금하고 있었다.

13 내가 이 수치를 지니고 어디로 가겠느냐 너도 이스라엘에서 어리석은 자 중의 하나가 되리라 이제 청하건대 왕께 말하라 그가 나를 네게 주기를 거절하지 아니하시리라 하되

13 How could I ever hold up my head in public again? And you—you would be completely disgraced in Israel. Please, speak to the king, and I'm sure that he will give me to you."

13:13 내가 이 수치를 지니고 어디로 가겠느냐 너도 이스라엘에서 어리석은 자 중의 하나가 되리라. 다말은 근친상간이 자신과 암논에게 수치가 된다고 말하며 강하게 거부하였다. 그러나 암논은 이미 죄로 깊이 들어간 상태였다. 어떤 말도 그를 멈추게 하지 못하였다.

14 암논이 그 말을 듣지 아니하고 다말보다 힘이 세므로 억지로 그와 동침하니라

14 But he would not listen to her; and since he was stronger than she was, he overpowered her and raped her.

13:14 다말보다 힘이 세므로 억지로 그와 동침하니라. 암논은 말씀이 금하는 것, 이스라엘의 관습이 금하는 것을 행하는 죄를 범하였다. 금하지 않는다 하여도 여인을 강제로 동침하는 것 또한 성폭행 죄다.

속임수로 성취되는 것이라면 선한 것이라 할지라도 얻지 않는 것이 좋다. 그 사람에게 필요한 것이라면 하나님께서 속임수로 성취하게 하지 않으신다. 정상적인 좋은 방법으로 얻게 하실 것이다. 그러니 속임수로 얻는 것은 자신의 것이 아닌 것을 얻는 것이며 결국 선한 열매가 아니다. 그런데 나쁜 것을 나쁜 방법으로 얻는다면 더욱더 멸망을 기약하는 것이다. 암논은 악한 것을 악한 방식으로 얻었다. 그래서 그는 멸망의 길을 빠르게 걸어가고 있다.

> 15 그리고 암논이 그를 심히 미워하니 이제 미워하는 미움이 전에 사랑하던 사랑보다 더한지라 암논이 그에게 이르되 일어나 가라 하니
>
> 15 Then Amnon was filled with a deep hatred for her; he hated her now even more than he had loved her before. He said to her, "Get out!"

13:15 미움이 전에 사랑하던 사랑보다 더한지라. 암논은 다말을 성폭행한 이후 갑자기 변심하였다. 성폭행 전에는 그렇게 사랑하였는데 어떻게 성폭행 후에는 그렇게 미워할 수 있을까? 성폭행 전에 사랑이라고 했던 것이 실제로는 사랑이 아니었기 때문이다. 악한 마음은 행하기 전에는 별이라도 따 줄 것 같이 강하지만 행하고 나면 풍선의 바람 빠지는 것보다 더 빠르게 사라진다. 그러기에 자신의 마음을 의지하지 말아야 한다. 말씀을 의지해야 한다.

> 16 다말이 그에게 이르되 옳지 아니하다 나를 쫓아보내는 이 큰 악은 아까 내게 행한 그 악보다 더하다 하되 암논이 그를 듣지 아니하고
>
> 16 "No," she answered. "To send me away like this is a greater crime than what you just did!" But Amnon would not listen to her;

13:16 나를 쫓아보내는 이 큰 악은 아까 내게 행한 그 악보다 더하다. 성폭행의 죄보다

성폭행 후 다말을 무시하는 것이 더 큰 죄라고 말한다. 성폭행도 말씀을 범하는 큰 죄다. 그런데 암논이 그것에 대해 책임을 지고 결혼을 해야 하는데 그러한 의무를 모두 무시하는 것은 더 큰 죄다. 이전의 행동이 다말의 육체를 농락하는 것이었다면 지금은 다말의 영혼을 농락하는 것이다. 더 큰 상처가 되는 것이 분명하다.

17 그가 부리는 종을 불러 이르되 이 계집을 내게서 이제 내보내고 곧 문빗장을 지르라 하니

18 암논의 하인이 그를 끌어내고 곧 문빗장을 지르니라 다말이 채색옷을 입었으니 출가하지 아니한 공주는 이런 옷으로 단장하는 법이라

17 he called in his personal servant and said, "Get this woman out of my sight! Throw her out and lock the door!"

18 The servant put her out and locked the door. Tamar was wearing a long robe with full sleeves, the usual clothing for an unmarried princess in those days.

13:17 이 계집을 내게서 이제 내보내고. 암논은 다말을 '계집'이라고 말한다. 자신의 집에서 강제로 끌어 내치라 하였다. 더러운 거지를 보는 것처럼 취급하였다. 다말은 나라의 공주다. 그런데 이렇게 인격살인을 하면서 내쫓았다. 암논의 모든 행동은 그가 말씀에 주의를 기울이지 않기 때문에 한 일이다. 오직 자신의 마음을 따라 행하였다. 근친상간이 그러하며 성폭행 후 책임을 지지 않는 것이 그러하다. 그는 말씀에 전혀 신경 쓰지 않았다. 오직 자신의 마음이 내키는 대로 행하였다.

19 다말이 재를 자기의 머리에 덮어쓰고 그의 채색옷을 찢고 손을 머리 위에 얹고 가서 크게 울부짖으니라

19 She sprinkled ashes on her head, tore her robe, and with her face buried in her hands went away crying.

13:19 재를 자기의 머리에 덮어쓰고 그의 채색옷을 찢고. 다말은 이제 '채색옷'이 어울리는 사람이 아니다. 자신의 순결을 지키지 못하고 부모의 명예를 지키지 못하였기에 채색 옷을 찢었다.

20 그의 오라버니 압살롬이 그에게 이르되 네 오라버니 암논이 너와 함께 있었느냐 그러나 그는 네 오라버니이니 누이야 지금은 잠잠히 있고 이것으로 말미암아 근심하지 말라 하니라 이에 다말이 그의 오라버니 압살롬의 집에 있어 처량하게 지내니라

21 다윗 왕이 이 모든 일을 듣고 심히 노하니라

20 When her brother Absalom saw her, he asked, "Has Amnon molested you? Please, sister, don't let it upset you so much. He is your half-brother, so don't tell anyone about it." So Tamar lived in Absalom's house, sad and lonely.

21 When King David heard what had happened, he was furious.

13:20 지금은 잠잠히 있고 이것으로 말미암아 근심하지 말라. 압살롬은 이 사건을 소란스럽게 하지 않았다. 용서하였기 때문이 아니라 용서하지 않았기 때문이다.

22 압살롬은 암논이 그의 누이 다말을 욕되게 하였으므로 그를 미워하여 암논에 대하여 잘잘못을 압살롬이 말하지 아니하니라

22 And Absalom hated Amnon so much for having raped his sister Tamar that he would no longer even speak to him.

13:22 그를 미워하여 암논에 대하여 잘잘못을 압살롬이 말하지 아니하니라. 미움을 철저히 감추고 마음 속 깊은 곳에 간직하였다. 아마 압살롬은 이때부터 암논을 죽이기로 작정한 것 같다.

23 만 이 년 후에 에브라임 곁 바알하솔에서 압살롬이 양 털을 깎는 일이 있으매 압살롬이 왕의 모든 아들을 청하고

23 Two years later Absalom was having his sheep sheared at Baal Hazor, near the town of Ephraim, and he invited all the king's sons to be there.

13:23 만 이 년 후. 압살롬은 미움을 안으로 간직하고 암논을 죽일 계획을 세웠다. 양 털을 깎는 일은 일 년에 한 번 하는 잔치다. 농사에 있어 일종의 추수다. 몇 주에 걸쳐

하는 고된 노동 이후 잔치를 벌였다. 이 잔치를 이용하여 암논을 죽일 계획을 세운 것이다.

압살롬이 무서운 사람이라는 것은 이 사건 후 바로 양털 깎는 잔치에 부른 것이 아니라 두 번이나 참은 후에 3번째 양털 깎는 일에 부른 것이라는 사실이다. 그 동안 압살롬은 치밀하게 계획한 것이다. 압살롬의 살인은 완전히 계획된 고의적 살인이다.

24 압살롬이 왕께 나아가 말하되 이제 종에게 양 털 깎는 일이 있사오니 청하건대 왕은 신하들을 데리시고 당신의 종과 함께 가사이다 하니

25 왕이 압살롬에게 이르되 아니라 내 아들아 이제 우리가 다 갈 것 없다 네게 누를 끼칠까 하노라 하니라 압살롬이 그에게 간청하였으나 그가 가지 아니하고 그에게 복을 비는지라

24 He went to King David and said, "Your Majesty, I am having my sheep sheared. Will you and your officials come and take part in the festivities?"

25 "No, my son," the king answered. "It would be too much trouble for you if we all went." Absalom insisted, but the king would not give in, and he asked Absalom to leave.

13:24 왕은 신하들을 데리시고 당신의 종과 함께 가사이다. 압살롬은 치밀하게 계획하였다. 다윗이 거절할 것을 알고 요청한 것이다. 다윗이 거절하면 왕 대신에 왕세자인 암논을 보내 달라고 할 것을 미리 계산한 것이다. 만약 처음부터 암논을 초청하였다면 아마 거절 받았을 것이다.

26 압살롬이 이르되 그렇게 하지 아니하시려거든 청하건대 내 형 암논이 우리와 함께 가게 하옵소서 왕이 그에게 이르되 그가 너와 함께 갈 것이 무엇이냐 하되

27 압살롬이 간청하매 왕이 암논과 왕의 모든 아들을 그와 함께 그에게 보내니라

26 But Absalom said, "Well, then, will you at least let my brother Amnon come?" "Why should he?" the king asked.

27 But Absalom kept on insisting until David finally let Amnon and all his other sons go with Absalom. Absalom prepared a banquet fit for a king

13:26 그렇게 하지 않으시려거든 청하건데 내 형 암논이 우리와 함께 가게 하옵소서. 압살롬은 처음부터 암논이 목적이었다. 그래서 다윗이 거절한 것에 미안한 마음이 들어 대신 암논을 보내기를 허락하는 것을 원했던 것이다.

28 압살롬이 이미 그의 종들에게 명령하여 이르기를 너희는 이제 암논의 마음이 술로 즐거워할 때를 자세히 보다가 내가 너희에게 암논을 치라 하거든 그를 죽이라 두려워하지 말라 내가 너희에게 명령한 것이 아니냐 너희는 담대히 용기를 내라 한지라

29 압살롬의 종들이 압살롬의 명령대로 암논에게 행하매 왕의 모든 아들들이 일어나 각기 노새를 타고 도망하니라

30 그들이 길에 있을 때에 압살롬이 왕의 모든 아들들을 죽이고 하나도 남기지 아니하였다는 소문이 다윗에게 이르매

31 왕이 곧 일어나서 자기의 옷을 찢고 땅에 드러눕고 그의 신하들도 다 옷을 찢고 모셔 선지라

28 and instructed his servants: "Notice when Amnon has had too much to drink, and then when I give the order, kill him. Don't be afraid. I will take the responsibility myself. Be brave and don't hesitate!"

29 So the servants followed Absalom's instructions and killed Amnon. All the rest of David's sons mounted their mules and fled.

30 While they were on their way home, David was told: "Absalom has killed all your sons—not one of them is left!"

31 The king stood up, tore his clothes in sorrow, and threw himself to the ground. The servants who were there with him tore their clothes also.

13:28 내가 너희에게 암논을 치라 하거든 그를 죽이라. 압살롬은 오랫동안 계획하였던 대로 암논을 죽였다. 이것은 그가 왕자 서열 2위이기 때문에 왕직에 대한 욕심까지 생각했을 수도 있다. 그러나 그것보다는 동생 다말에 대한 원수를 갚는 것이 주목적이었을 것이다. 그러나 이것은 철저히 압살롬의 죄다.

암논이 다말을 성폭행하고 모욕한 것은 큰 죄다. 그러나 압살롬이 암논을 죽인 것은 더 큰 죄다. 철저히 계획하여 죽인 압살롬의 잔인함은 말씀에도 어긋나고 인륜적으로도 큰 죄다. 압살롬은 성경에 대해서는 거의 신경을 쓰지 않는 것으로 보인다. 그는

오직 원수 갚는 일에만 모든 관심을 기울였다. 그래서 말씀을 크게 어기게 되었고 결국은 큰 비극의 길을 가게 되었다.

> **32** 다윗의 형 시므아의 아들 요나답이 아뢰어 이르되 내 주여 젊은 왕자들이 다 죽임을 당한 줄로 생각하지 마옵소서 오직 암논만 죽었으리이다 그가 압살롬의 누이 다말을 욕되게 한 날부터 압살롬이 결심한 것이니이다
>
> **33** 그러하온즉 내 주 왕이여 왕자들이 다 죽은 줄로 생각하여 상심하지 마옵소서 오직 암논만 죽었으리이다 하니라
>
> **34** 이에 압살롬은 도망하니라 파수하는 청년이 눈을 들어 보니 보아라 뒷산 언덕 길로 여러 사람이 오는도다
>
> **35** 요나답이 왕께 아뢰되 보소서 왕자들이 오나이다 당신의 종이 말한 대로 되었나이다 하고
>
> **36** 말을 마치자 왕자들이 이르러 소리를 높여 통곡하니 왕과 그의 모든 신하들도 심히 통곡하니라
>
> **32** But Jonadab, the son of David's brother Shammah, said, "Your Majesty, they haven't killed all your sons. Only Amnon is dead. You could tell by looking at Absalom that he had made up his mind to do this from the time that Amnon raped his sister Tamar.
>
> **33** So don't believe the news that all your sons are dead; only Amnon was killed."
>
> **34** In the meantime Absalom had fled. Just then the soldier on sentry duty saw a large crowd coming down the hill on the road from Horonaim. He went to the king and reported what he had seen.
>
> **35** Jonadab said to David, "Those are your sons coming, just as I said they would."
>
> **36** As soon as he finished saying this, David's sons came in; they started crying, and David and his officials also wept bitterly.

13:32 오직 암논만 죽었으리이다. 요나답은 암논에게 다말을 침실로 부를 수 있는 꾀를 알려주었던 사람이다. 지금까지의 사건을 가까이에서 보았고 전말을 가장 잘 알고 있는 사람이다. 그래서 이 사건에서도 가장 정확한 진단을 내렸다. **그가 압살롬의 누이 다말을 욕되게 한 날부터 압살롬이 결심한 것이니이다.** 요나답은 압살롬이 2년 전부터 암논을 죽이기로 결심하였다는 사실을 알고 있었다. 사실 압살롬은 지난 2년 동안 암논을 죽일 생각만 하고 있었다.

37 압살롬은 도망하여 그술 왕 암미훌의 아들 달매에게로 갔고 다윗은 날마다 그의 아들로 말미암아 슬퍼하니라

37 Absalom fled and went to the king of Geshur, Talmai son of Ammihud, and stayed there three years. David mourned a long time for his son Amnon;

13:37 압살롬은 도망하여 그술 왕 암미훌의 아들 달매에게로 갔고. 압살롬은 자신의 외할아버지 나라로 도망갔다. 그술은 갈릴리 호수 북동쪽에 있는 작은 도시 국가다. 압살롬은 그의 할아버지 나라가 힘은 약하지만 다윗과 우호적 관계를 맺고 있었기 때문에 다윗이 어찌하지 않을 것이라 생각한 것 같다. **다윗은 날마다 그의 아들로 말미암아 슬퍼하니라.** 다윗은 집안에서 살인이 일어났고 장남 암논이 죽었으니 참으로 많이 슬프고 괴로웠을 것이다. 게다가 이 일은 자신의 범죄와 연관이 있다는 것을 생각하였을 것이다. 암논의 성폭행이나 압살롬의 계획 살인은 여러모로 자신의 과거를 생각나게 하였을 것이다. 게다가 나단을 통해 전해진 '칼의 역사'의 연속이라는 것을 생각하면 자신의 범죄에 대한 벌이기 때문에 더욱 슬펐을 것이다.

38 압살롬이 도망하여 그술로 가서 거기에 산 지 삼 년이라

13:38 압살롬이 도망하여 그술로 가서 거기에 산 지 삼 년이라. 다윗은 3년이라는 긴 시간을 보냈다. 이전에 압살롬은 여동생의 성폭행 사건 이후 2년이라는 미움의 기간을 가졌다. 그 시간은 그에게 지옥의 시간이 되었고 괴물이 탄생했다. 그러나 다윗은 믿음의 사람이었다. 그는 3년이라는 기간을 지옥의 시간으로 보내기에 합당한 많은 조건을 가지고 있었지만 신앙인이었기에 시간 속에서 상처가 아물었다.

39 다윗 왕의 마음이 압살롬을 향하여 간절하니 암논은 이미 죽었으므로 왕이 위로를 받았음이더라

39 but when he got over Amnon's death, he was filled with longing for his son Absalom.

13:39 다윗 왕의 마음이 압살롬을 향하여 간절하니. 다윗은 처음에는 압살롬이 미웠을

것이다. 압살롬에 의해 장남 암논이 죽었고 집안이 완전히 풍비박산이 났다. 그러나 3년이라는 시간이 흘러 간 이후에는 압살롬을 사랑하는 마음으로 가득하였다. 미움이 아니라 사랑이라는 긍정적인 마음이 그의 마음을 차지하게 된 것이다. **암논은 이미 죽었으므로 왕이 위로를 받았음이더라.** 암논이 죽고 시간이 흐르면서 슬픔이 고착화된 것이 아니라 희미해졌다는 말이다. 슬픔으로 폐인이 된 것이 아니라 시간이 흐르면서 자연히 암논에 대한 생각도 흘러가게 놓아두었다는 것을 의미한다.

누구든 사랑하는 사람의 죽음은 가슴을 미어지게 만든다. 그러나 시간과 함께 지나가게 만들어야 한다. 그것을 붙잡고 살지 말아야 한다. 사람의 죽음은 자신의 영역이 아니다. 그러니 어떤 경우라 하여도 시간과 함께 흘러가게 하여야 한다. 다윗은 엄청난 사건이 있었지만 시간과 함께 잊고 있다.

14장

압살롬을 용서하는
다윗

1 스루야의 아들 요압이 왕의 마음이 압살롬에게로 향하는 줄 알고

1 Joab knew that King David missed Absalom very much,

14:1 요압이 왕의 마음이 압살롬에게로 향하는 줄 알고. 요압은 다윗이 압살롬의 문제를 늘 생각하고 있는 것을 보았다. 다윗이 압살롬의 문제를 해결하지 못하고 있는 모습을 보고 요압이 나섰다.

2 드고아에 사람을 보내 거기서 지혜로운 여인 하나를 데려다가 그에게 이르되 청하건대 너는 상주가 된 것처럼 상복을 입고 기름을 바르지 말고 죽은 사람을 위하여 오래 슬퍼하는 여인 같이 하고

3 왕께 들어가서 그에게 이러이러하게 말하라고 요압이 그의 입에 할 말을 넣어 주니라

4 드고아 여인이 왕께 아뢸 때에 얼굴을 땅에 대고 엎드려 이르되 왕이여 도우소서 하니

5 왕이 그에게 이르되 무슨 일이냐 하니라 대답하되 나는 진정으로 과부니이다 남편은 죽고

2 so he sent for a clever woman who lived in Tekoa. When she arrived, he said to her, "Pretend that you are in mourning; put on your mourning clothes, and don't comb your hair. Act like a woman who has been in mourning for a long time.

3 Then go to the king and say to him what I tell you to say." Then Joab told her what to say.

4 The woman went to the king, bowed down to the ground in respect, and said, "Help me, Your Majesty!"

5 "What do you want?" he asked her. "I am a poor widow, sir," she answered. "My husband is dead.

14:2 지혜로운 여인 하나를 데려다가. 요압은 지혜로운 여인을 데려와 자신이 하고자 하는 일을 말하고 일을 꾸몄다. 다윗이 처한 상황은 딜레마다. 그 안에서 꼼짝달싹 못하고 있었기에 그곳에서 나오게 하기 위해서는 지혜가 필요하였다. 압살롬이 자신의 형 암논을 죽였다. 그것은 살인죄다. 살인죄를 저질렀으니 압살롬도 마땅히 죽임을 당해야 한다. 그런데 살인죄를 물어 압살롬을 죽이면 다윗은 두 아들을 동시에 잃게 된다. 그래서 이렇게도 저렇게도 못하고 있었다. 마침 압살롬이 그술에 도피해 있어 그곳에 군사를 파견하기는 어렵다. 그래서 죄를 물을 상황이 아니다. 그렇다고 압살롬에게 사람을 보내 용서한다고 말할 수도 없는 상태다. 압살롬이 분명 죄를 지었기 때문이다.

> 6 이 여종에게 아들 둘이 있더니 그들이 들에서 싸우나 그들을 말리는 사람이 아무도 없으므로 한 아이가 다른 아이를 쳐죽인지라
>
> 6 Sir, I had two sons, and one day they got into a quarrel out in the fields, where there was no one to separate them, and one of them killed the other.

14:6 여종에게 아들 둘이 있더니...한 아이가 다른 아이를 쳐죽인지라. 다윗의 딜레마를 요압은 여인이 당한 딜레마로 바꾸어 송사하였다.

> 7 온 족속이 일어나서 당신의 여종 나를 핍박하여 말하기를 그의 동생을 쳐죽인 자를 내놓으라 우리가 그의 동생 죽인 죄를 갚아 그를 죽여 상속자 될 것까지 끊겠노라 하오니 그러한즉 그들이 내게 남아 있는 숯불을 꺼서 내 남편의 이름과 씨를 세상에 남겨두지 아니하겠나이다 하니
>
> 8 왕이 여인에게 이르되 네 집으로 가라 내가 너를 위하여 명령을 내리리라 하는지라
>
> 9 드고아 여인이 왕께 아뢰되 내 주 왕이여 그 죄는 나와 내 아버지의 집으로 돌릴 것이니 왕과 왕위는 허물이 없으리이다
>
> 7 And now, sir, all my relatives have turned against me and are demanding that I hand my son over to them, so that they can kill him for murdering his brother. If they do this, I will be left without a son. They will destroy my last hope and leave my husband without

a son to keep his name alive."

8 "Go back home," the king answered, "and I will take care of the matter."

9 "Your Majesty," she said, "whatever you do, my family and I will take the blame; you and the royal family are innocent."

14:7 온 족속이...그의 동생 죽인 죄를 갚아 그를 죽여 상속자 될 것까지 끊겠노라. '온 족속'은 그의 친척들을 의미한다. 그들은 여인의 죽은 아들에 대해 원수를 갚아야 할 의무가 있지만 아마 그들은 나머지 아들마저 죽임으로 그들이 재산을 상속받으려는 의도도 가지고 있는 것 같다. 둘째 아들이 죽으면 과부는 모든 것을 잃게 된다. 한 아들이 이미 죽었고 나머지 둘째 아들까지 죽으면 과부는 의지할 곳이 없어진다.

여인의 송사는 법으로 인하여 고통을 당하게 되어 그 법에 대한 바른 적용을 위해 제기한 것이다. '의(법)'가 있다. 의(체데크)를 생각하면 살인죄를 저질렀기 때문에 죽어 마땅하다. 그러나 '정의(미쉬파트)'가 있다. 정의는 '의'의 정신이 잘 실현되도록 상황 속에서 잘 판단된 진리다. 왕은 그러한 재판의 최종 권한을 가지고 있다. 그래서 여인은 왕에게 송사를 제기할 수 있고 왕은 그것에 대해 최종 판결을 내려야 한다. 의 때문에 생긴 딜레마를 '정의'가 세워지도록 판결하여 문제 해결을 하는 것이다.

10 왕이 이르되 누구든지 네게 말하는 자를 내게로 데려오라 그가 다시는 너를 건드리지도 못하리라 하니라

10 The king replied, "If anyone threatens you, bring him to me, and he will never trouble you again."

14:10 다시는 너를 건드리지도 못하리라. 여인의 남은 아들을 친족들이 죽이지 못하도록 하겠다는 판결이다. 다윗은 여인의 아들이 비록 살인죄를 저질렀지만 피해자인 여인에게 최선의 방법은 남은 아들을 죽이는 것이 아니라 살리는 것이라고 판단하였다. 법은 피해자를 위한 것인데 오히려 피해자가 더 큰 피해를 보게 된다면 그 법을 여인에게 적용하지 않는 것이 더 좋다고 판결한 것이다.

11 여인이 이르되 청하건대 왕은 왕의 하나님 여호와를 기억하사 원수 갚는 자가 더 죽이지 못하게 하옵소서 내 아들을 죽일까 두렵나이다 하니 왕이 이르되 여호와께서 살아 계심을 두고 맹세하노니 네 아들의 머리카락 하나도 땅에 떨어지지 아니하리라 하니라

12 여인이 이르되 청하건대 당신의 여종을 용납하여 한 말씀을 내 주 왕께 여쭙게 하옵소서 하니 그가 이르되 말하라 하니라

11 She said, "Your Majesty, please pray to the Lord your God, so that my relative who is responsible for avenging the death of my son will not commit a greater crime by killing my other son." "I promise by the living Lord," David replied, "that your son will not be harmed in the least."

12 "Please, Your Majesty, let me say just one more thing," the woman said. "All right," he answered.

14:11 청하건데 왕은 왕의 하나님 여호와를 기억하사 원수 갚는 자가 더 죽이지 못하게 하옵소서. 여호와의 이름으로 공식적으로 판결을 선언해 달라는 요청이다. **왕이 이르되 여호와께서 살아 계심을 두고 맹세하노니 네 아들의 머리카락 하나도 땅에 떨어지지 아니하리라.** 다윗은 하나님의 이름으로 공식판결을 하여 여인의 아들이 죽지 않을 것이라 말하였다.

여인의 아들에 대한 판결은 다윗이 자신의 경우를 생각하고 내린 결론이 아니다. 이것이 자신과 관련되어 있을 것이라고는 전혀 생각하지 못하고 있었다. 단지 정의를 세우기 위해 법에 대해 최종 판결을 내린 것이다. 그것은 정직한 판결이었다. 객관적 판결이었다. 이 판결이 이후에 다윗 자신에게 적용된다. 그래서 다윗은 자신이 내린 판결에 따라 압살롬에게 살인죄를 묻지 않고 불러들이게 된다.

13 여인이 이르되 그러면 어찌하여 왕께서 하나님의 백성에게 대하여 이같은 생각을 하셨나이까 이 말씀을 하심으로 왕께서 죄 있는 사람 같이 되심은 그 내쫓긴 자를 왕께서 집으로 돌아오게 하지 아니하심이니이다

13 She said to him, "Why have you done such a wrong to God's people? You have not allowed your own son to return from exile, and so you have condemned yourself by what you have just said.

14:13 이 말씀을 하심으로 왕께서 죄 있는 사람 같이 되심은 그 내쫓긴 자를 왕께서 집

으로 돌아오게 하지 아니하심이니이다. 여인은 다윗이 자신의 아들을 죽지 않도록 하겠다 판결하였는데 정작 다윗이 아들을 용서하지 않고 있기에 다윗이 잘못이라고 말하였다. 다윗이 죄 짓는 것이라 말하였다. 논리 비약이다.

14 우리는 필경 죽으리니 땅에 쏟아진 물을 다시 담지 못함 같을 것이오나 하나님은 생명을 빼앗지 아니하시고 방책을 베푸사 내쫓긴 자가 하나님께 버린 자가 되지 아니하게 하시나이다

15 이제 내가 와서 내 주 왕께 이 말씀을 여쭙는 것은 백성들이 나를 두렵게 하므로 당신의 여종이 스스로 말하기를 내가 왕께 여쭈오면 혹시 종이 청하는 것을 왕께서 시행하실 것이라

16 왕께서 들으시고 나와 내 아들을 함께 하나님의 기업에서 끊을 자의 손으로부터 주의 종을 구원하시리라 함이니이다

17 당신의 여종이 또 스스로 말하기를 내 주 왕의 말씀이 나의 위로가 되기를 원한다 하였사오니 이는 내 주 왕께서 하나님의 사자 같이 선과 악을 분간하심이니이다 원하건대 왕의 하나님 여호와께서 왕과 같이 계시옵소서

18 왕이 그 여인에게 대답하여 이르되 바라노니 내가 네게 묻는 것을 내게 숨기지 말라 여인이 이르되 내 주 왕은 말씀하옵소서

14 We will all die; we are like water spilt on the ground, which can't be gathered again. Even God does not bring the dead back to life, but the king can at least find a way to bring a man back from exile.

15 Now, Your Majesty, the reason I have come to speak to you is that the people threatened me, and so I said to myself that I would speak to you in the hope that you would do what I ask.

16 I thought you would listen to me and save me from the one who is trying to kill my son and me and so remove us from the land God gave his people.

17 I said to myself that your promise, sir, would make me safe, because the king is like God's angel and can distinguish good from evil. May the Lord your God be with you!"

18 The king answered, "I'm going to ask you a question, and you must tell me the whole truth." "Ask me anything, Your Majesty," she answered.

14:14 우리는 필경 죽으리니 땅에 쏟아진 물을 다시 담지 못함 같을 것이오나. 암논이 죽은 것은 모든 사람이 죽는 길을 간 것이며 또한 우리가 어떻게 하든 죽은 자는 돌

아오지 못한다는 것을 상기시켰다. **하나님은 생명을 빼앗지 아니하시고 방책을 베푸사 내쫓긴 자가 하나님께 버린 자가 되지 아니하게 하시나이다.** 하나님의 뜻을 좇아 생명을 빼앗을 것이 아니라 살릴 방법을 찾아야 한다고 주장하였다.

> 19 왕이 이르되 이 모든 일에 요압이 너와 함께 하였느냐 하니 여인이 대답하여 이르되 내 주 왕의 살아 계심을 두고 맹세하옵나니 내 주 왕의 말씀을 좌로나 우로나 옮길 자가 없으리이다 왕의 종 요압이 내게 명령하였고 그가 이 모든 말을 왕의 여종의 입에 넣어 주었사오니
>
> 20 이는 왕의 종 요압이 이 일의 형편을 바꾸려 하여 이렇게 함이니이다 내 주 왕의 지혜는 하나님의 사자의 지혜와 같아서 땅에 있는 일을 다 아시나이다 하니라
>
> 19 "Did Joab put you up to this?" he asked her. She answered, "I swear by all that is sacred, Your Majesty, that there is no way to avoid answering your question. It was indeed your officer Joab who told me what to do and what to say.
>
> 20 But he did it in order to straighten out this whole matter. Your Majesty is as wise as the angel of God and knows everything that happens."

14:19 여인의 말을 듣던 다윗은 여인의 말을 누가 시켰는지를 물었다. **왕의 종 요압이 내게 명령하였고.** 여인은 이 모든 일이 요압의 계책이라고 말하였다. 이전에 나단은 송사를 통해 다윗의 죄를 지적하였다. 다윗은 바로 '내가 죄인입니다'라고 고백하였다. 그런데 이번에는 요압이 꾀를 만든 것이다. 하나님의 뜻이라면 선지자를 통해 알게 하셨을 것이다. 그런데 이번에는 선지자가 아니라 신하 요압이 말하는 것이다. 그런데 요압이라 하여 하나님의 뜻을 전하지 말라는 법은 없다. 그러나 나단이 전한 경우와 많이 다르다. 요압은 이스라엘의 2인자이다. 왕이라 할지라도 신하의 뜻을 거절하는 것이 쉽지는 않다. 다윗은 여인의 송사에 대해 자신이 판결한 것과 신하 요압의 뜻을 생각하여 결국 압살롬이 예루살렘에 돌아오도록 허락하였다. 그러나 여기에서 주목하여 볼 것은 압살롬의 회개가 전혀 없다는 사실이다.

> 21 왕이 요압에게 이르되 내가 이 일을 허락하였으니 가서 청년 압살롬을 데려오라 하니라

22 요압이 땅에 엎드려 절하고 왕을 위하여 복을 빌고 요압이 이르되 내 주 왕이여 종의 구함을 왕이 허락하시니 종이 왕 앞에서 은혜 입은 줄을 오늘 아나이다 하고

23 요압이 일어나 그술로 가서 압살롬을 데리고 예루살렘으로 오니

21 Later on the king said to Joab, "I have decided to do what you want. Go and get the young man Absalom and bring him back here."

22 Joab threw himself to the ground in front of David in respect, and said, "God bless you, Your Majesty! Now I know that you are pleased with me, because you have granted my request."

23 Then he got up and went to Geshur and brought Absalom back to Jerusalem.

14:21 가서 청년 압살롬을 데려오라. 삼 년의 도피가 끝나고 압살롬이 예루살렘으로 다시 돌아오도록 허락하였다. 어떤 조건도 없이 돌아오도록 허락하였다. 형 암논을 죽였지만 아무 처벌 없이 압살롬이 놀아오게 되었다. 처벌 없는 용서는 당사자는 좋은 것 같지만 결코 그렇지 않다. 처벌 없는 용서는 죄에 대해 가볍게 여기게 만들 뿐이다. 처벌 없는 용서는 오히려 죄를 더 가중시키는 역할을 한다.

24 왕이 이르되 그를 그의 집으로 물러가게 하여 내 얼굴을 볼 수 없게 하라 하매 압살롬이 자기 집으로 돌아가고 왕의 얼굴을 보지 못하니라

24 The king, however, gave orders that Absalom should not live in the palace. "I don't want to see him," the king said. So Absalom lived in his own house and did not appear before the king.

14:24 그를 그의 집으로 물러가게 하여 내 얼굴을 볼 수 없게 하라. 다윗은 압살롬을 용서하며 반쪽짜리 용서를 하였다. 왕의 얼굴을 보지 못한다는 것은 그를 왕위 계승자로 여기지 않는다는 것을 의미한다. 아직 완전히 용서가 되지 않았다는 뜻이다. 용서가 온전해지기 위해서는 먼저 압살롬이 회개하고 이후에 다윗이 용서하는 것이 순서다. 그런데 압살롬이 회개하지 않은 상태에서 다윗이 용서해야 했기에 다윗은 먼저 반쪽짜리 용서를 하였다. 그러나 압살롬은 끝내 회개하지 않아 결국 용서가 온전해지지 않고 오히려 더 큰 문제가 생긴다. 다윗이 먼저 반쪽 용서를 한 것이 잘못은 아니다. 본래 압살롬이 먼저 회개하는 것이 바른 방향이지만 그것이 안 될 때 용서하는 사람이 먼저 반쪽짜리 용서를 할 수도 있다. 그러나 이것이 성공적이지는 못했다.

25 온 이스라엘 가운데에서 압살롬 같이 아름다움으로 크게 칭찬 받는 자가 없었으니 그는 발바닥부터 정수리까지 흠이 없음이라

25 There was no one in Israel as famous for his good looks as Absalom; he had no defect from head to foot.

14:25 온 이스라엘 가운데에서 압살롬 같이 아름다움으로 크게 칭찬받는 자가 없었으니. 압살롬에 대한 이야기를 들으면 사울 왕을 생각나게 한다. 사람들이 보기에 멋있는 외모를 가졌다. 외모가 좋으면 여러가지 장점이 있다. 다른 사람들이 보기에 더 좋아 보인다. 그런데 단점도 있다. 스스로 생각하기에 교만할 수 있다.

26 그의 머리털이 무거우므로 연말마다 깎았으며 그의 머리 털을 깎을 때에 그것을 달아본즉 그의 머리털이 왕의 저울로 이백 세겔이었더라

26 His hair was very thick, and he had to cut it once a year, when it grew too long and heavy. It would weigh more than 2 kilogrammes according to the royal standard of weights.

14:26 그의 머리 털을 깎을 때에 그것을 달아본즉 그의 머리털이 왕의 저울로 이백 세겔이었더라. 머리털이 왕성하게 자란다는 것은 남성상이 강조되고 힘이 넘친다는 것을 의미한다. 삼손을 생각나게 한다. 너무 많이 자라 그것을 깎을 때 압살롬은 그것의 무게를 달았다. 그것을 자랑스럽게 생각하였기 때문이다. 자랑하는 것이다.

27 압살롬이 아들 셋과 딸 하나를 낳았는데 딸의 이름은 다말이라 그는 얼굴이 아름다운 여자더라

28 압살롬이 이태 동안 예루살렘에 있으되 왕의 얼굴을 보지 못하였으므로

29 압살롬이 요압을 왕께 보내려 하여 압살롬이 요압에게 사람을 보내 부르되 그에게 오지 아니하고 또 다시 그에게 보내되 오지 아니하는지라

27 Absalom had three sons and one daughter named Tamar, a very beautiful woman.

28 Absalom lived two years in Jerusalem without seeing the king.

29 Then he sent for Joab, to ask him to go to the king for him; but Joab would not come. Again Absalom sent for him, and again Joab refused to come.

14:27 딸의 이름은 다말이라 그는 얼굴이 아름다운 여자더라. 압살롬의 딸도 얼굴이 매우 예뻤다. 압살롬이 그것을 자랑하였던 것 같다. 그래서 예쁜 것을 특별히 언급하고 있다. 딸의 이름이 특이하다. 압살롬의 누이동생과 같다. 압살롬은 딸의 이름을 비련의 주인공 누이의 이름을 따라 지었다. 사랑하는 딸의 이름을 부를 때마다 누이의 원수를 생각하였으며 누이를 망친 세상을 원망하는 마음을 가졌을 것이다.

압살롬에게는 세상이 늘 보이는 것이 전부였던 것 같다. 그의 외모에 대한 자랑, 누이동생의 비참한 사건에 대한 것 등이 그의 마음을 사로잡고 있었다. 그래서 그 이면을 깊이 생각하지 않았다. 멋진 외모를 주신 하나님께 감사하지 않았고, 누이 동생의 끔찍한 사건 속에서도 이면에 있는 하나님 안에서의 회복 등에 대해서는 생각하지 않았다. 오직 원수 갚는 것만 생각하였다. 그에게는 보이는 것만이 중요하였던 것이다.

30 압살롬이 자기의 종들에게 이르되 보라 요압의 밭이 내 밭 근처에 있고 거기 보리가 있으니 가서 불을 지르라 하니라 압살롬의 종들이 그 밭에 불을 질렀더니

31 요압이 일어나 압살롬의 집으로 가서 그에게 이르되 어찌하여 네 종들이 내 밭에 불을 질렀느냐 하니

30 So Absalom said to his servants, "Look, Joab's field is next to mine, and it has barley growing in it. Go and set fire to it." So they went and set the field on fire.

31 Joab went to Absalom's house and demanded, "Why did your servants set fire to my field?"

14:30 요압의 밭이 내 밭 근처에 있고...가서 불을 지르라. 압살롬은 요압을 불렀으나 오지 않자 그의 밭에 불을 질러 결국 요압이 오도록 만들었다. 굉장히 대범하고 또한 교만하고 방자하다는 것을 볼 수 있다. 요압은 이전에는 여러 내적인 문제 때문에 압살롬을 만나지 않았다. 그러나 불이 나자 결국 압살롬을 찾아갔다. 외적인 것이 때로는 어떤 내적인 것보다 더 큰 영향을 미치기도 한다.

32 압살롬이 요압에게 대답하되 내가 일찍이 사람을 네게 보내 너를 이리로 오라고 청한 것은 내가 너를 왕께 보내 아뢰게 하기를 어찌하여 내가 그술에서 돌아오게 되었나이까 이 때까지 거기에 있는 것이 내게 나았으리이다 하려 함이로라 이제는 네가 나로 하여금 왕의 얼굴을 볼 수 있게 하라 내가 만일 죄가 있으면 왕이 나를 죽이시는 것이 옳으니라 하는지라

32 Absalom answered, "Because you wouldn't come when I sent for you. I wanted you to go to the king and ask him from me: 'Why did I leave Geshur and come here? It would have been better for me to have stayed there.' " And Absalom went on, "I want you to arrange for me to see the king, and if I'm guilty, then let him put me to death."

14:32 이제는 네가 나로 하여금 왕의 얼굴을 볼 수 있게 하라. 압살롬은 요압에게 왕을 만날 수 있게 해 달라고 요청하였다. **내가 만일 죄가 있으면 왕이 나를 죽이시는 것이 옳으니라.** 압살롬은 자신이 죄가 있으면 죽일 것이요 죄가 없으면 왕을 만나게 해 달라고 하였다. 압살롬은 자신이 죄가 없다고 생각하는 것 같다. 그는 누이 동생이 당한 것에 대해 그가 마땅히 해야 하는 보복을 한 것으로 생각하였다. 압살롬은 요압에게 최후 통첩을 한 것이다.

33 요압이 왕께 나아가서 그에게 아뢰매 왕이 압살롬을 부르니 그가 왕께 나아가 그 앞에서 얼굴을 땅에 대어 그에게 절하매 왕이 압살롬과 입을 맞추니라

33 So Joab went to King David and told him what Absalom had said. The king sent for Absalom, who went to him and bowed down to the ground in front of him. The king welcomed him with a kiss.

14:33 요압이 왕께 나아가서 그에게 아뢰매 왕이 압살롬을 부르니. 결국 다윗은 압살롬을 불러서 만났다. **왕이 압살롬과 입을 맞추니라.** 왕이 압살롬과 입을 맞춤으로 모든 문제가 일단락된 것으로 보인다. 그러나 실상은 전혀 그렇지 않았다.

압살롬의 죄와 용서에서 다윗이 매우 소극적인 것을 볼 수 있다. 다윗의 신앙을 생각할 때 의아할 정도다. 다윗이 소극적일 수밖에 없는 이유는 아마 그가 지금 당하는 모든 일들은 그의 죄에 대한 '벌'로서 당하는 일이라는 것을 그가 알기 때문일 것이다. 다윗은 본래 매우 적극적인 사람이다. 그러나 벌을 당하는 입장에서 벌을 조금 당

하고자 더 적극적으로 막을 수는 없다. 벌을 받는 것은 능동적인 것이 아니라 수동적인 것이다. 그래서 다윗은 상황의 변화를 꾀하기 보다는 시간을 기다리면서 자연스럽게 흘러가는 것을 받아들이고 있는 것으로 보인다. 압살롬이 자신의 죄를 회개하기를 그렇게 기다렸지만 결국 그가 회개하지 않고 다윗을 만나고자 억지를 부리니 어쩔 수 없이 만나면서 얼마나 안타까웠을까?

자식을 키운다는 것이 그럴 때가 많다. 압살롬을 보면 다윗이 자식을 잘못 키운 것 같지만 자식은 마음대로 되지 않는다. 자식도 고유한 인격체이기 때문이다. 그래서 다른 자식의 경우는 능동적인 경우보다 수동적으로 기다려주고 회개하기를 기도하는 것이 전부일 때가 많다.

15장

압살롬의 반역과
다윗의 도피

1 그 후에 압살롬이 자기를 위하여 병거와 말들을 준비하고 호위병 오십 명을 그 앞에 세우니라

1 After this, Absalom provided a chariot and horses for himself, and an escort of 50 men.

15:1 압살롬이 자기를 위하여 병거와 말들을 준비하고 호위병 오십 명을 그 앞에 세우니라. 압살롬이 왕놀이를 하고 있는 모습이다. '말이 병거를 끌게 하는 것'은 산악지대인 예루살렘에서는 매우 거추장스러운 일이다. 앞에 호위병 50명까지 있으니 어차피 빨리 달리지도 못한다. 그러나 사람들이 보기에는 매우 웅장하고 멋있게 보였을 것이다. 진짜 왕처럼 보였을 것이다.

이방 나라 왕은 말이 끄는 병거를 타고 움직였다. 그것이 왕의 표징이었다. 그러나 이스라엘에서는 아니다. "이르되 너희를 다스릴 왕의 제도는 이러하니라 그가 너희 아들들을 데려다가 그의 병거와 말을 어거하게 하리니 그들이 그 병거 앞에서 달릴 것이며"(삼상 8:11) 왕을 요구하는 이스라엘 백성에게 왕이 그들에게 '병거와 말을' 끌게 할 것이라 말씀하면서 부정적으로 말씀한 내용이다. 사울과 다윗은 지금까지 병거를 타지 않았다. 그런데 압살롬은 병거를 타면서 왕놀이를 하였다. 말씀에서 금하는 방식으로 사람들의 마음을 샀다. 병거를 보면서 사람들은 오히려 더 멋있게 보고 있는 것 같다. 마치 오늘날 목회자가 비싼 자동차를 타면 더 멋있게 보는 것과 비슷하다.

2 압살롬이 일찍이 일어나 성문 길 곁에 서서 어떤 사람이든지 송사가 있어 왕에게 재판을 청하러 올 때에 그 사람을 불러 이르되 너는 어느 성읍 사람이냐 하니 그 사람의 대답이 종은 이스라엘 아무 지파에 속하였나이다 하면

2 He would get up early and go and stand by the road at the city gate. Whenever

someone came there with a dispute that he wanted the king to settle, Absalom would call him over and ask him where he was from. And after the man had told him what tribe he was from,

15:2 압살롬이 일찍이 일어나 성문 길 곁에 서서. 본래 성문 입구 마당에서 백성의 송사가 이루어졌다. 왕은 모든 송사를 판단할 최종적인 책임을 지고 있다. 다윗 왕은 자신을 대신하여 송사를 담당할 사람을 성문 뜰에 두었을 것이다. 그런데 압살롬은 성문이 아니라 성문에 이르기 전 '성문 길 곁에' 서서 송사를 하러 오는 사람을 가로채기 하였다. 그곳은 송사를 하는 자리가 아니다. 그러나 압살롬은 마치 자신이 왕인 것처럼 그곳에서 송사를 하였다. 사람들의 마음을 사기 위해서다.

3 압살롬이 그에게 이르기를 보라 네 일이 옳고 바르다마는 네 송사를 들을 사람을 왕께서 세우지 아니하셨다 하고

4 또 압살롬이 이르기를 내가 이 땅에서 재판관이 되고 누구든지 송사나 재판할 일이 있어 내게로 오는 자에게 내가 정의 베풀기를 원하노라 하고

5 사람이 가까이 와서 그에게 절하려 하면 압살롬이 손을 펴서 그 사람을 붙들고 그에게 입을 맞추니

3 Absalom would say, "Look, the law is on your side, but there is no representative of the king to hear your case."

4 And he would add, "How I wish I were a judge! Then anyone who had a dispute or a claim could come to me, and I would give him justice."

5 When the man approached Absalom to bow down before him, Absalom would reach out, take hold of him, and kiss him.

15:3 네 일이 옳고 바르다마는. 압살롬은 자신에게 송사를 하는 사람들이 다 옳은 것처럼 대답하였다. 송사를 하고자 하는 사람들은 자신의 편을 들어주니 매우 만족하였을 것이다. **네 송사를 들을 사람을 왕께서 세우지 아니하셨다.** 압살롬은 거짓말을 통해 사람들이 다윗 왕에게 불만을 품게 만들었다.

6 이스라엘 무리 중에 왕께 재판을 청하러 오는 자들마다 압살롬의 행함이 이와 같아서 이스라엘 사람의 마음을 압살롬이 훔치니라

7 사 년 만에 압살롬이 왕께 아뢰되 내가 여호와께 서원한 것이 있사오니 청하건대 내가 헤브론에 가서 그 서원을 이루게 하소서

8 당신의 종이 아람 그술에 있을 때에 서원하기를 만일 여호와께서 반드시 나를 예루살렘으로 돌아가게 하시면 내가 여호와를 섬기리이다 하였나이다

9 왕이 그에게 이르되 평안히 가라 하니 그가 일어나 헤브론으로 가니라

10 이에 압살롬이 정탐을 이스라엘 모든 지파 가운데에 두루 보내 이르기를 너희는 나팔 소리를 듣거든 곧 말하기를 압살롬이 헤브론에서 왕이 되었다 하라 하니라

6 Absalom did this with every Israelite who came to the king for justice, and so he won their loyalty.

7 After four years Absalom said to King David, "Sir, let me go to Hebron and keep a promise I made to the Lord.

8 While I was living in Geshur in Syria, I promised the Lord that if he would take me back to Jerusalem, I would worship him in Hebron."

9 "Go in peace," the king said. So Absalom went to Hebron.

10 But he sent messengers to all the tribes of Israel to say, "When you hear the sound of trumpets, shout, 'Absalom has become king at Hebron!' "

15:6 이스라엘 사람의 마음을 압살롬이 훔치니라. 압살롬은 송사를 하러 오는 사람들을 교묘히 속여 결국 자신이 송사를 책임진 왕이 되어야만 그들이 정의를 찾게 될 것이라고 말하였다. 정의를 말하는 사람이 잘생긴 왕세자의 말이라 사람들은 쉽게 믿었다. 그들은 압살롬을 좋아하였다. 다윗 왕을 향하던 백성들의 마음을 압살롬이 교묘하게 훔쳤다. 거짓으로 훔쳤다.

11 그 때 청함을 받은 이백 명이 압살롬과 함께 예루살렘에서부터 헤브론으로 내려갔으니 그들은 압살롬이 꾸민 그 모든 일을 알지 못하고 그저 따라가기만 한 사람들이라

12 제사 드릴 때에 압살롬이 사람을 보내 다윗의 모사 길로 사람 아히도벨을 그의 성읍 길로에서 청하여 온지라 반역하는 일이 커가매 압살롬에게로 돌아오는 백성이 많아지니라

11 There were 200 men who at Absalom's invitation had gone from Jerusalem with him; they knew nothing of the plot and went in all good faith.

12 And while he was offering sacrifices, Absalom also sent to the town of Gilo for Ahithophel, who was one of King David's advisers. The plot against the king gained strength, and Absalom's followers grew in number.

15:11 청함을 받은 이백 명이...압살롬이 꾸민 그 모든 일을 알지 못하고 그저 따라가기만 한 사람들이라. 압살롬은 헤브론에 제사드리러 간다고 하면서 예루살렘의 중요한 사람들을 200명이나 데리고 가서 그들의 마음과 상관없이 그들이 압살롬 편이 되게 만들었다. 그들의 마음과 상관없이 그들의 마음을 강제로 훔친 것이다.

13 전령이 다윗에게 와서 말하되 이스라엘의 인심이 다 압살롬에게로 돌아갔나이다 한지라

13 A messenger reported to David, "The Israelites are pledging their loyalty to Absalom."

15:13 이스라엘의 인심이 다 압살롬에게로 돌아갔나이다. 다윗은 왕이 되기 위해 수많은 난관을 지나왔다. 백성은 그를 진심으로 좋아하였고 존경하였다. 그런데 순식간에 사람들의 마음이 그를 떠났다. 세상의 마음이라는 것이 그렇다. 얻을 때는 대단한 것 같다. 그것으로 모든 것을 할 수 있을 것 같다. 그러나 떠날 때는 눈길 하나 주지 않고 떠난다. 매몰차게 떠난다. 다윗을 향했던 사람들의 마음이 떠나고 그로 인하여 다윗은 죽음의 위험을 맞이하게 되었다. 다윗은 억울하였을 것이다. 압살롬이 말이 이끄는 화려한 병거를 타고 다닐 때 그는 왕이면서도 병거를 타지 않았다. 그런데 사람들은 다윗의 마음을 알아주지 않고 화려한 압살롬에게 마음을 더 주었다. 압살롬이 예루살렘에 이르는 길에서 송사를 하는 사람들을 가로채고 그들의 마음을 빼앗아 갈 때 다윗이 실제로 송사를 감당할 사람을 두지 않은 것이 아니다. 그는 정상적으로 신하를 통해 성문 뜰에서 송사를 담당하게 하고, 필요한 경우 직접 송사를 담당하였을 것이다. 그러나 사람들은 압살롬의 거짓에 속아 마음을 주었다.

14 다윗이 예루살렘에 함께 있는 그의 모든 신하들에게 이르되 일어나 도망하자 그렇지 아니하면 우리 중 한 사람도 압살롬에게서 피하지 못하리라 빨리 가자 두렵 건대 그가 우리를 급히 따라와 우리를 해하고 칼날로 성읍을 칠까 하노라

14 So David said to all his officials who were with him in Jerusalem, "We must get away at once if we want to escape from Absalom! Hurry! Or else he will soon be here and defeat us and kill everyone in the city!"

15:14 일어나 도망하자. 예루살렘은 다윗의 철옹성이었다. 그런데 다윗은 왜 이렇게 쉽게 예루살렘을 포기하고 있을까? **우리를 해하고 칼날로 성읍을 칠까 하노라.** 다윗은 압살롬의 세 얼음에 대해 어느 정도 알고 있었던 것으로 보인다. 그래서 상황 파악을 정확히 하고 있다. 나가서 맞서 싸우기에는 자신의 군사력이 약하고 성 안에서 지키고 있으면 예루살렘 도시의 백성들이 고생을 할 것을 생각하고 있다. 그래서 일단 피하는 것을 선택하였다. 예루살렘의 사람을 생각하는 선택이었다.

15 왕의 신하들이 왕께 이르되 우리 주 왕께서 하고자 하시는 대로 우리가 행하리이다 보소서 당신의 종들이니이다 하더라

16 왕이 나갈 때에 그의 가족을 다 따르게 하고 후궁 열 명을 왕이 남겨 두어 왕궁을 지키게 하니라

17 왕이 나가매 모든 백성이 다 따라서 벧메르학에 이르러 멈추어 서니

15 "Yes, Your Majesty," they answered. "We are ready to do whatever you say."

16 So the king left, accompanied by all his family and officials, except for ten concubines, whom he left behind to take care of the palace.

17 As the king and all his men were leaving the city, they stopped at the last house.

15:15 왕의 신하들이 왕께 이르되 우리 주 왕께서 하고자 하시는 대로 우리가 행하리이다. 그들은 다윗이 선택한 것을 따라 행하겠다고 말하였다. 많은 이들이 배신하였지만 다윗과 함께 한 사람들은 여전히 다윗을 신뢰하였다. 함께하였다.

18 그의 모든 신하들이 그의 곁으로 지나가고 모든 그렛 사람과 모든 블렛 사람과 및 왕을 따라 가드에서 온 모든 가드 사람 육백 명이 왕 앞으로 행진하니라

18 All his officials stood next to him as the royal bodyguard passed by in front of him. The 600 soldiers who had followed him from Gath also passed by,

15:18 모든 신하들이 그의 곁으로 지나가고. 어려움에 처했지만 신하들은 다윗과 함께 하였다. **그렛 사람과 모든 블렛 사람.** 이들은 블레셋 계열의 이방인들로 아마 용병이었을 것 같다. 왕의 호위대 역할을 하는 사람들이다. **가드 사람 육백 명이 왕 앞으로 행진하니라.** 가드에서 합류한 특별한 용병인 것 같다. 다윗은 비록 피난자 신세가 되었지만 가까이에 있는 사람들은 배신하지 않고 그와 함께하였다. 그는 진실한 사람이었기에 가까운 사람들이 함께하였다.

19 그 때에 왕이 가드 사람 잇대에게 이르되 어찌하여 너도 우리와 함께 가느냐 너는 쫓겨난 나그네이니 돌아가서 왕과 함께 네 곳에 있으라

19 and the king said to Ittai, their leader, "Why are you going with us? Go back and stay with the new king. You are a foreigner, a refugee away from your own country.

15:19 너는 쫓겨난 나그네이니 돌아가서 왕과 함께 네 곳에 있으라. 잇대가 이끄는 가드 사람들에게 하는 말이다. 그들에게 예루살렘에 남아서 압살롬에게 합류하라고 말한다. 한 명의 군사가 아쉬운 상황에서 육백 명의 정예부대를 압살롬에게 넘겨주겠다는 말이다.

20 너는 어제 왔고 나는 정처 없이 가니 오늘 어찌 너를 우리와 함께 떠돌아다니게 하리요 너도 돌아가고 네 동포들도 데려가라 은혜와 진리가 너와 함께 있기를 원하노라 하니라

20 You have lived here only a short time, so why should I make you wander round with me? I don't even know where I'm going. Go back and take your fellow-countrymen with you—and may the Lord be kind and faithful to you."

15:20 너는 어제 왔고 나는 정처 없이 가니. '어제'는 '짧은 기간'을 상징적으로 말하는 것이다. 그들은 어차피 용병으로서 돈을 받고 일하는 일꾼이다. 그러니 돈이 안 되는 다윗을 따라 올 것이 아니라 압살롬에게 합류하여 돈을 벌라는 뜻이다. 합류한 기간이 짧으니 다윗에게 특별한 관계나 정이 있는 것이 아니다. 어쩌다 보니 자신들의 의지와 상관없이 이스라엘의 정치 싸움에 끼어들어 잘못된 줄에 서 있는 것과 같다. 다윗은 그들에게 미안한 마음이 들어 '남아 있으라' 말한 것이다. 자기 코가 석 자인데 다윗은 참 마음도 태평양이다.

21 잇대가 왕께 대답하여 이르되 여호와의 살아 계심과 내 주 왕의 살아 계심으로 맹세하옵나니 진실로 내 주 왕께서 어느 곳에 계시든지 사나 죽으나 종도 그 곳에 있겠나이다 하니

22 다윗이 잇대에게 이르되 앞서 건너가라 하매 가드 사람 잇대와 그의 수행자들과 그와 함께 한 아이들이 다 건너가고

21 But Ittai answered, "Your Majesty, I swear to you in the Lord's name that I will always go with you wherever you go, even if it means death."

22 "Fine!" David answered. "March on!" So Ittai went on with all his men and their dependants.

15:21 진실로 내 주 왕께서 어느 곳에 계시든지 사나 죽으나 종도 그 곳에 있겠나이다. 다윗이 '남아 있으라'는 말을 하기 전까지는 그들도 아마 속으로 '재수 없다'고 생각하였을 수 있다. 그러나 다윗이 그렇게 세심하게 마음을 써 주는 것을 보고 이제는 진심으로 다윗과 함께하겠다는 마음을 가진 것으로 보인다. 다윗의 마음에 잇대와 가드 군사들의 마음이 화답한 것이다.

23 온 땅 사람이 큰 소리로 울며 모든 백성이 앞서 건너가매 왕도 기드론 시내를 건너가니 건너간 모든 백성이 광야 길로 향하니라

23 The people cried loudly as David's followers left. The king crossed the brook of Kidron, followed by his men, and together they went out towards the wilderness.

15:23 온 땅 사람이 큰 소리로 울며. 직역하면 '온 땅이 울며'이다. 예루살렘을 떠나는 모습을 보고 주변의 땅이 우는 것으로 묘사하고 있다. 아마 다윗과 함께 가지 못하고 남는 예루살렘과 주변의 사람들이 우는 모습을 포함한 표현일 것이다. 그들은 이곳이 삶의 터전이라 다윗과 함께하지 못하지만 마음만은 함께 하였다. 진심으로 슬퍼하며 함께 울었다. **광야 길로 향하니라.** 다윗 일행은 올리브산 방향으로 갔을 것이다. 올리브산을 거쳐 광야로 가기 때문에 '광야 길'이라고 말하였을 것이다. 또한 이제 가야 하는 험난한 길을 함축하기 위해 광야 길이라고 표현한 것 같다. 다윗은 이제 험난한 피난 길에 오른 것이다. 그 피난 길은 참으로 비참하다. 광야 길로서 힘들 것이다. 그러나 그에게 사람이 있고 사람들의 진심 어린 마음이 있었다. 그래서 위로가 되었다. 힘이 되었다. 모든 것을 잃었어도 사람과 진심이 있으면 다시 일어설 수 있다.

> 24 보라 사독과 그와 함께 한 모든 레위 사람도 하나님의 언약궤를 메어다가 하나님의 궤를 내려놓고 아비아달도 올라와서 모든 백성이 성에서 나오기를 기다리도다
>
> 24 Zadok the priest was there, and with him were the Levites, carrying the sacred Covenant Box. They set it down and didn't pick it up again until all the people had left the city. The priest Abiathar was there too.

15:24 사독과 그와 함께 한 모든 레위 사람도 하나님의 언약궤를 메어다가 하나님의 궤를 내려놓고. 사독과 모든 레위인이 다윗과 함께 가고자 하였다. 특히 그들은 언약궤를 메고 나왔다. 언약궤가 다윗과 함께할 때 하나님의 임재가 다윗과 함께하고 있음을 상징적으로 보여준다. 언약궤가 다윗과 함께 있으면 그의 왕권에 대한 정통성이 부여될 수 있다. 언약궤는 제사장과 레위인이 함께해야만 같이 갈 수 있다. 제사장과 레위인이 그렇게 자발적으로 다윗과 함께하고자 하였다. 그들은 다윗이 하나님을 얼마나 경외하며 언약궤를 얼마나 사랑하는지를 알기 때문에 그렇게 하였을 것이다.

> 25 왕이 사독에게 이르되 보라 하나님의 궤를 성읍으로 도로 메어 가라 만일 내가 여호와 앞에서 은혜를 입으면 도로 나를 인도하사 내게 그 궤와 그 계신 데를 보이시리라

25 Then the king said to Zadok, "Take the Covenant Box back to the city. If the Lord is pleased with me, some day he will let me come back to see it and the place where it stays.

15:25 하나님의 궤를 성읍으로 도로 메어 가라. 다윗은 언약궤를 자신을 위해 이용하기를 원하지 않았다. 그는 분명 언약궤를 우상처럼 여기지 않았을 것이다. 언약궤가 있다고 그가 더 복을 받는 것이 아니다. 다윗은 언약궤를 매우 귀하게 여겼다. 하나님의 임재의 자리요 상징이기 때문이다. 그러나 언약궤가 있어야 할 곳은 이스라엘의 수도인 예루살렘이다. 다윗을 위한 자리가 아니다. 다윗은 그것을 분명히 인식하였고 그래서 언약궤를 자신을 위해 이용하는 것을 거부하였다. 언약궤를 본 순간 매우 기뻤겠지만 분명하게 거절하였다.

26 그러나 그가 이와 같이 말씀하시기를 내가 너를 기뻐하지 아니한다 하시면 종이 여기 있사오니 선히 여기시는 대로 내게 행하시옵소서 하리라

27 왕이 또 제사장 사독에게 이르되 네가 선견자가 아니냐 너는 너희의 두 아들 곧 네 아들 아히마아스와 아비아달의 아들 요나단을 데리고 평안히 성읍으로 돌아가라

26 But if he isn't pleased with me—well, then, let him do to me what he wishes."

27 And he went on to say to Zadok, "Look, take your son Ahimaaz and Abiathar's son Jonathan and go back to the city in peace.

15:26 내가 너를 기뻐하지 아니한다 하시면 종이 여기 있사오니 선히 여기시는 대로 내게 행하시옵소서. 다윗은 하나님께서 다윗을 기뻐하지 않으시고 예루살렘으로 돌아오는 은혜를 주지 않으셔도 하나님께서 행하시는 일을 받아들인다고 말한다. 하나님께서 선히 여기시는 일을 자신에게 행하시면 그것이 어떤 것이라도 감사함으로 받겠노라고 말하고 있다. 하나님 앞에 철저히 순복하는 자세다.

28 너희에게서 내게 알리는 소식이 올 때까지 내가 광야 나루터에서 기다리리라 하니라

29 사독과 아비아달이 하나님의 궤를 예루살렘으로 도로 메어다 놓고 거기 머물러 있으니라

28 Meanwhile, I will wait at the river crossings in the wilderness until I receive news from you."

29 So Zadok and Abiathar took the Covenant Box back into Jerusalem and stayed there.

15:28 너희에게서 내게 알리는 소식이 올 때까지 내가 광야 나루터에서 기다리리라. 다윗은 그들에게 정탐꾼의 역할을 부탁한다. 이 일은 매우 위험한 일이다. 그러나 사독과 레위인들은 다윗이 진정 하나님의 사람이라는 것을 믿고 신뢰하였기에 그 일을 수행한다.

30 다윗이 감람 산 길로 올라갈 때에 그의 머리를 그가 가리고 맨발로 울며 가고 그와 함께 가는 모든 백성들도 각각 자기의 머리를 가리고 울며 올라가니라

30 David went on up the Mount of Olives weeping; he was barefoot and had his head covered as a sign of grief. All who followed him covered their heads and wept also.

15:30 감람 산 길로 올라갈 때. 올리브 산은 기드론 골짜기 밑에서 올라갈 때 가파른 산이다. 숨을 가쁘게 쉬며 올라가면서 다윗은 '머리를 그가 가리고 맨발로 울며 가고'라고 말한다. 그는 숨을 몰아쉬며 모든 슬픔을 안고 슬퍼하면서 올라갔다.

31 어떤 사람이 다윗에게 알리되 압살롬과 함께 모반한 자들 가운데 아히도벨이 있나이다 하니 다윗이 이르되 여호와여 원하옵건대 아히도벨의 모략을 어리석게 하옵소서 하니라

31 When David was told that Ahithophel had joined Absalom's rebellion, he prayed, "Please, Lord, turn Ahithophel's advice into nonsense!"

15:31 압살롬과 함께 모반한 자들 가운데 아히도벨이 있나이다. 아히도벨은 다윗의 모략가로 매우 비범한 사람이었다. 그 소식을 듣고 다윗은 상황이 매우 좋지 않음을 느꼈다. 한 명의 전략가는 천 명의 군사보다 더 강할 수 있다. 여호와여 원하옵건대 아

히도벨의 모략을 어리석게 하옵소서. 다윗은 기도밖에 할 수 있는 것이 없었다. '아히도벨은 매우 지혜로우니 하나님께서 특별히 개입하셔서 아히도벨의 지혜를 막아달라'고 기도하였다.

32 다윗이 하나님을 경배하는 마루턱에 이를 때에 아렉 사람 후새가 옷을 찢고 흙을 머리에 덮어쓰고 다윗을 맞으러 온지라

33 다윗이 그에게 이르되 네가 만일 나와 함께 나아가면 내게 누를 끼치리라

32 When David reached the top of the hill, where there was a place of worship, his trusted friend Hushai the Archite met him with his clothes torn and with earth on his head.

33 David said to him, "You will be of no help to me if you come with me,

15:32 하나님을 경배하는 마루턱에 이를 때. 아마 올리브 산 정상 부근에 '산당'(하나님을 경배하는)이 있었던 것 같다. 그곳에 도착했을 때 다윗은 놀라운 기도응답을 받았다. 개역개정은 '보라'를 생략하고 번역하였다. '보라 후새가...다윗을 맞으러 온지라'고 말한다. 후새는 마침 예루살렘이 아닌 다른 곳에 있었던 것 같다. 그가 다윗의 소식을 듣고 부랴부랴 온 것이다. 다윗은 올리브 산 정상에 올랐을 때 그가 예배하던 바로 그곳에서 후새를 딱 만났다. 후새를 보는 순간 다윗은 기도 응답임을 바로 생각했던 것 같다.

34 그러나 네가 만일 성읍으로 돌아가서 압살롬에게 말하기를 왕이여 내가 왕의 종이니이다 전에는 내가 왕의 아버지의 종이었더니 이제는 내가 왕의 종이니이다 하면 네가 나를 위하여 아히도벨의 모략을 패하게 하리라

35 사독과 아비아달 두 제사장이 너와 함께 거기 있지 아니하냐 네가 왕의 궁중에서 무엇을 듣든지 사독과 아비아달 두 제사장에게 알리라

36 그들의 두 아들 곧 사독의 아히마아스와 아비아달의 요나단이 그들과 함께 거기 있나니 너희가 듣는 모든 것을 그들 편에 내게 소식을 알릴지니라 하는지라

34 but you can help me by returning to the city and telling Absalom that you will now serve him as faithfully as you served his father. And do all you can to oppose any advice

that Ahithophel gives.

35 The priests Zadok and Abiathar will be there; tell them everything you hear in the king's palace.

36 They have their sons Ahimaaz and Jonathan with them, and you can send them to me with all the information you gather."

15:34 네가 나를 위하여 아히도벨의 모략을 패하게 하리라. 압살롬에게 가서 아히도벨이 지혜로운 모략을 사용할 때 그것을 옆에서 패하게 하는 역할을 할 것을 요청하였다. 실제로 이후에 후새 때문에 아히도벨의 모략이 패하게 된다. 하나님께서 아주 정확한 순간과 장소에서 다윗이 후새를 만나게 하신 것이다. 보이지 않지만 하나님의 세밀한 은혜가 다윗과 함께하고 있다.

37 다윗의 친구 후새가 곧 성읍으로 들어가고 압살롬도 예루살렘으로 들어갔더라

37 So Hushai, David's friend, returned to the city just as Absalom was arriving.

15:37 후새가 곧 성읍으로 들어가고 압살롬도 예루살렘으로 들어갔더라. 아주 기막힌 타이밍이다. 올리브 산 위와 예루살렘 입구까지는 1.5km 정도 떨어져 있다. 다윗 일행은 올리브 산을 넘어 갔기에 예루살렘에서 무슨 일이 일어났는지를 모를 것이다. 그러나 그 길을 후새가 내려왔을 때 그는 압살롬이 예루살렘 성으로 들어오고 있는 것을 보았다. 매우 아슬아슬하게 다윗의 일행은 압살롬의 군대를 피한 것이다. 다윗의 일행은 남녀노소가 포함된 무리다. 압살롬의 무리는 모두 군사들이었을 것이다. 조금만 빠르게 와서 다윗의 일행을 볼 수 있었으면 바로 추격하여 격퇴하였을 것이다.

16장

다윗의 피난길과 예루살렘에서의 두 모략가의 대결

1 다윗이 마루턱을 조금 지나니 므비보셋의 종 시바가 안장 지운 두 나귀에 떡 이백 개와 건포도 백 송이와 여름 과일 백 개와 포도주 한 가죽부대를 싣고 다윗을 맞는지라

2 왕이 시바에게 이르되 네가 무슨 뜻으로 이것을 가져왔느냐 하니 시바가 이르되 나귀는 왕의 가족들이 타게 하고 떡과 과일은 청년들이 먹게 하고 포도주는 들에서 피곤한 자들에게 마시게 하려 함이니이다

1 When David had gone a little beyond the top of the hill, he was suddenly met by Ziba, the servant of Mephibosheth, who had with him a couple of donkeys loaded with 200 loaves of bread, a hundred bunches of raisins, a hundred bunches of fresh fruit, and a leather bag full of wine.

2 King David asked him, "What are you going to do with all that?" Ziba answered, "The donkeys are for Your Majesty's family to ride, the bread and the fruit are for the men to eat, and the wine is for them to drink when they get tired in the wilderness."

16:1 므비보셋의 종 시바가...다윗을 맞는지라. 다윗은 올리브산을 넘어가면서 베냐민 지파에 속한 땅을 지나가게 되었다. 베냐민 지파에 속한 두 사람을 만난다. 그 중의 한 명이 시바다. 시바는 피난 가는 다윗 일행을 위해 많은 양의 음식을 가지고 다윗을 맞이했다.

3 왕이 이르되 네 주인의 아들이 어디 있느냐 하니 시바가 왕께 아뢰되 예루살렘에 있는데 그가 말하기를 이스라엘 족속이 오늘 내 아버지의 나라를 내게 돌리리라 하나이다 하는지라

3 "Where is Mephibosheth, the grandson of your master Saul?" the king asked him. "He is staying in Jerusalem," Ziba answered, "because he is convinced that the Israelites will now restore to him the kingdom of his grandfather Saul."

16:3 네 주인의 아들이 어디 있느냐. 다윗은 요나단의 아들 므비보셋에게 많은 은혜를 베풀었다. 그런데 므비보셋은 안 보이고 그의 종 시바만 왔으니 의아하여 질문한 것이다. **예루살렘에 있는데 그가 말하기를 이스라엘 족속이 오늘 내 아버지의 나라를 내게 돌리리라 하나이다.** 시바는 '므비보셋이 다윗의 환난을 기회로 삼아 자신이 왕이 되려고 한다'는 것을 전하였다. 시바의 말이 맞을까? 이후에 다윗이 예루살렘에 돌아올 때 므비보셋을 만나는데 그는 자신의 종에게 속았다고 말한다. 성경은 누가 맞는지 말하지 않고 있다. 그래서 모른다. 그러기에 누가 맞는지가 중요한 것이 아닌 것 같다.

4 왕이 시바에게 이르되 므비보셋에게 있는 것이 다 네 것이니라 하니라 시바가 이르되 내가 절하나이다 내 주 왕이여 내가 왕 앞에서 은혜를 입게 하옵소서 하니라

4 The king said to Ziba, "Everything that belonged to Mephibosheth is yours." "I am your servant," Ziba replied. "May I always please Your Majesty!"

16:4 왕이 시바에게 이르되 므비보셋에게 있는 것이 다 네 것이니라. 다윗 왕은 시바의 말을 듣고 므비보셋에게 분노하며 므비보셋에게 주었던 것을 다 시바에게 준다고 선언하였다. 그는 왕이기에 그렇게 할 수 있는 권한이 있다.

지금 가장 어려운 때에 시바가 그를 돕고 므비보셋은 반역을 꾀하고 있다는 말을 들었으니 다윗이 그렇게 하는 것이 당연할 수 있다. 그러나 문제는 다윗이 아직 므비보셋의 말을 듣지 못하였다는 사실이다. 한쪽의 말만 들은 상태이기 때문에 진실이 무엇인지를 아직 판단할 수 없다. 그러나 피난자로 어려운 상황에 있던 다윗은 음식을 제공하는 시바에게 마음을 다 주었다. 그래서 너무 쉽게 믿어 버렸다. 그의 말을 따라 므비보셋을 너무 쉽게 미워하였다.

다윗은 지금 피난 길을 가고 있지만 성숙한 믿음의 사람답게 사람들의 마음을 얻었고 배려하였다. 하나님을 향한 바른 믿음이 있었고 하나님의 은혜 속에 있었다. 그러나 여전히 그는 연약한 사람이었다. 피난 중이라는 자신의 환경 때문에 음식을 제공하는 시바를 너무 쉽게 믿었고 요나단의 아들로서 잠재적 적이 될 수 있다는 위험요소에 므비보셋을 너무 쉽게 나쁜 사람으로 판단하였다.

5 다윗 왕이 바후림에 이르매 거기서 사울의 친족 한 사람이 나오니 게라의 아들이요 이름은 시므이라 그가 나오면서 계속하여 저주하고

5 When King David arrived at Bahurim, one of Saul's relatives, Shimei son of Gera, came out to meet him, cursing him as he came.

16:5 시므이라 그가 나오면서 계속하여 저주하고. 시므이는 자신의 지역을 지나는 다윗을 보고 저주하였다. 그가 보기에 다윗은 하나님의 심판을 받는 것으로 보였다. 그래서 저주하였다.

6 또 다윗과 다윗 왕의 모든 신하들을 향하여 돌을 던지니 그 때에 모든 백성과 용사들은 다 왕의 좌우에 있었더라

7 시므이가 저주하는 가운데 이와 같이 말하니라 피를 흘린 자여 사악한 자여 가거라 가거라

8 사울의 족속의 모든 피를 여호와께서 네게로 돌리셨도다 그를 이어서 네가 왕이 되었으나 여호와께서 나라를 네 아들 압살롬의 손에 넘기셨도다 보라 너는 피를 흘린 자이므로 화를 자초하였느니라 하는지라

6 Shimei started throwing stones at David and his officials, even though David was surrounded by his men and his bodyguard.

7 Shimei cursed him and said, "Get out! Get out! Murderer! Criminal!

8 You took Saul's kingdom, and now the Lord is punishing you for murdering so many of Saul's family. The Lord has given the kingdom to your son Absalom, and you are ruined, you murderer!"

16:6 돌을 던지니 그 때에 모든 백성과 용사들은 다 왕의 좌우에 있었더라. 시므이는 심지어 돌을 던졌다. 물론 왕은 많은 신하들로 둘러 쌓여 있기 때문에 돌이 위협적이지는 않았을 것이다. 그러나 그 돌은 마음에 상처를 주었을 것이다.

9 스루야의 아들 아비새가 왕께 여짜오되 이 죽은 개가 어찌 내 주 왕을 저주하리이까 청하건대 내가 건너가서 그의 머리를 베게 하소서 하니

9 Abishai, whose mother was Zeruiah, said to the king, "Your Majesty, why do you let this dog curse you? Let me go over there and cut off his head!"

16:9 내가 건너가서 그의 머리를 베게 하소서. 뛰어난 장군인 아비새에게 시므이는 전혀 상대가 되지 않을 것이다. 그렇지 않아도 마음 아픈 다윗과 그 일행을 저주하면서 돌을 던지니 화난 다윗의 병사들이 시므이를 죽이는 것은 파리 한 마리 잡는 것만큼이나 쉽고 간단한 일이었다.

10 왕이 이르되 스루야의 아들들아 내가 너희와 무슨 상관이 있느냐 그가 저주하는 것은 여호와께서 그에게 다윗을 저주하라 하심이니 네가 어찌 그리하였느냐 할 자가 누구겠느냐 하고

11 또 다윗이 아비새와 모든 신하들에게 이르되 내 몸에서 난 아들도 내 생명을 해하려 하거든 하물며 이 베냐민 사람이랴 여호와께서 그에게 명령하신 것이니 그가 저주하게 버려두라

10 "This is none of your business," the king said to Abishai and his brother Joab. "If he curses me because the Lord told him to, who has the right to ask why he does it?"

11 And David said to Abishai and to all his officials, "My own son is trying to kill me; so why should you be surprised at this Benjaminite? The Lord told him to curse; so leave him alone and let him do it.

16:10 그가 저주하는 것은 여호와께서 그에게 다윗을 저주하라 하심이니. 시므이는 천 명이 넘는 병사의 호위를 받고 있는 다윗을 저주하였다. 그것은 매우 위험한 일이다. 그 위험한 일을 하는 시므이를 보면서 다윗은 그 저주가 하나님께서 시므이를 시켜서 자신에게 하시는 것처럼 들었다. 다윗은 자신이 죄인이라는 것을 알았다. 그래서 저주를 그대로 묵묵히 듣기만 하였다. 그를 죽이는 것을 말렸다.

12 혹시 여호와께서 나의 원통함을 감찰하시리니 오늘 그 저주 때문에 여호와께서 선으로 내게 갚아 주시리라 하고

12 Perhaps the Lord will notice my misery and give me some blessings to take the place of his curse."

16:12 나의 원통함을 감찰하시리니. 다윗은 자신이 아니라 하나님께서 주시는 것을 더 바라보았다. 지금 저주를 받는 것을 보시고 불쌍히 여기셔서 나중에 복을 주실 수 있기에 그것을 바라보면서 현재의 저주를 참았다. 감내하였다.

다윗은 자신이 죄인임을 알았다. 저주를 받아도 당연하다는 것을 알았다. 그래서 저주를 받으면서 그것을 분노로 대응하거나 갚으려 하지 않고 참았다. 죄인은 벌을 받아 마땅하기 때문이다. 그 속에서 오히려 하나님의 긍휼을 바라보았다. 자신의 힘으로 대응하는 것이 아니라 하나님의 긍휼로 더 궁극적인 변화를 소망하였다. 자신의 힘으로 대응하는 것은 분풀이에 불과하다. 오직 하나님의 긍휼로 복을 주셔야만 근본적인 변화가 있는 것을 알기에 다윗은 그것을 소망하였다.

13 다윗과 그의 추종자들이 길을 갈 때에 시므이는 산비탈로 따라가면서 저주하고 그를 향하여 돌을 던지며 먼지를 날리더라

14 왕과 그와 함께 있는 백성들이 다 피곤하여 한 곳에 이르러 거기서 쉬니라

15 압살롬과 모든 이스라엘 백성들이 예루살렘에 이르고 아히도벨도 그와 함께 이른지라

13 So David and his men continued along the road. Shimei kept up with them, walking on the hillside; he was cursing and throwing stones and earth at them as he went.

14 The king and all his men were worn out when they reached the Jordan, and there they rested.

15 Absalom and all the Israelites with him entered Jerusalem, and Ahithophel was with them.

16:13 산비탈로 따라가면서 저주하고 그를 향하여 돌을 던지며. 산비탈 위에서 따라가면서 돌을 던진 것일 수도 있고 아니면 골짜기를 사이에 두고 다윗 일행이 가는 산비탈 맞은편에서 평행선으로 따라가는 것이 될 수도 있다. 골짜기를 사이에 두고 있다면 돌은 거의 위협이 되지 않았을 것이다. 그런데 문제는 그가 '따라가면서' 그렇게 저주와 돌을 던졌다는 사실이다. 일회성이 아니다. 마음이 매우 상하는 일이다.

16 다윗의 친구 아렉 사람 후새가 압살롬에게 나갈 때에 그에게 말하기를 왕이여 만세, 왕이여 만세 하니

16 When Hushai, David's trusted friend, met Absalom, he shouted, "Long live the king! Long live the king!"

16:16 다윗의 친구 아렉 사람 후새. '친구(레에)'는 '모략가'라고 번역하는 것이 더 좋을 것 같다. 왕궁에서 왕에게 모략을 베푸는 공식 직함이었던 것으로 보인다. **왕이여 만세, 왕이여 만세 하니.** 후새는 압살롬 앞에서 '만세'를 말하였다. 이 말은 압살롬에게 하는 것 같다. 그러나 그는 모략가답게 왕의 이름을 교묘하게 사용하지 않았다. 그는 압살롬 앞에서 말하고 있지만 실제로는 다윗 왕을 생각하며 이 말을 하였을 것이다.

17 압살롬이 후새에게 이르되 이것이 네가 친구를 후대하는 것이냐 네가 어찌하여 네 친구와 함께 가지 아니하였느냐 하니

17 "What has happened to your loyalty to your friend David?" Absalom asked him. "Why didn't you go with him?"

16:17 어찌하여 네 친구와 함께 가지 아니하였느냐. 여기에서 '친구'의 히브리어는 친구(레아)에 대한 가장 일반적인 단어인데 16절에 나온 '친구(모략가)'와 거의 비슷한 단어이다. 언어 플레이를 하고 있는 것이다. 다윗의 모략가가 어찌하여 '다윗과의 친구(친밀함)됨을 버리고 자신에게 왔는지' 묻는 것이다. 압살롬이 후새를 의심한 것은 당연하다. 후새가 다윗을 충성스럽게 섬기는 것을 보아왔기 때문이다.

18 후새가 압살롬에게 이르되 그렇지 아니하니이다 내가 여호와와 이 백성 모든 이스라엘의 택한 자에게 속하여 그와 함께 있을 것이니이다

18 Hushai answered, "How could I? I am on the side of the one chosen by the Lord, by these people, and by all the Israelites. I will stay with you.

16:18 '여호와와 모든 이스라엘의 택한 자'와 함께 있을 것이라고 말한다. 압살롬이

이 말을 듣고 있기 때문에 자신이라고 착각할 것이다. 그러나 후새는 분명 다윗을 생각하면서 이 말을 하였을 것이다. 후새는 아주 교묘하게 압살롬을 인정하지 않고 다윗을 향한 충성심을 말하고 있다.

> 19 또 내가 이제 누구를 섬기리이까 그의 아들이 아니니이까 내가 전에 왕의 아버지를 섬긴 것 같이 왕을 섬기리이다 하니라
>
> 20 압살롬이 아히도벨에게 이르되 너는 어떻게 행할 계략을 우리에게 가르치라 하니
>
> 19 After all, whom should I serve, if not my master's son? As I served your father, so now I will serve you."
>
> 20 Then Absalom turned to Ahithophel and said, "Now that we are here, what do you advise us to do?"

16:19 왕의 아버지를 섬긴 것 같이 왕을 섬기리이다. 후새는 이곳에서도 끝내 자신이 압살롬을 섬긴다고 말하지 않는다. 압살롬의 이름은 한 번도 나오지 않았다. 그리고 '그의 아들'이라고 말할 때 그것은 다른 아들을 의미할 수도 있다. 또한 번역은 '왕을 섬기리이다'라고 되어 있지만 히브리어는 '왕 앞에 있을 것이다'라고 말한다. 또한 모든 섬김에서 중요한 것은 '왕의 아버지를 섬긴 것 같이'이다. 후새는 다윗과의 관계를 가장 중요하게 여기고 있음을 암시한다.

> 21 아히도벨이 압살롬에게 이르되 왕의 아버지가 남겨 두어 왕궁을 지키게 한 후궁들과 더불어 동침하소서 그리하면 왕께서 왕의 아버지가 미워하는 바 됨을 온 이스라엘이 들으리니 왕과 함께 있는 모든 사람의 힘이 더욱 강하여지리이다 하니라
>
> 21 Ahithophel answered, "Go and have intercourse with your father's concubines whom he left behind to take care of the palace. Then everyone in Israel will know that your father regards you as his enemy, and your followers will be greatly encouraged."

16:21 후궁들과 더불어 동침하소서. 아히도벨은 매우 세상적인 모략을 압살롬에게 말하였다. 왕의 후궁(하렘)은 왕의 힘과 위치를 상징적으로 보여준다. 왕의 후궁을 사람들 앞에서 취하면 사람들에게 이제 압살롬이 왕의 힘과 위치에 오른 것을 공식적으

로 보여주는 것이 된다. **왕께서 왕의 아버지가 미워하는 바 됨을 온 이스라엘이 들으리니 왕과 함께 있는 모든 사람의 힘이 더욱 강하여지리이다.** 왕의 후궁을 취함으로 압살롬은 다윗과 되돌이킬 수 없는 관계에 이른다. 이것은 압살롬과 함께 모반한 사람에게 확신을 줄 것이다. 혹시 압살롬이 다윗과 화해하면 이전에 모반한 자신들의 위치가 애매하게 된다. 그러나 압살롬이 이제 돌이킬 수 없는 강을 건너면 압살롬의 편에 선 것을 걱정하지 않아도 된다.

아히도벨은 여러가지를 생각하며 압살롬에게 다윗의 후궁과 공개적으로 잠자리를 갖도록 하였다. 그러나 그것은 '뛰어난 모략'이 될 수 있을지는 몰라도 '선한 모략'은 아니었다. 율법에 철저히 어긋난 일이었다. 그것은 사형에 해당하는 죄였다. 아히도벨이나 압살롬이 사람들의 마음을 얻을지는 몰라도 그것은 믿음이 없는 사람들의 마음이다. 가장 중요하게는 하나님의 마음을 잃을 것이다.

22 이에 사람들이 압살롬을 위하여 옥상에 장막을 치니 압살롬이 온 이스라엘 무리의 눈앞에서 그 아버지의 후궁들과 더불어 동침하니라

22 So they set up a tent for Absalom on the palace roof, and in the sight of everyone Absalom went in and had intercourse with his father's concubines.

16:22 압살롬이 온 이스라엘 무리의 눈 앞에서 그 아버지의 후궁들과 더불어 동침하니라. 아주 큰 불행한 일이 일어났다. 이것은 하나님께서 이미 말씀하신 벌이기도 하다. 그런데 어쩌면 이 일은 아히도벨의 치밀한 보복이었을 것이다. 자신의 손녀 딸 밧세바가 건강한 가정을 이루고 살다가 다윗의 범죄에 의해 가정이 깨지는 것을 보고 생각한 보복일 수 있다. 이것이 다윗의 범죄에 대한 아히도벨의 보복이라 하여도 여전히 아히도벨도 잘못이다. 다윗의 죄에 대해서는 하나님께서 책망하셨고 재앙을 내리고 계신다. 심판은 아히도벨이 하는 것이 아니다. 또한 자신이 심판한다 하여도 이렇게 악한 방식으로 한다면 자신은 결국 다윗보다 더 악한 사람이 되는 것이다. 아히도벨은 믿음으로 하는 것이 아니라 개인적인 원한으로 하는 것이기 때문에 이렇게 악한 방식으로 일을 저지르고 있다.

23 그 때에 아히도벨이 베푸는 계략은 사람이 하나님께 물어서 받은 말씀과 같은 것이라 아히도벨의 모든 계략은 다윗에게나 압살롬에게나 그와 같이 여겨졌더라

23 Any advice that Ahithophel gave in those days was accepted as though it were the very word of God; both David and Absalom followed it.

16:23 아히도벨이 베푸는 계략은 사람이 하나님께 물어서 받은 말씀과 같은 것이라. 아히도벨은 그만큼 절대적인 신임을 받았었고 아주 뛰어난 모략가였던 것으로 보인다. 그러나 아무리 뛰어난 모략도 하나님의 말씀에 어긋난 모략은 어리석은 모략이다. 세상은 성공으로 판단하지만 하나님은 진리로 판단하시기 때문이다. 하나님만 유일한 심판자이시다. 결국 아히도벨은 가장 어리석은 사람이 된 것이다.

17장

다윗을 돕는
사람들

1 아히도벨이 또 압살롬에게 이르되 이제 내가 사람 만 이천 명을 택하게 하소서 오늘 밤에 내가 일어나서 다윗의 뒤를 추적하여

2 그가 곤하고 힘이 빠졌을 때에 기습하여 그를 무섭게 하면 그와 함께 있는 모든 백성이 도망하리니 내가 다윗 왕만 쳐죽이고

3 모든 백성이 당신께 돌아오게 하리니 보는 사람이 돌아오기는 왕이 찾는 이 사람에게 달렸음이라 그리하면 모든 백성이 평안하리이다 하니

4 압살롬과 이스라엘 장로들이 다 그 말을 옳게 여기더라

5 압살롬이 이르되 아렉 사람 후새도 부르라 우리가 이제 그의 말도 듣자 하니라

6 후새가 압살롬에게 이르매 압살롬이 그에게 말하여 이르되 아히도벨이 이러이러하게 말하니 우리가 그 말대로 행하랴 그렇지 아니하거든 너는 말하라 하니

1 Not long after that, Ahithophel said to Absalom, "Let me choose twelve thousand men, and tonight I will set out after David.

2 I will attack him while he is tired and discouraged. He will be frightened, and all his men will run away. I will kill only the king

3 and then bring back all his men to you, like a bride returning to her husband. You want to kill only one man; the rest of the people will be safe."

4 This seemed like good advice to Absalom and all the Israelite leaders.

5 Absalom said, "Now call Hushai, and let us hear what he has to say."

6 When Hushai arrived, Absalom said to him, "This is the advice that Ahithophel has given us; shall we follow it? If not, you tell us what to do."

17:1 내가 사람 만 이천 명을 택하게 하소서 오늘 밤에 내가 일어나서 다윗의 뒤를 추적하여. 아히도벨은 신속하게 다윗을 따라잡아야 한다고 말하였다.

7 후새가 압살롬에게 이르되 이번에는 아히도벨이 베푼 계략이 좋지 아니하니이다 하고

8 또 후새가 말하되 왕도 아시거니와 왕의 아버지와 그의 추종자들은 용사라 그들은 들에 있는 곰이 새끼를 빼앗긴 것 같이 격분하였고 왕의 부친은 전쟁에 익숙한 사람인즉 백성과 함께 자지 아니하고

9 지금 그가 어느 굴에나 어느 곳에 숨어 있으리니 혹 무리 중에 몇이 먼저 엎드러지면 그 소문을 듣는 자가 말하기를 압살롬을 따르는 자 가운데에서 패함을 당하였다 할지라

10 비록 그가 사자 같은 마음을 가진 용사의 아들일지라도 낙심하리니 이는 이스라엘 무리가 왕의 아버지는 영웅이요 그의 추종자들도 용사인 줄 앎이니이다

7 Hushai answered, "The advice Ahithophel gave you this time is no good.

8 You know that your father David and his men are hard fighters and that they are as fierce as a mother bear robbed of her cubs. Your father is an experienced soldier and does not stay with his men at night.

9 Just now he is probably hiding in a cave or some other place. As soon as David attacks your men, whoever hears about it will say that your men have been defeated.

10 Then even the bravest men, as fearless as lions, will be afraid because everyone in Israel knows that your father is a great soldier and that his men are hard fighters.

17:7 이번에는 아히도벨이 베푼 계략이 좋지 아니하니이다. 후새가 아히도벨의 계략을 반대한 것은 아히도벨의 계략이 나빠서가 아니다. 좋아서 반대하였다. 다윗을 치기 위해서는 신속하게 뒤쫓아야 한다는 것을 아히도벨이나 후새가 다 동일하게 생각한 것이다. 일반적 지혜는 '상황을 잘 파악하여 옳은 것을 판단하는 능력'이다. 아히도벨과 후새는 그러한 일에 잘 준비되고 훈련된 사람들이다. 지금의 상황에서 다윗을 이기는 방법을 잘 판단하였다. 그러나 일반 사람들이 잘 판단하는 것은 쉽지 않다.

11 나는 이렇게 계략을 세웠나이다 온 이스라엘을 단부터 브엘세바까지 바닷가의 많은 모래 같이 당신께로 모으고 친히 전장에 나가시고

11 My advice is that you bring all the Israelites together from one end of the country to the other, as many as the grains of sand on the seashore, and that you lead them personally in battle.

17:11 친히 전장에 나가시고. 후새는 압살롬의 교만한 마음을 자극하였다. 그래서 전쟁에 나가서 직접 승리의 열매를 쟁취하도록 권장하였다. 압살롬은 자신을 드러나게 해 주는 후새의 계략에 더 호감을 가졌다. **온 이스라엘을 단부터 브엘세바까지 바닷가의 많은 모래같이.** 후새는 압살롬에게 이스라엘의 모든 군사를 모으고 대대적인 공격을 하라고 조언하였다. 이것은 압살롬의 교만을 부추기는 말이다. 그는 많은 병사를 이끌고 싶었을 것이다. 많은 군사들이 자신의 명령에 의해 싸우는 모습에 대한 상상이 그를 만족시켰다.

> 12 우리가 그 만날 만한 곳에서 그를 기습하기를 이슬이 땅에 내림 같이 우리가 그의 위에 덮여 그와 그 함께 있는 모든 사람을 하나도 남겨 두지 아니할 것이요
>
> 12 We will find David wherever he is, and attack him before he knows what's happening. Neither he nor any of his men will survive.

17:12 이슬이 땅에 내림 같이 우리가 그의 위에 덮여 그와 그 함께 있는 모든 사람을 하나도 남겨 두지 아니할 것이요. 아히도벨은 다윗만 죽이자고 제안하였다. 그러나 압살롬은 자신이 좋아하지 않는 신하들이 남아서 자신에게 간섭할 것을 생각하였다. 이번에 다윗과 함께 있는 오래된 고위직의 신하들을 한꺼번에 죽이면 이후에 자신이 하고 싶은 대로 더 할 수 있을 것이라 생각하였을 것이다. 사실 다윗만 귀찮은 것이 아니라 그와 함께 있는 다른 신하들도 귀찮았을 것이다.

> 13 또 만일 그가 어느 성에 들었으면 온 이스라엘이 밧줄을 가져다가 그 성을 강으로 끌어들여서 그 곳에 작은 돌 하나도 보이지 아니하게 할 것이니이다 하매
>
> 13 If he retreats into a city, our people will all bring ropes and just pull the city into the valley below. Not a single stone will be left there on top of the hill."

17:13 분명히 과장법이다. 그러나 이 말을 듣고 있던 압살롬과 그 신하들은 마음이 후련하고 통쾌하였을 것이다. 후새의 그러한 말에 압살롬을 비롯한 사람들이 쉽게 넘어갔다.

14 압살롬과 온 이스라엘 사람들이 이르되 아렉 사람 후새의 계략은 아히도벨의 계략보다 낫다 하니 이는 여호와께서 압살롬에게 화를 내리려 하사 아히도벨의 좋은 계략을 물리치라고 명령하셨음이더라

14 Absalom and all the Israelites said, "Hushai's advice is better than Ahithophel's." The Lord had decided that Ahithophel's good advice would not be followed, so that disaster would come on Absalom.

17:14 후새의 계략은 아히도벨의 계략보다 낫다. 압살롬과 그와 함께 한 사람들이 그들을 속이고자 한 후새의 계략을 선택하였다. 그들이 어리석기 때문이다. 사람들은 어리석을 때가 많다. 그러나 가장 중요한 요인은 하나님의 섭리다. **이는 여호와께서 압살롬에게 화를 내리려 하사 아히도벨의 좋은 계략을 물리치라고 명령하셨음이더라.** 하나님께서 압살롬의 악함으로 인해 그를 망하게 하시려고 '압살롬이 사람의 지혜가 아니라 어리석음을 택하게 하셨다'는 뜻이다. 이것은 앞 부분(삼하 15:31)에 나온 다윗의 기도 내용이기도 하다. 아히도벨은 아주 뛰어난 모략꾼이다. 그의 모략이 지혜롭지 못하여야 다윗이 이길 수 있다. 그의 모략이 어리석게 되는 방법은 2가지가 있다. 어리석은 모략을 세우든지 아니면 그의 모략을 사람들이 어리석게도 받아들이지 않는 것이다. 아마 후자의 경우가 더 가능성이 있을 것이다. 역시 사람들이 그의 지혜로운 계략을 거부함으로 어리석은 일이 일어나게 되었다. 그러나 가장 중요한 요인은 하나님의 섭리다. 하나님의 섭리가 어떻게 작용하는지는 누구도 잘 알지 못한다. 사람을 강제하지 않으시고 선택의 자유인 인격을 그대로 존중하시면서도 결국 하나님의 뜻을 이루어 가시는 방식이 어느 순간에 어떻게 작용하는지는 아무도 모른다. 그러나 분명한 사실은 하나님의 섭리가 세상을 주관한다는 사실이다.

15 이에 후새가 사독과 아비아달 두 제사장에게 이르되 아히도벨이 압살롬과 이스라엘 장로들에게 이러이러하게 계략을 세웠고 나도 이러이러하게 계략을 세웠으니

16 이제 너희는 빨리 사람을 보내 다윗에게 전하기를 오늘밤에 광야 나루터에서 자지 말고 아무쪼록 건너가소서 하라 혹시 왕과 그를 따르는 모든 백성이 몰사할까 하노라 하니라

15 Then Hushai told the priests Zadok and Abiathar what advice he had given to Absalom and the Israelite leaders and what advice Ahithophel had given.

16 Hushai added, "Quick, now! Send a message to David not to spend the night at the river crossings in the wilderness, but to cross the Jordan at once, so that he and his men won't all be caught and killed."

17:15 후새가 사독과 아비아달 두 제사장에게 이르되. 후새는 목숨을 걸고 다윗을 도왔다. 두 제사장도 다윗을 도왔다. 압살롬이 예루살렘을 점령하였다. 세상은 압살롬의 세상이 되었다. 그러나 여전히 많은 사람이 다윗 편에 서서 다윗을 도왔다. 그것은 다윗이 그동안 사람들을 사랑하였다는 것을 의미하며 또한 진리 편에 섰다는 것을 의미한다.

17 그 때에 요나단과 아히마아스가 사람이 볼까 두려워하여 감히 성에 들어가지 못하고 에느로겔 가에 머물고 어떤 여종은 그들에게 나와서 말하고 그들은 가서 다윗 왕에게 알리더니

17 Abiathar's son Jonathan and Zadok's son Ahimaaz were waiting at the spring of Enrogel, on the outskirts of Jerusalem, because they did not dare to be seen entering the city. A servant woman would regularly go and tell them what was happening, and then they would go and tell King David.

17:17 요나단과 아히마아스가 사람이 볼까 두려워하여 감히 성에 들어가지 못하고. 사람들이 레위인들을 다윗 편으로 생각하여 그들이 예루살렘에 들어가지 못하였다. 다윗이 믿음에 열심이었다는 것을 사람들이 다 알았기 때문이다. **어떤 여종은 그들에게 나와서 말하고.** 성 안의 한 여종이 나와 제사장의 아들들에게 후새의 말을 전해주었다. 그도 목숨을 걸고 하는 일이다.

18 한 청년이 그들을 보고 압살롬에게 알린지라 그 두 사람이 빨리 달려서 바후림 어떤 사람의 집으로 들어가서 그의 뜰에 있는 우물 속으로 내려가니

19 그 집 여인이 덮을 것을 가져다가 우물 아귀를 덮고 찧은 곡식을 그 위에 널매 전혀 알지 못하더라

18 But one day a boy happened to see them, and he told Absalom; so they hurried off to hide in the house of a certain man in Bahurim. He had a well near his house, and they got down into it.

19 The man's wife took a covering, spread it over the opening of the well and scattered

grain over it, so that no one would notice anything.

17:18 한 청년이 그들을 보고 압살롬에게 알린지라. 권력은 힘이 있다. 한 청년은 권력에 잘 보이려고 아히마아스와 요나단을 압살롬에게 신고하였다. 아히마아스와 요나단은 재빨리 '바후림 어떤 사람'의 집에 갔다.

20 압살롬의 종들이 그 집에 와서 여인에게 묻되 아히마아스와 요나단이 어디 있느냐 하니 여인이 그들에게 이르되 그들이 시내를 건너가더라 하니 그들이 찾아도 만나지 못하고 예루살렘으로 돌아가니라

21 그들이 간 후에 두 사람이 우물에서 올라와서 다윗 왕에게 가서 다윗 왕에게 말하여 이르되 당신들은 일어나 빨리 물을 건너가소서 아히도벨이 당신들을 해하려고 이러이러하게 계략을 세웠나이다

22 다윗이 일어나 모든 백성과 함께 요단을 건널새 새벽까지 한 사람도 요단을 건너지 못한 자가 없었더라

20 Absalom's officials came to the house and asked the woman, "Where are Ahimaaz and Jonathan?" "They crossed the river," she answered. The men looked for them but could not find them, and so they returned to Jerusalem.

21 After they left, Ahimaaz and Jonathan came up out of the well and went and reported to King David. They told him what Ahithophel had planned against him and said, "Hurry up and cross the river."

22 So David and his men started crossing the Jordan, and by daybreak they had all gone across.

17:20 여인이 그들에게 이르되 그들이 시내를 건너가더라. 그 사람은 미리 피하고 아내가 나와서 군사들을 맞이했다. 여인은 목숨을 담보로 하는 상황에서도 침착하게 군사들을 따돌렸다. 바후림은 베냐민 지파 지역이다. 다윗이 도피할 때 바후림에 사는 시므이는 다윗을 비방하였다. 그런데 바후림에서 다윗을 돕는 사람이 있었다. 이전부터 아는 사이일 수도 있지만 어쩌면 다윗이 비방하는 시므이를 살려준 이야기를 들었기 때문일 수도 있다. 다윗이 사람들을 만나 진실하게 행한 것이 지금은 모두 자산이 되고 있다. 사람은 홀로 사는 것이 아니다. 함께 더불어 살도록 창조되었다. 하나님께서 다윗을 도우실 때도 사람을 사용하셨다. 사람을 사용하고 싶으셔도 다윗을 도울

사람이 없으면 어떻게 되었을까? 하지만 사람을 사용하고자 하셨을 때 다윗을 도울 사람들이 많았다. 다윗이 사람과 더불어 사는 사람이었기 때문이다. 하나님께서 도우시기를 원하는가? 그렇다면 내가 먼저 사람을 도우라. 우리를 돕는 사람은 하늘에서 갑자기 떨어지는 것이 아니다. 사람을 진실하게 대하고 돕는 사람일 때 하나님께서 다른 사람을 통해 우리를 도우실 것이다.

23 아히도벨이 자기 계략이 시행되지 못함을 보고 나귀에 안장을 지우고 일어나 고향으로 돌아가 자기 집에 이르러 집을 정리하고 스스로 목매어 죽으매 그의 조상의 묘에 장사되니라

24 이에 다윗은 마하나임에 이르고 압살롬은 모든 이스라엘 사람과 함께 요단을 건너니라

25 압살롬이 아마사로 요압을 대신하여 군지휘관으로 삼으니라 아마사는 이스라엘 사람 이드라 하는 자의 아들이라 이드라가 나하스의 딸 아비갈과 동침하여 그를 낳았으며 아비갈은 요압의 어머니 스루야의 동생이더라

26 이에 이스라엘 무리와 압살롬이 길르앗 땅에 진 치니라

23 When Ahithophel saw that his advice had not been followed, he saddled his donkey and went back to his own city. After putting his affairs in order, he hanged himself. He was buried in the family grave.

24 David had reached the town of Mahanaim by the time Absalom and the Israelites had crossed the Jordan.

25 (Absalom had put Amasa in command of the army in the place of Joab. Amasa was the son of Jether the Ishmaelite; his mother was Abigail, the daughter of Nahash and the sister of Joab's mother Zeruiah.)

26 Absalom and his men camped in the land of Gilead.

17:23 아히도벨이...자기 집에 이르러 집을 정리하고 스스로 목매어 죽으매. 아히도벨은 똑똑한 사람이다. 그는 후새의 계략이 채택되는 것을 보고 반역이 성공하지 못할 것이라고 예상한 것 같다. 그래서 조용히 고향으로 돌아가 자살로 생을 마쳤다. 그가 자살로 생을 마치는 것이 그 자신이 생각하기에는 좋아 보일 수 있다. 마지막까지 불명예를 벗어날 수 있기 때문이다. 그러나 사람은 '사람 앞에서'가 아니라 하나님 앞에서 심판을 받는다. 그는 하나님을 제대로 믿지 않은 것으로 보인다. 진리를 따른 것이 아니라 오직 자신의 생

각을 따라 행동하였다. 그는 죽을 때도 홀로 죽었다. 자신이 아무리 똑똑해도 사람과 더불어 살 수 있어야 한다. 그는 자신이 똑똑하다 생각하여 마지막을 다른 사람과 의논하지 않고 마쳤다. 그렇게 생을 마친 것은 가장 어리석은 마침이다. 그는 똑똑한 것 같았으나 가장 어리석었다. 사람은 죽을 때까지 옆에 사람이 있어야 한다. 힘이 있으면 이웃을 도우라. 마지막까지 사람을 도우라. 그러면 우리의 마지막에 사람이 옆에 있을 것이다.

27 다윗이 마하나임에 이르렀을 때에 암몬 족속에게 속한 랍바 사람 나하스의 아들 소비와 로데발 사람 암미엘의 아들 마길과 로글림 길르앗 사람 바르실래가

28 침상과 대야와 질그릇과 밀과 보리와 밀가루와 볶은 곡식과 콩과 팥과 볶은 녹두와

29 꿀과 버터와 양과 치즈를 가져다가 다윗과 그와 함께 한 백성에게 먹게 하였으니 이는 그들 생각에 백성이 들에서 시장하고 곤하고 목마르겠다 함이더라

27 When David arrived at Mahanaim, he was met by Shobi son of Nahash, from the city of Rabbah in Ammon, and by Machir son of Ammiel, from Lodebar, and by Barzillai, from Rogelim in Gilead.

28 They brought bowls, clay pots, and bedding, and also food for David and his men: wheat, barley, meal, roasted grain, beans, peas, honey, cheese, cream, and some sheep. They knew that David and his men would be hungry, thirsty, and tired in the wilderness.

17:27 마하나임에 이르렀을 때. 마하나임은 이전에 이스보셋이 수도로 삼고 이 년 동안 다스렸던 곳이다. 그곳은 이스보셋의 편을 들어줄 사람이 있을 것이고 다윗에게 서운한 마음을 가진 사람이 많을 수 있다. 그러나 마하나임에서 다윗은 환대를 받았다. 그것은 분명 다윗이 그곳에서 화해정책을 사용하였기 때문일 것이다. **암몬 족속에게 속한 랍바 사람 나하스의 아들 소비.** '소비'는 하눈의 형제일 것이다. 그는 하눈 대신 암몬 족속의 왕이 되었는데 다윗은 그를 선대한 것 같다. 그래서 다윗이 어려울 때에 그를 돕고 있다. **암미엘의 아들 마길.** '마길'은 므비보셋을 돕던 사람이다. 다윗이 므비보셋을 선대하는 것을 보았기 때문에 다윗이 어려운 이 때 그를 열심히 돕고 있다. **길르앗 사람 바르실래.** 그가 다윗을 도운 것은 그냥 도운 것이 아닐 것이다. 마하나임에서 그렇게 다윗을 돕는 사람들이 많았다. 많은 사람이 군사로 모였다. 그래서 다윗은 이내 탄탄한 조직을 갖추게 되었다.

18장

압살롬의 죽음

1 이에 다윗이 그와 함께 한 백성을 찾아가서 천부장과 백부장을 그들 위에 세우고

2 다윗이 그의 백성을 내보낼새 삼분의 일은 요압의 휘하에, 삼분의 일은 스루야의 아들 요압의 동생 아비새의 휘하에 넘기고 삼분의 일은 가드 사람 잇대의 휘하에 넘기고 왕이 백성에게 이르되 나도 반드시 너희와 함께 나가리라 하니

3 백성들이 이르되 왕은 나가지 마소서 우리가 도망할지라도 그들은 우리에게 마음을 쓰지 아니할 터이요 우리가 절반이나 죽을지라도 우리에게 마음을 쓰지 아니할 터이라 왕은 우리 만 명보다 중하시오니 왕은 성읍에 계시다가 우리를 도우심이 좋으니이다 하니라

4 왕이 그들에게 이르되 너희가 좋게 여기는 대로 내가 행하리라 하고 문 곁에 왕이 서매 모든 백성이 백 명씩 천 명씩 대를 지어 나가는지라

1 King David brought all his men together, divided them into units of a thousand and of a hundred, and placed officers in command of them.

2 Then he sent them out in three groups, with Joab and Joab's brother Abishai and Ittai from Gath, each in command of a group. And the king said to his men, "I will go with you myself."

3 "You mustn't go with us," they answered. "It won't make any difference to the enemy if the rest of us turn and run, or even if half of us are killed; but you are worth ten thousand of us. It will be better if you stay here in the city and send us help."

4 "I will do whatever you think best," the king answered. Then he stood by the side of the gate as his men marched out in units of a thousand and of a hundred.

18:1 천부장과 백부장을 그들 위에 세우고. 다윗은 군사를 모집하고 조직하였다. 다윗과 압살롬의 싸움의 향방은 '시간 싸움'이라는 것이 앞에서부터 나왔다. 압살롬의 책략가 아히도벨은 '빠르게 급습하여야 한다'고 하였다. 다윗의 책략가 후새는 다윗에게 시간을 벌어주려고 노력하였다. 다윗이 '군대를 조직하였다'는 것은 그에게 필요한 시간이 충분했다는 것을 의미한다. 다윗이 시간을 벌었기에 승리의 길을 가고 있다고

판단할 수 있다. 왜 시간이 중요하였을까? 압살롬은 사람들의 마음을 훔쳤지만 거짓된 방식이었다. 다윗은 일시적으로 일부 사람의 마음을 빼앗겼지만 그는 여전히 많은 사람들의 존경을 받았다. 그를 돕는 사람들이 많았다. 무엇보다 그는 진리의 자리에 있었기 때문에 '진리가 이긴다'는 법칙에 따라 승리하게 된다. 시간을 길게 보면 늘 진리가 승리한다. 긴 시간은 진리편이다.

> 5 왕이 요압과 아비새와 잇대에게 명령하여 이르되 나를 위하여 젊은 압살롬을 너그러이 대우하라 하니 왕이 압살롬을 위하여 모든 군지휘관에게 명령할 때에 백성들이 다 들으니라
>
> 6 이에 백성이 이스라엘을 치러 들로 나가서 에브라임 수풀에서 싸우더니
>
> 7 거기서 이스라엘 백성이 다윗의 부하들에게 패하매 그 날 그 곳에서 전사자가 많아 이만 명에 이르렀고
>
> 5 He gave orders to Joab, Abishai, and Ittai: "For my sake don't harm the young man Absalom." And all the troops heard David give this command to his officers.
>
> 6 David's army went out into the countryside and fought the Israelites in the forest of Ephraim.
>
> 7 The Israelites were defeated by David's men; it was a terrible defeat, with 20,000 men killed that day.

18:5 나를 위하여 젊은 압살롬을 너그러이 대우하라. 압살롬을 죽이지 말고 살려주라는 말이다. 전장에 병사들을 보내며 '적군의 수장을 죽이지 마라'는 말은 적합하지 않아 보인다. 이제 벌어질 전투는 매우 중요하다. 게다가 다윗의 군대는 숫자가 더 적었을 것이다. 압살롬은 후새의 조언에 따라 이스라엘 전국에서 수많은 병사를 모집하여 다윗을 치기 위해 모였다. 외적으로는 다윗의 군대가 더 열세였다. 그렇다면 압살롬을 빨리 죽이는 것이 가장 효과적일 것이다. 그런데도 불구하고 다윗은 압살롬을 긍휼히 여겨 죽이지 말기를 요청하였다. 다윗이 '압살롬을 죽이지 마라'고 명령하는 것은 지극히 개인적인 것이다. 전쟁에 나가는 사람들에게 할 말도 아니다. 전쟁에 나가는 군사들에게 전혀 어울리지 않는 이 말을, 경험이 많고 전쟁에 대해 잘 알고 있는 다윗이 하고 있다. 아버지이기 때문일 것이다.

아버지 마음의 원형은 하나님 아버지이다. 모든 이들의 창조주이시기에 사실 유일한

아버지라 할 수 있다. "아버지가 자식을 긍휼히 여김 같이 여호와께서는 자기를 경외하는 자를 긍휼히 여기시나니"(시 103:13) 하나님은 세상 사람들을 향하여 늘 아버지의 마음을 가지고 계신다. 하나님을 '경외'하기만 하면 하나님은 아버지의 마음으로 그들을 따뜻하게 품어 주실 것이다. 다윗이 압살롬을 향하여 아비의 마음을 가진 것보다 더 크게 하나님께서 우리를 향하여 아버지의 마음을 가지고 계신다. 어떤 일이 닥쳐도 하나님 아버지의 마음을 잊지 않았으면 좋겠다. 잊지 말아야 잃지 않게 된다.

> 8 그 땅에서 사면으로 퍼져 싸웠으므로 그 날에 수풀에서 죽은 자가 칼에 죽은 자보다 많았더라
>
> 8 The fighting spread over the countryside, and more men died in the forest than were killed in battle.

18:8 그 날에 수풀에서 죽은 자가 칼에 죽은 자보다 많았더라. 싸움에는 변수가 많다. 다윗의 군대는 전쟁에 능할 뿐만 아니라 에브라임 수풀 지형에 익숙하였던 것 같다. 그들은 수풀을 잘 이용하였고 결국 먼 지역에서 온 압살롬의 군대는 수풀에 익숙하지 않아 웅덩이에 빠지거나 동물에게 죽임을 당하는 등 전투 외의 손실이 더 많았다. 무엇보다 하나님의 보이지 않는 손길의 섭리가 있었을 것이다.

인생을 압살롬처럼 '패하는 싸움'을 사는 사람들이 많다. 그런 사람들은 장군의 기백을 가지고 싸우는 인생을 산다. 더 높은 자리를 위해 싸우고 더 많은 돈을 벌기 위해 싸운다. 때때로 승리하고 많이 가진 것 같기도 하다. 그러나 결국은 망한다. 평생 아끼고 모으면서 살았는데 정작 가장 중요한 때에 모든 것을 잃게 된다. 무엇보다 하나님 앞에서 모든 것을 잃은 자신을 발견하게 될 것이다.

> 9 압살롬이 다윗의 부하들과 마주치니라 압살롬이 노새를 탔는데 그 노새가 큰 상수리나무 번성한 가지 아래로 지날 때에 압살롬의 머리가 그 상수리나무에 걸리매 그가 공중과 그 땅 사이에 달리고 그가 탔던 노새는 그 아래로 빠져나간지라
>
> 10 한 사람이 보고 요압에게 알려 이르되 내가 보니 압살롬이 상수리나무에 달렸더이다 하니

11 요압이 그 알린 사람에게 이르되 네가 보고 어찌하여 당장에 쳐서 땅에 떨어뜨리지 아니하였느냐 내가 네게 은 열 개와 띠 하나를 주었으리라 하는지라

12 그 사람이 요압에게 대답하되 내가 내 손에 은 천 개를 받는다 할지라도 나는 왕의 아들에게 손을 대지 아니하겠나이다 우리가 들었거니와 왕이 당신과 아비새와 잇대에게 명령하여 이르시기를 삼가 누구든지 젊은 압살롬을 해하지 말라 하셨나이다

13 아무 일도 왕 앞에는 숨길 수 없나니 내가 만일 거역하여 그의 생명을 해하였더라면 당신도 나를 대적하였으리이다 하니

9 Suddenly Absalom met some of David's men. Absalom was riding a mule, and as it went under a large oak tree, Absalom's head got caught in the branches. The mule ran on and Absalom was left hanging in mid air.

10 One of David's men saw him and reported to Joab, "Sir, I saw Absalom hanging in an oak tree!"

11 Joab answered, "If you saw him, why didn't you kill him on the spot? I myself would have given you ten pieces of silver and a belt."

12 But the man answered, "Even if you gave me a thousand pieces of silver, I wouldn't lift a finger against the king's son. We all heard the king command you and Abishai and Ittai, 'For my sake don't harm the young man Absalom.'

13 But if I had disobeyed the king and killed Absalom, the king would have heard about it—he hears about everything—and you would not have defended me."

18:9 압살롬의 머리가 그 상수리나무에 걸리매. 압살롬은 급히 도망가다 상수리나무에 걸렸다. 아마 그가 그렇게 자랑하던 머리카락이 나무에 걸렸을 것이다. 그의 목이 걸린 것인지 머리카락이 걸린 것인지는 분명하지 않으나 1세기 역사가인 요세푸스는 압살롬의 머리카락이 나무에 걸려서 압살롬이 나뭇가지에 대롱대롱 매달리게 되었다고 말한다. 나무에 대롱대롱 달려 죽을 일만 남은 신세가 되었다. 인생이 그렇다. 그렇게 자랑하던 자식이 비수가 되고, 돈이 배신하기도 한다. 사실 인생이 추구하는 모든 것이 그렇다. 그래서 우상이라고 말한다. 좋아서 추구하였지만 돌아오는 것은 '우둔함' 뿐이다. 오직 하나님 외에 다른 모든 것이 우상이다. 그것이 우리의 인생을 책임져주지 못하기 때문이다. 구원하지 못한다.

14 요압이 이르되 나는 너와 같이 지체할 수 없다 하고 손에 작은 창 셋을 가지고

가서 상수리나무 가운데서 아직 살아 있는 압살롬의 심장을 찌르니

15 요압의 무기를 든 청년 열 명이 압살롬을 에워싸고 쳐죽이니라

16 요압이 나팔을 불어 백성들에게 그치게 하니 그들이 이스라엘을 추격하지 아니하고 돌아오니라

14 "I'm not going to waste any more time with you," Joab said. He took three spears and plunged them into Absalom's chest while he was still alive, hanging in the oak tree.

15 Then ten of Joab's soldiers closed in on Absalom and finished killing him.

16 Joab ordered the trumpet to be blown to stop the fighting, and his troops came back from pursuing the Israelites.

18:14 요압이...압살롬의 심장을 찌르니. 다윗은 '압살롬을 살려 두라'고 말하였지만 요압은 왕의 명령을 어기고 죽였다. 그것이 전쟁을 이기는 것이며 전쟁을 끝내는 빠른 길이었기 때문이다. 전쟁을 지휘하고 있는 장군으로서 요압에게는 당연한 선택이었다. 요압이 다윗의 명령을 어기고 압살롬을 죽인 것이 잘못일까? 그렇지 않다. 이후에 솔로몬은 요압이 '까닭 없이 흘린 피'에 대해 말한다. "여호와께서 요압의 피를 그의 머리로 돌려보내실 것은 그가 자기보다 의롭고 선한 두 사람을 쳤음이니 곧 이스라엘 군사령관 넬의 아들 아브넬과 유다 군사령관 예델의 아들 아마사를 칼로 죽였음이라 이 일을 내 아버지 다윗은 알지 못하셨나니" (왕상 2:32) 요압이 까닭 없이 흘린 피에 '압살롬'은 해당되지 않는다. 압살롬은 자신의 죄 때문에 죽었다.

17 그들이 압살롬을 옮겨다가 수풀 가운데 큰 구멍에 그를 던지고 그 위에 매우 큰 돌무더기를 쌓으니라 온 이스라엘 무리가 각기 장막으로 도망하니라

17 They took Absalom's body, threw it into a deep pit in the forest, and covered it with a huge pile of stones. All the Israelites fled to their own homes.

18:17 압살롬을 옮겨다가 수풀 가운데 큰 구멍에 그를 던지고 그 위에 매우 큰 돌무더기를 쌓으니라. 압살롬의 시신을 수풀 웅덩이에 던지고 그 위에 돌을 쌓아 무덤을 만들었다. 마치 죄인을 향해 사람들이 돌을 던지듯 쌓았을 것이다. 이스라엘은 본래 가족묘를 사용한다. 동굴처럼 된 가족 묘에서 두 번에 걸쳐 장례식을 치러야 한다. 그러나 압살롬은 버려지듯 무덤이 만들어졌다. 마치 큰 악을 표시하는 것 같다.

18 압살롬이 살았을 때에 자기를 위하여 한 비석을 마련하여 세웠으니 이는 그가 자기 이름을 전할 아들이 내게 없다고 말하였음이더라 그러므로 자기 이름을 기념하여 그 비석에 이름을 붙였으며 그 비석이 왕의 골짜기에 있고 이제까지 그것을 압살롬의 기념비라 일컫더라

18 During his lifetime Absalom had built a monument for himself in King's Valley, because he had no son to keep his name alive. So he named it after himself, and to this day it is known as Absalom's Monument.

18:18 자기 이름을 전할 아들이 내게 없다고 말하였음이더라. 압살롬은 아들이 셋이나 있었으나 어려서 모두 죽은 것으로 보인다. 사람은 '자식으로 자신의 이름을 남긴다'고 생각하는 경향이 있었는데 아들이 없어졌기에 압살롬은 대신 비석을 세웠다. **자기 이름을 기념하여 그 비석에 이름을 붙였으며.** 큰 비석을 만들고 그것에 자신의 이름을 붙였다. **이제까지 그것을 압살롬의 기념비라 일컫더라.** 사무엘하를 기록하던 그때까지 압살롬의 기념비가 있었다는 것을 의미한다. 지금 예루살렘에 가면 '압살롬의 기둥'이라는 것이 있다. 현대의 예루살렘 전경이 나온 사진을 보면 보통 무덤이 많은 곳이 보이는데 그 아래쪽에 있으며 매우 크다. 그런데 그 기둥은 주전 3세기 헬레니즘 시대에 지어졌고 로마 시대 때 개축한 것이다. 그러기에 압살롬이 지은 기념비가 아니다. 사람들은 압살롬의 기둥 앞을 지날 때마다 돌을 던지곤 한다. 압살롬은 자신의 이름이 화려하게 드러나기를 원하였지만 욕을 듣는 것으로 화려하게 남았다. 어떤 왕의 자녀보다 더 유명하지만 선인으로 유명한 것이 아니라 악인으로 유명해진 것이다.

19 사독의 아들 아히마아스가 이르되 청하건대 내가 빨리 왕에게 가서 여호와께서 왕의 원수 갚아 주신 소식을 전하게 하소서

20 요압이 그에게 이르되 너는 오늘 소식을 전하는 자가 되지 말고 다른 날에 전할 것이니라 왕의 아들이 죽었나니 네가 오늘 소식을 전하지 못하리라 하고

19 Then Ahimaaz son of Zadok said to Joab, "Let me run to the king with the good news that the Lord has saved him from his enemies."

20 "No," Joab said, "today you will not take any good news. Some other day you may do so, but not today, for the king's son is dead."

18:19 아히마아스가 이르되 청하건데 내가 빨리 왕에게 가서...소식을 전하게 하소서. 아

히마아스는 전쟁의 기쁜 소식을 다윗에게 전하고 싶어했다. 이전에 후새의 밀지를 다윗에게 전했던 아히마아스이다. 이번에는 전쟁의 승리를 전하는 일이니 다윗에게 빨리 전하고 싶었을 것이다.

21 요압이 구스 사람에게 이르되 네가 가서 본 것을 왕께 아뢰라 하매 구스 사람이 요압에게 절하고 달음질하여 가니

21 Then he said to his Ethiopian slave, "Go and tell the king what you have seen." The slave bowed and ran off.

18:21 구스 사람이 요압에게 절하고 달음질하여 가니. 요압은 다윗에게 전쟁 소식을 알리는 것이 다윗에게 그리 기쁜 소식이 아니라 생각하여 아히마아스가 아니라 구스 사람을 보냈다.

22 사독의 아들 아히마아스가 다시 요압에게 이르되 청하건대 아무쪼록 내가 또한 구스 사람의 뒤를 따라 달려가게 하소서 하니 요압이 이르되 내 아들아 너는 왜 달려가려 하느냐 이 소식으로 말미암아서는 너는 상을 받지 못하리라 하되

22 Ahimaaz insisted, "I don't care what happens; please let me take the news also." "Why do you want to do it, my son?" Joab asked. "You will get no reward for it."

18:22 아히마아스가 다시 요압에게 이르되 청하건대 아무쪼록 내가 또한 구스 사람의 뒤를 따라 달려가게 하소서. 아히마아스는 전쟁의 승리 소식을 다윗에게 직접 전하고 싶은 강한 열망을 가지고 있었다.

23 그가 한사코 달려가겠노라 하는지라 요압이 이르되 그리하라 하니 아히마아스가 들길로 달음질하여 구스 사람보다 앞질러가니라

23 "Whatever happens," Ahimaaz said again, "I want to go." "Then go," Joab said. So Ahimaaz ran off down the road through the Jordan Valley, and soon he passed the slave.

18:23 요압이 이르되 그리하라 하니 아히마아스가 들길로 달음질하여 구스 사람보다 앞질러가니라. 요압은 아히마아스의 열망이 강한 것을 알고 결국 허락하였다. 아히마아스는 열망이 컸기 때문에 결국 먼저 떠난 구스 사람보다 더 빨리 다윗에게 도착하였다.

24 때에 다윗이 두 문 사이에 앉아 있더라 파수꾼이 성 문 위층에 올라가서 눈을 들어 보니 어떤 사람이 홀로 달려오는지라

24 David was sitting in the space between the inner and outer gates of the city. The watchman went up to the top of the wall and stood on the roof of the gateway; he looked out and saw a man running alone.

18:24 다윗이 두 문 사이에 앉아 있더라. '두 문 사이'는 이 당시 성문이 보통 이중으로 되어 있기 때문에 사용하는 말이다. 다윗은 마하나임 성내의 집에 있지 못하고 성문에 나와 전쟁 소식을 기다렸다. 한 나라의 왕으로서 병사를 싸움터에 보내고 결과를 기다리는 마음은 참으로 힘들 것이다. 성문에 앉아 기도하고 또 기도하였을 것이다. 다윗이 이스라엘의 왕이고 전쟁에 나간 군사들은 모두 백성들이다. 또한 압살롬의 군대에 군사로 나온 병사들조차도 사실은 이스라엘의 백성이기에 다윗의 마음은 많이 아팠을 것이다.

25 파수꾼이 외쳐 왕께 아뢰매 왕이 이르되 그가 만일 혼자면 그의 입에 소식이 있으리라 할 때에 그가 점점 가까이 오니라

26 파수꾼이 본즉 한 사람이 또 달려오는지라 파수꾼이 문지기에게 외쳐 이르되 보라 한 사람이 또 혼자 달려온다 하니 왕이 이르되 그도 소식을 가져오느니라

27 파수꾼이 이르되 내가 보기에는 앞선 사람의 달음질이 사독의 아들 아히마아스의 달음질과 같으니이다 하니 왕이 이르되 그는 좋은 사람이니 좋은 소식을 가져오느니라 하니라

25 He called down and told the king, and the king said, "If he is alone, he is bringing good news." The runner came nearer and nearer.

26 Then the watchman saw another man running alone, and he called down to the gatekeeper, "Look! There's another man running!" The king answered, "This one also is

bringing good news."

27 The watchman said, "I can see that the first man runs like Ahimaaz." "He's a good man," the king said, "and he is bringing good news."

18:25 파수꾼이 외쳐 왕께 아뢰매. 왕이 얼마나 기다리는지를 알기에 파수꾼은 더욱 더 간절한 마음으로 멀리 누가 오는지 살펴보았을 것이다. 그가 소식을 가지고 오는 사람을 보았을 때 재빨리 그것을 왕에게 전하였다. **혼자면 그의 입에 소식이 있으리라.** '좋은 소식이 있을 것이다'라고 번역해도 좋다. 여러 병사가 오는 것이라면 보통 패잔 병들일 것인데 한 명이 오는 것이라면 승리의 소식일 것이라고 예측할 수 있다. 그래 서 좋은 소식을 기대하며 기다릴 수 있게 되었다.

28 아히마아스가 외쳐 왕께 아뢰되 평강하옵소서 하고 왕 앞에서 얼굴을 땅에 대 고 절하며 이르되 왕의 하나님 여호와를 찬양하리로소이다 그의 손을 들어 내 주 왕을 대적하는 자들을 넘겨 주셨나이다 하니

28 Ahimaaz called out a greeting to the king, threw himself down to the ground before him, and said, "Praise the Lord your God, who has given you victory over the men who rebelled against Your Majesty!"

18:28 여호와를 찬양하리로소이다 그의 손을 들어 내 주 왕을 대적하는 자들을 넘겨 주 셨나이다. 다윗이 소식을 들었을 때 밖으로 표현하지는 않았지만 얼마나 마음이 놓였 을까? 전쟁의 승리 소식을 들었을 때 다윗은 이스라엘의 왕으로서 분명히 기뻤을 것 이다. 그러나 그는 마냥 그것을 기뻐하고 있을 수 없었다. 이스라엘이 승리하였다는 것은 곧 그의 아들 압살롬이 패하였다는 것이고 압살롬이 죽었을 가능성이 높다는 것을 의미하기 때문이다.

29 왕이 이르되 젊은 압살롬은 잘 있느냐 하니라 아히마아스가 대답하되 요압이 왕의 종 나를 보낼 때에 크게 소동하는 것을 보았사오나 무슨 일인지 알지 못하였 나이다 하니

30 왕이 이르되 물러나 거기 서 있으라 하매 물러나서 서 있더라

31 구스 사람이 이르러 말하되 내 주 왕께 아뢸 소식이 있나이다 여호와께서 오늘 왕을 대적하던 모든 원수를 갚으셨나이다 하니

29 "Is the young man Absalom safe?" the king asked. Ahimaaz answered, "Sir, when your officer Joab sent me, I saw a great commotion, but I couldn't tell what it was."

30 "Stand over there," the king said; and he went over and stood there.

31 Then the Ethiopian slave arrived and said to the king, "I have good news for Your Majesty! Today the Lord has given you victory over all who rebelled against you!"

18:29 왕이 이르되 젊은 압살롬은 잘 있느냐. 다윗은 이스라엘 백성의 왕이었을 뿐만 아니라 압살롬의 아버지였기 때문에 물었다. **크게 소동하는 것을 보았사오나 무슨 일인지 알지 못하였나이다.** 아히마아스는 차마 압살롬의 죽음을 알리지 못하였다. 다윗이 압살롬을 생각하는 마음을 알기 때문이다.

32 왕이 구스 사람에게 묻되 젊은 압살롬은 잘 있느냐 구스 사람이 대답하되 내 주 왕의 원수와 일어나서 왕을 대적하는 자들은 다 그 청년과 같이 되기를 원하나이다 하니

32 "Is the young man Absalom safe?" the king asked. The slave answered, "I wish that what has happened to him would happen to all your enemies, sir, and to all who rebel against you."

18:32 내 주 왕의 원수와 일어나서 왕을 대적하는 자들은 다 그 청년과 같이 되기를 원하나이다. 압살롬의 안부를 묻는 다윗의 질문에 대답하였다. 구스 사람도 차마 압살롬이 죽었다는 말을 직접 말하지 못하고 돌려 말하였다. 아들의 죽음 소식을 듣는 아버지의 마음이 얼마나 아플지를 이해하기 때문이다.

33 왕의 마음이 심히 아파 문 위층으로 올라가서 우니라 그가 올라갈 때에 말하기를 내 아들 압살롬아 내 아들 내 아들 압살롬아 차라리 내가 너를 대신하여 죽었더면, 압살롬 내 아들아 내 아들아 하였더라

33 The king was overcome with grief. He went up to the room over the gateway and

wept. As he went, he cried, "O my son! My son Absalom! Absalom, my son! If only I had died in your place, my son! Absalom, my son!"

18:33 왕의 마음이 심이 아파. '아프다'는 직접적으로 번역하면 '떨며'이다. 아들의 사망 소식을 듣고 다윗은 심히 떨며 혼자 울 곳을 찾아 위층으로 올라갔다. 그곳에서 **통곡하였다. 내 아들 압살롬아 내 아들 내 아들 압살롬아.** '압살롬'을 3번, '내 아들'을 5번이나 반복하면서 말한다. 어찌 이렇게만 하였겠는가? 그는 마치 실성한 사람처럼 그 이름을 계속 반복하면서 통곡하였을 것이다. **차라리 내가 너를 대신하여 죽었더면.** 슬픔은 산 자의 몫이다. 게다가 다윗은 압살롬의 죽음이 자신의 범죄에 대한 하나님의 처벌의 연속선에 있다는 것을 알았기 때문에 더욱더 슬펐을 것이다. 자신의 죄에 대한 처벌이면 자신이 죽는 것이 마땅하니 차라리 자신이 죽음에 이르렀으면 더 좋겠다는 말이다. 그러나 압살롬의 죽음은 다윗의 죄에 대한 벌이기도 하지만 압살롬 개인의 죄에 대한 처벌이기도 하다. 다윗 또한 그것을 알 것이다. 그러나 압살롬의 죽음에 자신의 죄도 연루되어 있기에 더욱더 가슴이 아픈 것이다.

압살롬은 다윗을 배신하고 죽이려 하였지만 다윗은 압살롬의 죽음을 매우 슬퍼하고 통곡하였다. 만약 다윗이 죽었다면 압살롬은 이렇게 통곡하지 않았을 것이다. 그러나 다윗은 아버지이기 때문에 더욱더 통곡하고 있는 것으로 보인다.

압살롬이 다윗에게 아들인 것보다 이 땅의 사람들이 하나님의 형상으로 창조된 사람이라는 사실이 분명히 더 깊은 관계다. 이 땅의 사람들이 믿음 없이 죽는다는 것은 참으로 슬픈 일이다. 다윗이 통곡하는 것보다 하늘에서 더 많이 슬퍼하실 것이라는 생각을 해본다. 이 땅에서 사람의 죽음은 믿음 없는 사람의 죽음이 더 많이 애통한 일이다. 하나님의 그 애통을 알아 우리는 사람들의 죽음 앞에서 자숙해야 한다. 묵묵히 슬퍼해야 한다.

19장

예루살렘에 돌아가는
다윗

1 어떤 사람이 요압에게 아뢰되 왕이 압살롬을 위하여 울며 슬퍼하시나이다 하니

2 왕이 그 아들을 위하여 슬퍼한다 함이 그 날에 백성들에게 들리매 그 날의 승리가 모든 백성에게 슬픔이 된지라

1 Joab was told that King David was weeping and mourning for Absalom.

2 And so the joy of victory was turned into sadness for all David's troops that day, because they heard that the king was mourning for his son.

19:2 왕이 그 아들을 위하여 슬퍼한다 함이 그 날에 백성들에게 들리매. 다윗 왕이 슬퍼한다는 말을 들었다. 그래서 그들은 기뻐하기만 할 수 없었다.

3 그 날에 백성들이 싸움에 쫓겨 부끄러워 도망함 같이 가만히 성읍으로 들어가니라

4 왕이 그의 얼굴을 가리고 큰 소리로 부르되 내 아들 압살롬아 압살롬아 내 아들아 내 아들아 하니

3 They went back into the city quietly, like soldiers who are ashamed because they are running away from battle.

4 The king covered his face and cried loudly, "O my son! My son Absalom! Absalom, my son!"

19:3 싸움에 쫓겨 부끄러워 도망함 같이 가만히 성읍에 들어가니라. 다윗의 군대가 전쟁에서 이겼으니 백성들의 환호 가운데 기뻐하며 돌아와야 한다. 그런데 마치 전쟁에 패한 사람처럼 부끄럽게 조용히 들어왔다.

5 요압이 집에 들어가서 왕께 말씀 드리되 왕께서 오늘 왕의 생명과 왕의 자녀의 생명과 처첩과 비빈들의 생명을 구원한 모든 부하들의 얼굴을 부끄럽게 하시니

5 Joab went to the king's house and said to him, "Today you have humiliated your men—the men who saved your life and the lives of your sons and daughters and of your wives and concubines.

19:5 생명을 구원한 모든 부하들의 얼굴을 부끄럽게 하시니. 다윗 왕의 행위가, 전쟁에서 열심히 싸워 다윗과 그 가족을 구원한 행위를 오히려 잘못한 것처럼 부끄럽게 만든다는 것이다.

6 이는 왕께서 미워하는 자는 사랑하시며 사랑하는 자는 미워하시고 오늘 지휘관들과 부하들을 멸시하심을 나타내심이라 오늘 내가 깨달으니 만일 압살롬이 살고 오늘 우리가 다 죽었더면 왕이 마땅히 여기실 뻔하였나이다

6 You oppose those who love you and support those who hate you! You have made it clear that your officers and men mean nothing to you. I can see that you would be quite happy if Absalom were alive today and all of us were dead.

19:6 미워하는 자는 사랑하시며 사랑하는 자는 미워하시고. 다윗 왕이 지금 슬퍼하는 것은 적군의 수장인 압살롬의 죽음 때문이다. 그렇다면 다윗 왕을 미워하던 압살롬은 사랑하고 다윗 왕을 사랑하여 싸운 군사들을 미워하고 있는 모습이다. **오늘 우리가 다 죽었더면 왕이 마땅히 여기실 뻔하였나이다.** 요압이 보기에 '다윗 왕은 차라리 압살롬이 아니라 다윗의 군대가 전쟁에서 패하였으면 더 기뻐하실 것 같다'는 말을 하였다. 말도 안 되는 말이다. 그러나 다윗의 슬픔이 과하여 마치 그렇게 보인다는 말이다.

7 이제 곧 일어나 나가 왕의 부하들의 마음을 위로하여 말씀하옵소서 내가 여호와를 두고 맹세하옵나니 왕이 만일 나가지 아니하시면 오늘 밤에 한 사람도 왕과 함께 머물지 아니할지라 그리하면 그 화가 왕이 젊었을 때부터 지금까지 당하신 모든 화보다 더욱 심하리이다 하니

7 Now go and reassure your men. I swear by the Lord's name that if you don't, not one of them will be with you by tomorrow morning. That would be the worst disaster you

have suffered in all your life."

19:7 일어나 나가 왕의 부하들의 마음을 위로하여 말씀하옵소서 내가 여호와를 두고 맹세하옵나니 왕이 만일 나가지 아니하시면 오늘 밤에 한 사람도 왕과 함께 머물지 아니할지라. 요압은 결정적으로 더 심한 독설을 날렸다. 지금 눈물을 그치고 왕의 업무의 자리로 나가지 않으면 모든 백성들의 마음이 떠날 것이라고 맹세하며 선언하였다. 그것은 자신이 먼저 그렇게 하겠다는 말이다. 자신이 그렇게 백성들을 선동하겠다는 말일 것이다.

8 왕이 일어나 성문에 앉으매 어떤 사람이 모든 백성에게 말하되 왕이 문에 앉아 계신다 하니 모든 백성이 왕 앞으로 나아오니라 이스라엘은 이미 각기 장막으로 도망하였더라

8 Then the king got up, and went and sat near the city gate. His men heard that he was there, and they all gathered round him.

19:8 왕이 일어나 성문에 앉으매. 다윗은 일어나 업무에 복귀하였다. 자신의 슬픔을 알아주지 못하는 요압이 원망스러울 수도 있으나 아무 말 하지 않고 업무에 복귀하였다. 세상이 우리의 마음을 다 알아주지는 못한다. 우리의 마음을 알아주지 못하는 세상을 원망할 것이 아니라 내 마음을 다시 잡고 일어서야 할 때가 많다. 하나님 말고 누가 우리의 마음을 알아주겠는가? 완성된 천국이 아니면 어찌 내 마음의 진정한 기쁨이 있을 수 있겠는가? 세상에 너무 많이 바라지 말고 세상의 야박함을 받아들일 수 있어야 한다.

9 이스라엘 모든 지파 백성들이 변론하여 이르되 왕이 우리를 원수의 손에서 구원하여 내셨고 또 우리를 블레셋 사람들의 손에서 구원하셨으나 이제 압살롬을 피하여 그 땅에서 나가셨고

9 All over the country they started quarrelling among themselves. "King David saved us from our enemies," they said to one another. "He rescued us from the Philistines, but now he has fled from Absalom and left the country.

19:9 이스라엘 모든 지파 백성들이 변론하여. '이스라엘'은 유다를 뺀 나머지 11지파 사람들을 의미한다. 압살롬을 왕으로 세운 사람들은 압살롬이 죽은 이후 왕에 대한 논의를 하였다. **왕이 우리를 원수의 손에서 구원하여 내셨고.** 그들은 다윗이 그들을 압제자로부터 구원하여 낸 사실을 말하였다. 그들이 지금 잘 살게 된 것은 다윗이 왕으로서 압제자들을 무찔렀기 때문이다.

10 우리가 기름을 부어 우리를 다스리게 한 압살롬은 싸움에서 죽었거늘 이제 너희가 어찌하여 왕을 도로 모셔 올 일에 잠잠하고 있느냐 하니라

10 We anointed Absalom as our king, but he has been killed in battle. So why doesn't somebody try to bring King David back?" The news of what the Israelites were saying reached King David. So he sent the priests Zadok and Abiathar to ask the leaders of Judah, "Why should you be the last to help bring the king back to his palace?

19:10 우리가 기름을 부어 우리를 다스리게 한 압살롬은 싸움에서 죽었거늘. 그들은 압살롬을 좋아하여 그를 왕으로 세웠지만 그가 싸움에서 죽었다. 그렇다면 이제 다시 다윗 왕을 그들의 왕으로 받아들여야 하지 않느냐고 말하였다. **너희가 어찌하여 왕을 도로 모셔 올 일에 잠잠하고 있느냐.** 다윗 왕이 예루살렘이 아니라 마하나임에 있으니 다시금 왕을 예루살렘으로 모시고 다윗이 자신들의 왕임을 선포하자고 말한다. 그러나 그 일에 앞장서는 사람이 없었다. 그래서 일이 진행되지 않고 있었다.

11 다윗 왕이 사독과 아비아달 두 제사장에게 소식을 전하여 이르되 너희는 유다 장로들에게 말하여 이르기를 왕의 말씀이 온 이스라엘이 왕을 왕궁으로 도로 모셔 오자 하는 말이 왕께 들렸거늘 너희는 어찌하여 왕을 궁으로 모시는 일에 나중이 되느냐

12 너희는 내 형제요 내 골육이거늘 너희는 어찌하여 왕을 도로 모셔오는 일에 나중이 되리요 하셨다 하고

11 Meanwhile all the Israelites had fled to their own homes.

12 You are my relatives, my own flesh and blood; why should you be the last to bring me back?"

19:11 유다 장로들에게 말하여 이르기를...이스라엘이 왕을 왕궁으로 도로 모셔오자 하는 말이 왕께 들렸거늘 너희는 어찌하여 왕을 궁으로 모시는 일에 나중이 되느냐. 다윗은 이스라엘에서 사람들이 논의한 내용을 첩보로 들었음이 분명하다. 이스라엘 사람들의 뜻을 안 다윗은 자신의 편에 서 있던 대제사장들을 통해 유다 장로들에게 자신의 뜻을 알렸다. 유다 장로들에게 특별히 자신의 뜻을 전한 것은 유다 사람들이 더 망설였기 때문일 것이다. 압살롬이 기브온에서 반란을 시작하였기 때문에 유다 사람들은 압살롬 반란의 최선봉에 섰을 것이다. 그렇기 때문에 다윗과 화해하는 것이 쉽지 않았다. 그들이 지은 죄를 생각하여 쉽게 나서지 않고 있었기에 다윗은 그들에게 더욱더 적극적으로 다가갔던 것이다.

13 너희는 또 아마사에게 이르기를 너는 내 골육이 아니냐 네가 요압을 이어서 항상 내 앞에서 지휘관이 되지 아니하면 하나님이 내게 벌 위에 벌을 내리시기를 바라노라 하셨다 하라 하여

13 David also told them to say to Amasa, "You are my relative. From now on I am putting you in charge of the army in place of Joab. May God strike me dead if I don't!"

19:13 아마사에게 이르기를...네가 요압을 이어서 항상 내 앞에서 지휘관이 되지 아니하면 하나님이 내게 벌 위에 벌을 내리시기를 바라노라. 다윗은 아마사에게 요압을 대신하여 군대장관이 되어줄 것을 제안하였다. 아주 파격적인 제안이다. 믿기지 않은 것이기 때문에 다윗은 하나님 앞에 맹세를 하면서 확신을 주었다. 일시적으로 군대장관이 되는 것도 아니고 '항상' 군대 장관이 되는 것이다. 변수가 생기기 전에는 아마사가 다윗의 군대장관으로 계속 있게 될 것이다.

14 모든 유다 사람들의 마음을 하나 같이 기울게 하매 그들이 왕께 전갈을 보내어 이르되 당신께서는 모든 부하들과 더불어 돌아오소서 한지라

14 David's words won the complete loyalty of all the men of Judah, and they sent him word to return with all his officials.

19:14 유다 사람들의 마음을 하나 같이 기울게 하매. 이전에는 다윗 지지파와 다윗 반

대파가 나뉘어 있었는데 다윗의 제안을 듣고 이제 모두 한 마음이 되어 다윗을 왕으로 받아들이게 된 것이다. 진정성 있는 말은 사람들의 마음을 움직인다. 이전에는 분명히 반대파가 있었으나 다윗의 말에 의해 모두 하나가 되었다. 화해가 어렵지만 진정성 있는 말로 다가갈 때 한 마음이 되고 화해를 이룰 수 있다. 어렵다고 말만 하고 있을 것이 아니라 진정성 있는 자세로 나가 화해를 시도하는 것이 중요하다.

> **15** 왕이 돌아와 요단에 이르매 유다 족속이 왕을 맞아 요단을 건너가게 하려고 길갈로 오니라
>
> **15** On his way back the king was met at the River Jordan by the men of Judah, who had come to Gilgal to escort him across the river.

19:15 유다 족속이 왕을 맞아 요단을 건너가게 하려고 길갈로 오니라. 이전에는 서로 칼을 겨누었던 사람들이다. 그러나 화해를 하니 멀리 요단강까지 나와서 맞이하는 관계가 되었다. 싸우려면 싸울 이유가 수없이 많다. 그러나 화해하려면 화해할 이유 또한 수없이 많다. 중요한 것은 마음이다. 우리의 마음이 화해하려는 마음을 가져야 한다. 특별히 신앙인 사이의 문제라면 더욱더 화해해야 한다.

신앙인 사이의 싸움은 하나님 입장에서 보면 '내가 이겨도 무너진 상대방이 하나님의 백성이기에 하나님의 백성이 상함'이요 '내가 져도 내가 하나님의 백성이니 하나님의 백성이 상함'이다. 그러니 어찌 하나님께서 신앙인의 피 터지는 싸움을 좋아하시겠는가? 싸움이 아니라 늘 화해를 도모해야 한다.

> **16** 바후림에 있는 베냐민 사람 게라의 아들 시므이가 급히 유다 사람과 함께 다윗 왕을 맞으러 내려올 때에
>
> **16** At the same time the Benjaminite Shimei son of Gera from Bahurim hurried to the Jordan to meet King David.

19:16 시므이가...다윗 왕을 맞으러 내려올 때. 시므이는 복귀하는 다윗을 맞이하기 위해 재빨리 움직였다. 다윗 왕이 압살롬을 피하여 도피할 때 다윗 일행에게 돌을 던지

며 욕을 한 자신의 죄가 있기 때문에 그 죄에 대한 용서를 구하기 위해 가장 먼저 움직였다.

17 베냐민 사람 천 명이 그와 함께 하고 사울 집안의 종 시바도 그의 아들 열다섯과 종 스무 명과 더불어 그와 함께 하여 요단 강을 밟고 건너 왕 앞으로 나아오니라

18 왕의 가족을 건너가게 하며 왕이 좋게 여기는 대로 쓰게 하려 하여 나룻배로 건너가니 왕이 요단을 건너가게 할 때에 게라의 아들 시므이가 왕 앞에 엎드려

19 왕께 아뢰되 내 주여 원하건대 내게 죄를 돌리지 마옵소서 내 주 왕께서 예루살렘에서 나오시던 날에 종의 패역한 일을 기억하지 마시오며 왕의 마음에 두지 마옵소서

17 He had with him a thousand men from the tribe of Benjamin. And Ziba, the servant of Saul's family, also came with his fifteen sons and twenty servants, and they arrived at the Jordan before the king.

18 They crossed the river to escort the royal party across and to do whatever the king wanted.

19 and said, "Your Majesty, please forget the wrong I did that day you left Jerusalem. Don't hold it against me or think about it any more.

19:17 베냐민 사람 천 명이 그와 함께 하고. 시므이는 베냐민 지파 내에 유력한 사람이었기 때문에 베냐민에서 사람 천 명을 동원하여 다윗 일행을 맞이했다. 자신이 용서받기 위해 최선을 다하는 모습이다. 자신을 용서해야 베냐민 사람들도 다윗에게 더욱더 협력하게 될 것임을 암묵적으로 보여주는 측면도 있는 것 같다.

20 왕의 종 내가 범죄한 줄 아옵기에 오늘 요셉의 온 족속 중 내가 먼저 내려와서 내 주 왕을 영접하나이다 하니

21 스루야의 아들 아비새가 대답하여 이르되 시므이가 여호와의 기름 부으신 자를 저주하였으니 그로 말미암아 죽어야 마땅하지 아니하니이까 하니라

21 As the king was getting ready to cross, Shimei threw himself down in front of him

20 I know, sir, that I have sinned, and this is why I am the first one from the northern

tribes to come and meet Your Majesty today." Abishai son of Zeruiah spoke up: "Shimei should be put to death because he cursed the one whom the Lord chose as king."

19:20 내가 범죄한 줄 아옵기에. 시므이는 자신의 죄를 알았다. 그래서 다윗 앞에 가장 먼저 와서 엎드려 말하고 있다. 그러자 다윗 옆에 있던 아비새 장군은 시므이를 죽여야 한다고 강력하게 주장하였다.

22 다윗이 이르되 스루야의 아들들아 내가 너희와 무슨 상관이 있기에 너희가 오늘 나의 원수가 되느냐 오늘 어찌하여 이스라엘 가운데에서 사람을 죽이겠느냐 내가 오늘 이스라엘의 왕이 된 것을 내가 알지 못하리요 하고

23 왕이 시므이에게 이르되 네가 죽지 아니하리라 하고 그에게 맹세하니라

22 But David said to Abishai and his brother Joab, "Who asked your opinion? Are you going to give me trouble? I am the one who is king of Israel now, and no Israelite will be put to death today."

23 And he said to Shimei, "I give you my word that you will not be put to death."

19:22 오늘 어찌하여 이스라엘 가운데에서 사람을 죽이겠느냐. 지금은 이스라엘이 화합해야 할 때이다. 전쟁으로 혼란한 때에 처벌을 한다면 상처받는 사람이 늘어날 것이요 혼란만 가중될 것이다. 그러기에 지금은 용서해야 할 때임을 말한다. 사실 다윗의 마음은 아비새와 같을 것이다. 다윗이 시므이에게 제일 화가 나 있을 것이다. 죽을 때 솔로몬에게 남긴 유언을 보면 다윗이 '시므이가 죄에 대해 처벌을 받아야 한다' 생각하고 있었음을 볼 수 있다. 그러나 다윗은 이곳에서 시므이를 용서하였다. **내가 오늘 이스라엘의 왕이 된 것을 내가 알지 못하리요.** 이전까지 시므이는 다윗을 적대하는 사람이었다. 그러나 지금은 다윗 앞에 와서 용서를 구하고 있다. 그는 이제 다윗의 백성이다. 그러니 다윗은 백성을 사랑하는 마음으로 용서한다고 말하였다.

24 사울의 손자 므비보셋이 내려와 왕을 맞으니 그는 왕이 떠난 날부터 평안히 돌아오는 날까지 그의 발을 맵시 내지 아니하며 그의 수염을 깎지 아니하며 옷을 빨지 아니하였더라

25 예루살렘에서 와서 왕을 맞을 때에 왕이 그에게 물어 이르되 므비보셋이여 네가 어찌하여 나와 함께 가지 아니하였더냐 하니

24 Then Mephibosheth, Saul's grandson, came down to meet the king. He had not washed his feet, trimmed his beard, or washed his clothes from the time the king left Jerusalem until he returned victorious.

25 When Mephibosheth arrived from Jerusalem to meet the king, the king said to him, "Mephibosheth, you didn't go with me. Why not?"

19:24 그는 왕이 떠난 날부터 평안히 돌아오는 날까지 그의 발을 맵시 내지 아니하며 그의 수염을 깎지 아니하며 옷을 빨지 아니하였더라. 므비보셋이 다윗에게 나왔는데 그 몰골이 상거지 모습이었다. '발을 맵시 내지 아니하며'는 발을 돌보지 않았다는 것으로서 아마 발을 씻지 않고 발톱을 깎지 않은 것을 말할 것이다. '수염을 깎지 아니하며'는 콧수염을 깎지 않아 수염이 입술을 덮고 있는 모습을 말할 것이다. 턱수염은 깎지 않아도 보기에 괜찮은데 콧수염은 깎지 않으면 아주 이상한 모습이었을 것이다. **왕이 떠난 날부터 평안히 돌아오는 날까지.** 므비보셋은 다윗이 예루살렘을 떠난 것을 슬퍼하며 그렇게 자신을 돌보지 않고 지내왔음을 온 몸이 증거가 되어 보여주었다.

26 대답하되 내 주 왕이여 왕의 종인 나는 다리를 절므로 내 나귀에 안장을 지워 그 위에 타고 왕과 함께 가려 하였더니 내 종이 나를 속이고

27 종인 나를 내 주 왕께 모함하였나이다 내 주 왕께서는 하나님의 사자와 같으시니 왕의 처분대로 하옵소서

26 He answered, "As you know, Your Majesty, I am crippled. I told my servant to saddle my donkey so that I could ride along with you, but he betrayed me.

27 He lied about me to Your Majesty, but you are like God's angel, so do what seems right to you.

19:26 왕과 함께 가려 하였더니 내 종이 나를 속이고. 므비보셋은 자신의 종 시바에게 속아서 다윗과 함께하지 못하였고 그래서 그 이후 줄곧 애통해 하며 지내왔다고 말하였다.

28 내 아버지의 온 집이 내 주 왕 앞에서는 다만 죽을 사람이 되지 아니하였나이까 그러나 종을 왕의 상에서 음식 먹는 자 가운데에 두셨사오니 내게 아직 무슨 공의가 있어서 다시 왕께 부르짖을 수 있사오리이까 하니라

28 All my father's family deserved to be put to death by Your Majesty, but you gave me the right to eat at your table. I have no right to ask for any more favours from Your Majesty."

19:28 내 아버지의 온 집이 내 주 왕 앞에서는 다만 죽을 사람이 되지 아니하였나이까. 므비보셋은 자신이 본래는 다윗을 죽이려는 사울 집안의 사람이기 때문에 죽어 마땅하지만 다윗의 은혜로 살아왔음을 상기한다. 그러니 지금 어떤 처분을 받는다 하여도 이전에 이미 받은 것만 생각해도 다윗에게 은혜 받은 것이라고 말하였다. 어떤 판단이라도 받아들이겠다는 의미다.

29 왕이 그에게 이르되 네가 어찌하여 또 네 일을 말하느냐 내가 이르노니 너는 시바와 밭을 나누라 하니

29 The king answered, "You don't have to say anything more. I have decided that you and Ziba will share Saul's property."

19:29 너는 시바와 밭을 나누라. 다윗은 순간 많은 고민을 하였을 것이다. 이전에 다윗은 므비보셋의 종인 시바의 말을 듣고 므비보셋의 재산을 시바에게 다 주었다. 자신이 도피할 때 시바가 갖다 준 음식은 매우 큰 힘이 되었었다. 그런데 지금 므비보셋의 말을 듣고 증거로서 그의 모습을 보니 므비보셋의 말이 맞는 것 같았다. 그러면 어떻게 하는 것이 맞을까? 다윗은 누가 옳은지를 결정하지 않았다. 아마 그 순간 그는 결정하지 못한 것으로 보인다. 누군가의 손을 들어주면 편할 것 같으나 잘못된 판단일 가능성이 있었다. 그러면 누군가는 큰 해를 입는 것이다. 그래서 다윗은 둘 다 이기는 방법을 택하였다. 재산을 반씩 갖는 것이다. 이것은 최소한 패배자는 만들지 않았다. 이것은 용서의 차원에서 보면 다윗이 둘 다 용서한 것이다. 누군가 한 명은 분명히 잘못하였지만 용서한 것이다.

30 므비보셋이 왕께 아뢰되 내 주 왕께서 평안히 왕궁에 돌아오시게 되었으니 그로 그 전부를 차지하게 하옵소서 하니라

31 길르앗 사람 바르실래가 왕이 요단을 건너가게 하려고 로글림에서 내려와 함께 요단에 이르니

30 "Let Ziba have it all," Mephibosheth answered. "It's enough for me that Your Majesty has come home safely."

31 Barzillai, from Gilead, had also come down from Rogelim to escort the king across the Jordan.

19:30 내 주 왕께서 평안히 왕궁에 돌아오시게 되었으니 그로 그 전부를 차지하게 하옵소서. 불평하는 말이 아니라 다윗의 판결을 받아들이는 말이다. 므비보셋은 '다윗이 돌아오게 된 것'을 더 기뻐하였다. 돌아온 왕에게 화해와 용서는 중요하다. 그래서 므비보셋은 자신이 옳다고 계속 주장하지 않고 억울할 수 있어도 다윗의 판결을 기쁨으로 받아들였다. 다윗의 용서를 자신도 받아들이고 용서한 것이다.

세상에서 모든 것을 정확하게 판단해야 한다면 화해와 용서가 힘들 것이다. 우리의 무지 때문에 정확히 판단하는 것이 불가능하기 때문이다. 그래서 때로는 자신이 옳아도 서로 패배자가 없는 방식으로 해결방식을 찾는 것은 좋은 방법 중에 하나이다. 끝까지 옳은 것을 가리면 오히려 모두 패배자가 되기 쉽다.

32 바르실래는 매우 늙어 나이가 팔십 세라 그는 큰 부자이므로 왕이 마하나임에 머물 때에 그가 왕을 공궤하였더라

32 Barzillai was a very old man, 80 years old. He was very rich and had supplied the king with food while he was staying at Mahanaim.

19:32 바르실래는...큰 부자이므로 왕이 마하나임에 머물 때에 그가 왕을 공궤하였더라. 바르실래는 다윗이 마하나임에 있을 때 자신의 모든 것을 다하여 섬겼다. 그리고 다윗이 예루살렘에 돌아갈 때도 요단강까지 나와서 배웅하였다.

33 왕이 바르실래에게 이르되 너는 나와 함께 건너가자 예루살렘에서 내가 너를 공궤하리라

34 바르실래가 왕께 아뢰되 내 생명의 날이 얼마나 있사옵겠기에 어찌 왕과 함께 예루살렘으로 올라가리이까

33 The king said to him, "Come with me to Jerusalem, and I will take care of you."

34 But Barzillai answered, "I haven't long to live; why should I go with Your Majesty to Jerusalem?

19:33 너는 나와 함께 건너가자 예루살렘에서 내가 너를 공궤하리라. 다윗은 바르실래의 헌신에 참으로 감사하여 자신이 조금이나마 보답하기 위해 예루살렘에 같이 가자고 제안하였다.

35 내 나이가 이제 팔십 세라 어떻게 좋고 흉한 것을 분간할 수 있사오며 음식의 맛을 알 수 있사오리이까 이 종이 어떻게 다시 노래하는 남자나 여인의 소리를 알아들을 수 있사오리이까 어찌하여 종이 내 주 왕께 아직도 누를 끼치리이까

35 I am already eighty years old, and nothing gives me pleasure any more. I can't taste what I eat and drink, and I can't hear the voices of singers. I would only be a burden to Your Majesty.

19:35 내 나이가 이제 팔십 세라. 자신이 나이가 많기 때문에 다윗과 함께 가지 않겠다고 대답하였다. **어떻게 좋고 흉한 것을 분간할 수 있사오며 음식의 맛을 알 수 있사오리이까.** 그는 이제 나이가 많아 아무리 좋아도 좋은지를 모른다고 대답하였다. 그러나 나이가 많은 사람들을 보면 오히려 더 욕심내는 사람들이 많다. 그 나이가 되어도 좋은 것은 여전히 좋은 것이다. 아니 어쩌면 그것에 더 집착하기도 한다. 바르실래의 의도는 다른 곳에 있는 것 같다. **어찌하여 종이 내 주 왕께 아직도 누를 끼치리이까.** 가장 중요한 이유는 이것 같다. 자신이 다윗을 많이 도왔다 하여 예루살렘에서 대접을 받으려 하면 그것이 오히려 다윗에게 '짐'이 될 수 있다고 생각한 것 같다. 자신이 섬긴 것은 섬긴 것으로 족할 뿐 다윗에게 받으려고 한 것이 아니기 때문에 깨끗이 물러나려는 것이다.

36 당신의 종은 왕을 모시고 요단을 건너려는 것뿐이거늘 왕께서 어찌하여 이같은 상으로 내게 갚으려 하시나이까

37 청하건대 당신의 종을 돌려보내옵소서 내가 내 고향 부모의 묘 곁에서 죽으려 하나이다 그러나 왕의 종 김함이 여기 있사오니 청하건대 그가 내 주 왕과 함께 건너가게 하시옵고 왕의 처분대로 그에게 베푸소서 하니라

38 왕이 대답하되 김함이 나와 함께 건너가리니 나는 네가 좋아하는 대로 그에게 베풀겠고 또 네가 내게 구하는 것은 다 너를 위하여 시행하리라 하니라

36 I don't deserve such a great reward. So I will go just a little way with you beyond the Jordan.

37 Then let me go back home and die near my parents' grave. Here is my son Chimham, who will serve you; take him with you, Your Majesty, and do for him as you think best."

38 The king answered, "I will take him with me and do for him whatever you want. And I will do for you anything you ask."

19:36 어찌하여 이같은 상으로 내게 갚으려 하시나이까. 바르실래는 다윗에게 상을 받으려고 한 것이 아니었다. 그러기에 다윗의 상을 거절하였다.

39 백성이 다 요단을 건너매 왕도 건너가서 왕이 바르실래에게 입을 맞추고 그에게 복을 비니 그가 자기 곳으로 돌아가니라

39 Then David and all his men crossed the Jordan. He kissed Barzillai and gave him his blessing, and Barzillai went back home.

19:39 그가 자기 곳으로 돌아가니라. 바르실래는 다윗을 열심히 섬겼다. 그리고 섬김으로 상을 받기보다는 섬긴 것으로 만족하였다. 그렇게 섬기고 깨끗이 떠났다. 떠나는 그의 뒷모습이 아름답다. 이 땅에서 우리가 어떤 선한 일을 하면 사람들은 상을 받으려는 경향이 있다. 사실 세상은 늘 상과 관련이 있다. 그런데 신앙인은 그러한 상에 매이지 않도록 해야 한다. 그러한 상은 오히려 공로주의가 될 수 있다. 상은 좋은 것이지만 변질되고 배금주의가 되기 쉽다. 그래서 신앙인은 오직 진정한 심판과 상은 하나님께서 하신다는 것을 알고 오직 하나님께서 주시는 상을 생각해야 한다. 세상의 상에 대해서는 바르실래처럼 내려놓는 것이 더 아름답다.

40 왕이 길갈로 건너오고 김함도 함께 건너오니 온 유다 백성과 이스라엘 백성의 절반이나 왕과 함께 건너니라

40 When the king had crossed, escorted by all the people of Judah and half the people of Israel, he went on to Gilgal, and Chimham went with him.

19:40 온 유다 백성과 이스라엘 백성의 절반이나 왕과 함께 건너니라. 대부분 압살롬의 편에 섰던 유다 지파의 모든 사람들이 돌아서서 다윗과 함께하였고 이스라엘의 열 지파는 다윗 편에 섰던 사람들만 함께 요단강을 건넜다. 그래서 '이스라엘의 절반이나 왕과 함께 건너니라'고 말하고 있다. 그런데 강을 건너고 나서 이스라엘 지파 사람들이 불평하였다.

41 온 이스라엘 사람이 왕께 나아와 왕께 아뢰되 우리 형제 유다 사람들이 어찌 왕을 도둑하여 왕과 왕의 집안과 왕을 따르는 모든 사람을 인도하여 요단을 건너가게 하였나이까 하매

41 Then all the Israelites went to the king and said to him, "Your Majesty, why did our brothers, the men of Judah, think they had the right to take you away and escort you, your family, and your men across the Jordan?"

19:41 온 이스라엘 사람이 왕께 나아와 왕께 아뢰되 우리 형제 유다 사람들이 어찌 왕을 도둑하여...건너가게 하였나이까. '온 이스라엘 사람'은 다윗과 함께하고 있던 이스라엘 사람들이거나 아니면 아직 합류하지 않은 이스라엘 지파의 대표들을 의미할 것이다. 그들이 볼 때 유다 지파 사람들이 하는 행동이 얄미웠다. 유다 지파 사람들이 다윗을 그렇게 적대시하고 이제 대세가 기울어지자 제일 먼저 와서 다윗과 함께하고 있는 모습이 미워 보였다. 그래서 항의하고 있는 것이다. **어찌 왕을 도둑하여.** 그들이 보기에는 유다 지파 사람들이 왕을 도둑질하는 것처럼 보였다. 이전에는 적대시하다가 이제 자신들의 왕이 죽자 다윗을 빼내어 자신들의 왕으로 삼으려는 거짓된 사람들로 보였던 것이다.

42 모든 유다 사람이 이스라엘 사람에게 대답하되 왕은 우리의 종친인 까닭이라 너희가 어찌 이 일에 대하여 분 내느냐 우리가 왕의 것을 조금이라도 얻어 먹었느냐 왕께서 우리에게 선물로 주신 것이 있느냐

42 The men of Judah answered, "We did it because the king is one of us. So why should this make you angry? He hasn't paid for our food nor has he given us anything."

19:42 왕은 우리의 종친인 까닭이라. 같은 지파 사람들이기에 먼저 나와서 마중하는 것일 뿐이라고 말한다. **우리가 왕의 것을 조금이라도 얻어 먹었느냐 왕께서 우리에게 선물로 주신 것이 있느냐.** 이스라엘 지파 사람들이 자신들을 속물로 여기는데 자신들은 사실 실제적으로 왕으로부터 어떤 선물도 받은 것이 없다고 주장하였다.

43 이스라엘 사람이 유다 사람에게 대답하여 이르되 우리는 왕에 대하여 열 몫을 가졌으니 다윗에게 대하여 너희보다 더욱 관계가 있거늘 너희가 어찌 우리를 멸시하여 우리 왕을 모셔 오는 일에 먼저 우리와 의논하지 아니하였느냐 하나 유다 사람의 말이 이스라엘 사람의 말보다 더 강경하였더라

43 The Israelites replied, "We have ten times as many claims on King David as you have, even if he is one of you. Why do you look down on us? Don't forget that we were the first to talk about bringing the king back!" But the men of Judah were more violent in making their claims than the men of Israel.

19:43 우리는 왕에 대하여 열 몫을 가졌으니 다윗에게 대하여 너희보다 더욱 관계가 있거늘 너희가 어찌 우리를 멸시하여 우리 왕을 모셔 오는 일에 먼저 우리와 의논하지 아니하였느냐. 이것을 통해 볼 때 지금 항의하는 사람들은 이스라엘 지파들의 대표인 것 같다. **열 몫을 가졌으니.** 아마 유다는 유다에 분배된 땅 안에 살던 시므이 지파까지 합하고 나머지 이스라엘의 열 지파를 말하는 것 같다. 그들은 열이나 되고 유다는 한 몫인데 어찌 하나가 열과 상의하지 않고 행동하는지를 물었다. 그것은 자신들을 멸시하는 행위라고 주장하였다.

명분 싸움을 하면 한이 없다. 유다와 북이스라엘은 서로 자신들이 옳다고 명분 싸움을 하고 있다. 사실 그들은 모두 이전에 다윗을 버리고 다윗과 싸웠던 사람들인데 이제 와서 다윗과 서로 더 가깝다고 주장하고 있는 것이다. 사실 이것은 자신들의 이익을 위하여 상대 지파와 치열하게 싸우고 있는 것이다.

20장

세바의 반란

1 마침 거기에 불량배 하나가 있으니 그의 이름은 세바인데 베냐민 사람 비그리의 아들이었더라 그가 나팔을 불며 이르되 우리는 다윗과 나눌 분깃이 없으며 이새의 아들에게서 받을 유산이 우리에게 없도다 이스라엘아 각각 장막으로 돌아가라 하매

1 There happened to be in Gilgal a worthless character named Sheba son of Bikri, of the tribe of Benjamin. He blew the trumpet and called out, "Down with David! We won't follow him! Men of Israel, let's go home!"

20:1 다윗이 예루살렘으로 복귀하고 있었다. 이때 요단강에 유다 지파에서 많은 사람이 와 마중한 것이 문제가 되어 유다 지파 사람과 이전의 북이스라엘 지파 사람들 사이에 다툼이 생겼다. **마침 거기에 불량배 하나가 있으니 그의 이름은 세바인데 베냐민 사람 비그리의 아들이었더라.** 세바는 베냐민 지파의 대표인 것으로 보인다. 그런데 성경은 그를 '불량배'라고 말한다. '건달' '무뢰한' 등으로 번역하기도 하며 이 단어의 한글 이미지는 '뒷골목 깡패'지만 원어적 의미는 뉘앙스가 조금 다르다. 이것은 '무가치한' '악한' 등의 의미를 가지고 있다. 비방할 때 사용하는 말이다. 다윗이 예루살렘에서 도피할 때 시므온은 이 단어를 다윗에게 사용하였다. 이 단어는 어떤 일종의 평가로서 사용된 말이다. 세바는 나름대로 리더였다. 사람들을 이끌었다. 그러나 그에 대한 성경 저자의 평가는 '불량배'였다. 그의 리더십이 낳은 결과는 참으로 촌극에 불과하였다. 사람들은 욕심을 내어 큰 일을 해 보겠다고 말한다. 그러나 그들의 욕심이 만들어 내는 것은 대단한 어떤 것이 아니다. 아주 짧은 연극에 불과한 촌극일 뿐인 경우가 많다. **우리는 다윗과 나눌 분깃이 없으며 이새의 아들에게서 받을 유산이 우리에게 없도다.** 그는 유다 지파와 북이스라엘 지파 사이의 분리를 선포하였다.

2 이에 온 이스라엘 사람들이 다윗 따르기를 그치고 올라가 비그리의 아들 세바를

따르나 유다 사람들은 그들의 왕과 합하여 요단에서 예루살렘까지 따르니라

2 So the Israelites deserted David and went with Sheba, but the men of Judah remained loyal and followed David from the Jordan to Jerusalem.

20:2 온 이스라엘 사람들이 다윗 따르기를 그치고 올라가 비그리의 아들 세바를 따르나.
세바의 시도는 일정 부분 성공하였다. 많은 사람이 그를 따랐다. 세바는 왜 다윗을 대항하여 일어났을까? 그가 일어난 직접적인 계기는 유다 지파와 북이스라엘 지파들 사이의 반목이었다. 그것을 잘 이용한 것으로 보인다. 숫자로 생각하면 북이스라엘 사람이 훨씬 더 많다. 그러기에 북이스라엘 지파의 지지를 받으면 그가 왕이 되는 것은 아주 쉬운 일이었다. 중요한 것은 세바의 목적이다. 그가 다윗을 대항하여 일어난 그 배경에 하나님을 향한 경외가 없다. 그는 하나님을 믿는 이스라엘 백성이었는데 그가 하는 행동에는 하나님을 향한 어떤 것도 없다. 단지 자신의 숨겨진 욕심만 있는 것 같다. 이 시대 사람 중에 '하나님께서 다윗을 사울 시대에 기름을 부어 왕으로 세우셨다'는 사실을 모르는 사람은 아무도 없었을 것이다. 세바는 하나님께서 다윗을 왕으로 세우셨다는 사실을 그의 행동에 전혀 고려하지 않았다. 세바는 결국 불량배로 불리는 의미 없으며 가치 없는 삶으로 마친다.

3 다윗이 예루살렘 본궁에 이르러 전에 머물러 왕궁을 지키게 한 후궁 열 명을 잡아 별실에 가두고 먹을 것만 주고 그들에게 관계하지 아니하니 그들이 죽는 날까지 갇혀서 생과부로 지내니라

3 When David arrived at his palace in Jerusalem, he took the ten concubines he had left to take care of the palace, and put them under guard. He provided for their needs, but did not have intercourse with them. They were kept confined for the rest of their lives, living like widows.

20:3 후궁 열 명을 잡아 별실에 가두고. 이것은 처벌의 의미보다는 보호의 의미다. 성막을 경계할 때도 이 단어를 사용한다. 압살롬이 저지른 죄를 눈물로 처리하고 있다.

4 왕이 아마사에게 이르되 너는 나를 위하여 삼 일 내로 유다 사람을 큰 소리로 불

러 모으고 너도 여기 있으라 하니라

5 아마사가 유다 사람을 모으러 가더니 왕이 정한 기일에 지체된지라

6 다윗이 이에 아비새에게 이르되 이제 비그리의 아들 세바가 압살롬보다 우리를 더 해하리니 너는 네 주의 부하들을 데리고 그의 뒤를 쫓아가라 그가 견고한 성읍에 들어가 우리들을 피할까 염려하노라 하매

7 요압을 따르는 자들과 그렛 사람들과 블렛 사람들과 모든 용사들이 다 아비새를 따라 비그리의 아들 세바를 뒤쫓으려고 예루살렘에서 나와

4 The king said to Amasa, "Call the men of Judah together and be back here with them by the day after tomorrow."

5 Amasa went to call them, but he did not get back by the time the king had set.

6 So the king said to Abishai, "Sheba will give us more trouble than Absalom. Take my men and go after him, or else he may occupy some fortified towns and escape from us."

7 So Joab's men, the royal bodyguard, and all the other soldiers left Jerusalem with Abishai to go after Sheba.

20:4 아마사에게 이르되 너는 나를 위하여 유다 사람을 큰 소리로 불러 모으고. 요압은 다윗이 왕으로 있을 때 거의 모든 시간을 군대장관으로 있었다. 그런데 압살롬과의 전쟁에서 왕의 명령을 어겼기 때문에 강등되었고 아마사가 군대장관이 되었다. 다윗은 새로 군대장관이 된 아마사에게 '유다 지파에서 군사를 모집하여 오라'고 하였다. 그런데 지체되어 그는 조금 늦게 합류하였다.

8 기브온 큰 바위 곁에 이르매 아마사가 맞으러 오니 그 때에 요압이 군복을 입고 띠를 띠고 칼집에 꽂은 칼을 허리에 맸는데 그가 나아갈 때에 칼이 빠져 떨어졌더라

8 When they reached the large rock at Gibeon, Amasa met them. Joab was dressed for battle, with a sword in its sheath fastened to his belt. As he came forward, the sword fell out.

20:8 늦게 합류하는 아마사를 요압이 맞이하고 있다. 전쟁에 나갔기 때문에 칼집에 꽂은 칼을 허리에 매고 있었다. **그가 나아갈 때에 칼이 빠져 떨어졌더라.** 요압이 아마사를 죽이는 칼에 대해 자세히 묘사한다. '칼이 떨어졌다'는 것은 2가지로 해석할 수 있다. 1.칼이 땅에 떨어졌다. 2.칼이 칼집에서 빠져 군복 안에 걸쳐 있었다.

9 요압이 아마사에게 이르되 내 형은 평안하냐 하며 오른손으로 아마사의 수염을 잡고 그와 입을 맞추려는 체하매

9 Joab said to Amasa, "How are you, my friend?" and took hold of his beard with his right hand in order to kiss him.

20:9 오른손으로 아마사의 수염을 잡고 그와 입을 맞추려는 체하매. 요압은 아마사를 만나 자연스럽게 오른손으로 수염을 잡으면서 입맞춤을 하려는 듯하였다.

10 아마사가 요압의 손에 있는 칼은 주의하지 아니한지라 요압이 칼로 그의 배를 찌르매 그의 창자가 땅에 쏟아지니 그를 다시 치지 아니하여도 죽으니라 요압과 그의 동생 아비새가 비그리의 아들 세바를 뒤쫓을새

11 요압의 청년 중 하나가 아마사 곁에 서서 이르되 요압을 좋아하는 자가 누구이며 요압을 따라 다윗을 위하는 자는 누구냐 하니

12 아마사가 길 가운데 피 속에 놓여 있는지라 그 청년이 모든 백성이 서 있는 것을 보고 아마사를 큰길에서부터 밭으로 옮겼으나 거기에 이르는 자도 다 멈추어 서는 것을 보고 옷을 그 위에 덮으니라

13 아마사를 큰길에서 옮겨가매 사람들이 다 요압을 따라 비그리의 아들 세바를 뒤쫓아가니라

10 Amasa was not on guard against the sword that Joab was holding in his other hand, and Joab stabbed him in the belly, and his entrails spilt out on the ground. He died immediately, and Joab did not have to strike again. Then Joab and his brother Abishai went on after Sheba.

11 One of Joab's men stood by Amasa's body and called out, "Everyone who is for Joab and David follow Joab!"

12 Amasa's body, covered with blood, was lying in the middle of the road. Joab's man saw that everybody was stopping, so he dragged the body from the road into the field and threw a blanket over it.

13 After the body had been removed from the road, everyone followed Joab in pursuit of Sheba.

20:10 요압의 손에 있는 칼은 주의하지 아니한지라 요압이 칼로 그의 배를 찌르매. 보통 칼을 오른손에 잡는다. 그러니 오른손으로 수염을 잡으며 인사하는 요압을 아마사가 경계하지 않은 것이다. 그런데 그의 왼손이 단검으로 아마사를 찔렀다. 그의 단검

이 어디에 있었는지는 8절 해석에 따라 다르다. 1.땅에 떨어진 것을 주었다. 2.옷에 걸쳐 있는 것을 사용하였다. 3.땅에 떨어졌기에 또 다른 하나의 칼을 가지고 있었다. 여하튼 중요한 것은 요압은 아마사를 의도적으로 죽였다는 것이다. 그것을 아주 자세히 묘사하고 있다. 사람들이 욕심으로 무엇을 계획하고 어떻게 실행하는지를 설명하는 듯하다. 이 과정에 요압이 얼마나 많이 생각했을까? 이 살인은 성공하였다. 요압은 다시 군대장관이 되었다. 그러나 그것이 무슨 의미가 있을까? 그도 '불량배'에 불과하다. 요압은 자신이 군대장관 자리에서 내려앉은 것을 아주 못 마땅하게 생각하였다. 하지만 다윗에게 항의하지 못하고 대신 군대장관에 앉은 아마사를 자기 멋대로 죽였다. 아주 악한 행동이다. 이것이 이후 솔로몬 때에 죽임을 당하는 직접적인 이유가 된다. 요압은 자신의 욕심 때문에 아마사를 죽였다. 그것은 다윗에게 매우 큰 해가 될 뻔한 사건이다. 유다 지파 전체가 다윗에게 등을 돌릴 수 있는 사건이다. 요압은 오직 자신의 욕심을 위하여 다윗을 위험에 빠트릴 뻔했다. 그리고 무엇보다 죄 없는 한 사람을 속임수로 죽였다.

14 세바가 이스라엘 모든 지파 가운데 두루 다녀서 아벨과 벧마아가와 베림 온 땅에 이르니 그 무리도 다 모여 그를 따르더라

14 Sheba passed through the territory of all the tribes of Israel and came to the city of Abel Beth Maacah, and all the members of the clan of Bikri assembled and followed him into the city.

20:14 아벨. 갈릴리 호수 북쪽 도시 단의 옆 쪽에 있는 도시다. 사람들을 모았지만 그리 많이 모이지는 않은 것 같다. 세바는 모은 사람들을 이끌고 아벨에 들어갔다.

15 이에 그들이 벧마아가 아벨로 가서 세바를 에우고 그 성읍을 향한 지역 언덕 위에 토성을 쌓고 요압과 함께 한 모든 백성이 성벽을 쳐서 헐고자 하더니

15 Joab's men heard that Sheba was there, and so they went and besieged the city. They built ramps of earth against the outer wall and also began to dig under the wall to make it fall down.

20:15 성벽을 쳐서 헐고자 하더니. 요압은 아벨을 에워싸고 경사로를 만들어 성벽을 헐며 공격하였다. 세바는 세력이 약하여 성 안으로 들어가 수비하였다. 요압은 성에 대한 전면적 공격을 단행하였다. 세바의 반란으로 세바를 따르는 군사들과 아벨 성의 사람들 그리고 그를 공격하는 다윗의 군대는 전쟁으로 인해 죽음을 앞두게 되었다. 사실 바로 이전까지 그들은 함께 동료였던 사람들이다. 같은 이스라엘 백성이다. 싸우는 군사들은 다윗을 미워하여 세바 편에 있는 것도 아니요 세바를 미워하여 다윗 편에 있는 것도 아닐 것이다. 지도자들에 의해 싸우고 있는 것이다. 세바의 욕심이 이 전쟁의 가장 큰 원인이다.

세상의 수많은 싸움이 있다. 그 안에서 욕심이 결정적 역할을 한다. 욕심이 구석구석에서 힘을 발휘하여 싸움을 이어가게 한다. 다윗의 밧세바 사건부터 이 사건까지 한 덩어리다. 11장-20장은 다윗에게는 지우고 싶은 역사일 것이다. 부끄러운 역사다. 다윗이 밧세바를 욕심낸 것이 이후의 슬픈 역사의 원인이 되었던 것처럼 이 사건이 진행되는 과정에서도 곳곳에서 사람들의 과한 욕심이 사건을 이어가게 한다.

---

16 그 성읍에서 지혜로운 여인 한 사람이 외쳐 이르되 들을지어다 들을지어다 청하건대 너희는 요압에게 이르기를 이리로 가까이 오라 내가 네게 말하려 하노라 한다 하라

17 요압이 그 여인에게 가까이 가니 여인이 이르되 당신이 요압이니이까 하니 대답하되 그러하다 하니라 여인이 그에게 이르되 여종의 말을 들으소서 하니 대답하되 내가 들으리라 하니라

18 여인이 말하여 이르되 옛 사람들이 흔히 말하기를 아벨에게 가서 물을 것이라 하고 그 일을 끝내었나이다

16 There was a wise woman in the city who shouted from the wall, "Listen! Listen! Tell Joab to come here; I want to speak with him."

17 Joab went, and she asked, "Are you Joab?" "Yes, I am," he answered. "Listen to me, sir," she said. "I'm listening," he answered.

18 She said, "Long ago they used to say, 'Go and get your answer in the city of Abel'— and that's just what they did.

20:16 지혜로운 여인 한 사람이 외쳐 이르되. 전쟁으로 어쩔 수 없이 많은 사람이 죽

어야 할 것 같다. 남자들의 싸움에서 한 여인이 할 수 있는 것은 거의 없다. 그러나 이 여인은 모든 남자가 할 수 있는 것보다 더 위대한 일을 하게 된다.

> 19 나는 이스라엘의 화평하고 충성된 자 중 하나이거늘 당신이 이스라엘 가운데 어머니 같은 성을 멸하고자 하시는도다 어찌하여 당신이 여호와의 기업을 삼키고 자 하시나이까 하니
>
> 19 Ours is a great city, one of the most peaceful and loyal in Israel. Why are you trying to destroy it? Do you want to ruin what belongs to the Lord?"

20:19 어찌하여 당신이 여호와의 기업을 삼키고자 하시나이까. 사람들은 욕심을 감추고 있다. 그래서 때로는 이유도 모르고 욕심에 묻혀 함께 망한다. 그러나 여인은 감추어진 것을 조금 더 드러내는 지혜를 가지고 있었다.

> 20 요압이 대답하여 이르되 결단코 그렇지 아니하다 결단코 그렇지 아니하다 삼키 거나 멸하거나 하려 함이 아니니
>
> 20 "Never!" Joab answered. "I will never ruin or destroy your city!

20:20 결단코 그렇지 아니하다 결단코 그렇지 아니하다. 어찌 성을 멸하는 것이 사람들의 목적이 될 수 있겠는가? 그것을 강조하여 아니라고 말한다. 욕심은 응큼하게 숨어서 많은 사람들을 망하게 한다. 요압은 깜짝 놀라서 결코 그것이 아니라고 말하고 있다.

> 21 그 일이 그러한 것이 아니니라 에브라임 산지 사람 비그리의 아들 그의 이름을 세바라 하는 자가 손을 들어 왕 다윗을 대적하였나니 너희가 그만 내주면 내가 이 성벽에서 떠나가리라 하니 여인이 요압에게 이르되 그의 머리를 성벽에서 당신 에게 내어던지리이다 하고
>
> 21 That is not our plan. A man named Sheba son of Bikri, who is from the hill country of Ephraim, started a rebellion against King David. Hand over this one man, and I will

withdraw from the city." "We will throw his head over the wall to you," she said.

20:21 세바라 하는 자가 손을 들어 왕 다윗을 대적하였나니 너희가 그만 내주면 내가 이 성벽에서 떠나가리라. 싸움의 가장 큰 이유는 세바의 욕심이었다. 다른 사람들의 욕심도 조금은 섞여 있다. 그러나 가장 큰 이유는 세바의 욕심이다.

22 이에 여인이 그의 지혜를 가지고 모든 백성에게 나아가매 그들이 비그리의 아들 세바의 머리를 베어 요압에게 던진지라 이에 요압이 나팔을 불매 무리가 흩어져 성읍에서 물러나 각기 장막으로 돌아가고 요압은 예루살렘으로 돌아와 왕에게 나아가니라

22 Then she went to the people of the city with her plan, and they cut off Sheba's head and threw it over the wall to Joab. He blew the trumpet as a signal for his men to leave the city, and they went back home. And Joab returned to Jerusalem to the king.

20:22 이에 여인이 그의 지혜를 가지고 모든 백성에게 나아가매. 여인의 지혜는 세바의 욕심을 드러내고 해결책을 찾는 것이었을 것이다. 결국 세바를 죽이는 것을 모색하였다. **세바의 머리를 베어 요압에게 던진지라 이에...요압은 예루살렘으로 돌아와 왕에게 나아가니라.** 여인은 세바를 죽이도록 성 안의 사람들을 설득한 것 같다. 세바를 죽임으로 전쟁이 그치게 되었다. 지혜는 세우는 역할을 한다. 무엇인가를 파괴하고 누군가를 죽이는 것이 아니라 무엇인가를 세우고 사람을 세워준다면 그것이 진정한 지혜가 될 것이다.

23 요압은 이스라엘 온 군대의 지휘관이 되고 여호야다의 아들 브나야는 그렛 사람과 블렛 사람의 지휘관이 되고

24 아도람은 감역관이 되고 아힐룻의 아들 여호사밧은 사관이 되고

25 스와는 서기관이 되고 사독과 아비아달은 제사장이 되고

26 야일 사람 이라는 다윗의 대신이 되니라

23 Joab was in command of the army of Israel; Benaiah son of Jehoiada was in charge of David's bodyguard;

24 Adoniram was in charge of the forced labour; Jehoshaphat son of Ahilud was in charge of the records;

25 Sheva was the court secretary; Zadok and Abiathar were the priests,

26 and Ira from the town of Jair was also one of David's priests.

20:23 요압은 이스라엘 온 군대의 지휘관이 되고. 다윗이 분명 아마사를 군대장관으로 세웠고 아마사가 늦게 왔을 때 요압의 동생 아비새를 군대장관으로 하여 보냈다. 그런데 요압을 다시 군대장관으로 세웠다. 분명 여전히 압살롬의 죽음이나 아마사의 죽음에 대해 분노하고 있을텐데 요압을 군대장관으로 임명하여 끝까지 가게 된다. 다윗이 지혜를 생각했기 때문일 것이다. 자신의 마음의 욕심으로는 요압의 죄에 대해 묻고 싶겠지만 그것이 모두에게는 유익이 되지 못한다 생각하여 요압의 죄를 묻는 것을 나중으로 넘긴 것으로 보인다. 그래서 이후에 솔로몬에게 요압의 죄를 물을 것을 유언으로 남긴다. 훌륭한 지혜라 생각된다. 욕심은 세상을 파괴한다. 수많은 욕심이 숨겨진채 구석구석에서 세상을 파괴하고 있다. 그 속에서 지혜가 필요하다.

4부

다윗과 관련된
에피소드 6개 이야기

(21:1-24:25)

21장

사울의 죄와
블레셋 거인족과 싸운 영웅

사무엘하 마지막 부분인 21장-24장은 다윗이 왕으로 있던 시대에 있었던 추가적 사항에 대한 이야기다.

21장에는 두 에피소드가 나온다. 첫번째 에피소드(21:1-14)는 기브온 사람들이 당한 억울한 일에 대한 처리 이야기다. 사울의 죄가 남겨놓은 문제다. 두번째 에피소드(21:15-22)는 블레셋의 거인족과 싸워 이긴 네 명의 사람에 대한 이야기다. 다윗은 두운 사람이다. 다윗은 결코 혼자 일한 것이 아니다.

> 1 다윗의 시대에 해를 거듭하여 삼 년 기근이 있으므로 다윗이 여호와 앞에 간구하매 여호와께서 이르시되 이는 사울과 피를 흘린 그의 집으로 말미암음이니 그가 기브온 사람을 죽였음이니라 하시니라
>
> 1 During David's reign there was a severe famine which lasted for three full years. So David consulted the Lord about it, and the Lord said, "Saul and his family are guilty of murder; he put the people of Gibeon to death."

21:1 다윗의 시대에 해를 거듭하여 삼 년 기근이 있으므로. 다윗의 어떤 시대인지 명시되어 있지 않다. 아마 므비보셋을 불러들인 사건과 압살롬 사건 사이에 있었던 일인 것 같다. 밧세바와의 사건과 그 이후 징벌로 일어난 일들보다 앞선 사건일 것이다. 그러면서 또한 앞의 사건(압살롬 사건)과 주제에 있어 가장 관련성이 있는 사건이기도 하다.
사울과 피를 흘린 그의 집으로 말미암음이니 그가 기브온 사람을 죽였음이니라. 기근이 있어 그 원인을 찾았는데 사울이 기브온 사람을 부당하게 죽인 것 때문이었다. 아마 기브온 사람들은 그들이 당한 억울한 일 때문에 하나님께 기도하였을 것이다. 하나님께서 그것을 기억하고 계셨다가 그것에 대한 책임을 물으시는 것이다.

2 기브온 사람은 이스라엘 족속이 아니요 그들은 아모리 사람 중에서 남은 자라 이스라엘 족속들이 전에 그들에게 맹세하였거늘 사울이 이스라엘과 유다 족속을 위하여 열심이 있으므로 그들을 죽이고자 하였더라 이에 왕이 기브온 사람을 불러 그들에게 물으니라

3 다윗이 그들에게 묻되 내가 너희를 위하여 어떻게 하랴 내가 어떻게 속죄하여야 너희가 여호와의 기업을 위하여 복을 빌겠느냐 하니

4 기브온 사람이 그에게 대답하되 사울과 그의 집과 우리 사이의 문제는 은금에 있지 아니하오며 이스라엘 가운데에서 사람을 죽이는 문제도 우리에게 있지 아니하니이다 하니라 왕이 이르되 너희가 말하는 대로 시행하리라

5 그들이 왕께 아뢰되 우리를 학살하였고 또 우리를 멸하여 이스라엘 영토 내에 머물지 못하게 하려고 모해한 사람의

2 (The people of Gibeon were not Israelites; they were a small group of Amorites whom the Israelites had promised to protect, but Saul had tried to destroy them because of his zeal for the people of Israel and Judah.)

3 So David summoned the people of Gibeon and said to them, "What can I do for you? I want to make up for the wrong that was done to you, so that you will bless the Lord's people."

4 They answered, "Our quarrel with Saul and his family can't be settled with silver or gold, nor do we want to kill any Israelite." "What, then, do you think I should do for you?" David asked.

5 They answered, "Saul wanted to destroy us and leave none of us alive anywhere in Israel.

21:2 이스라엘 족속들이 전에 그들에게 맹세하였거늘. 여호수아 때 기브온 사람들이 죽을 뻔하였으나 그들을 죽이지 않기로 맹세하였었다. 맹세는 하나님의 이름으로 하였을 것이다. 그리고 이제 기브온 사람들이 성전에서 허드렛일을 하는 사람으로 섬겼다. 그래서 그들은 어떤 면에 있어서는 이스라엘 백성이다. 그러나 그들은 모여 살았기 때문에 여전히 이스라엘에서 이방인 취급을 당하였던 것으로 보인다. 사울은 신앙 때문이 아니라 민족주의적 열정 때문에 그들을 집단으로 죽였던 것 같다.

6 자손 일곱 사람을 우리에게 내주소서 여호와께서 택하신 사울의 고을 기브아에서 우리가 그들을 여호와 앞에서 목 매어 달겠나이다 하니 왕이 이르되 내가 내주

리라 하니라

7 그러나 다윗과 사울의 아들 요나단 사이에 서로 여호와를 두고 맹세한 것이 있으므로 왕이 사울의 손자 요나단의 아들 므비보셋은 아끼고

8 왕이 이에 아야의 딸 리스바에게서 난 자 곧 사울의 두 아들 알모니와 므비보셋과 사울의 딸 메랍에게서 난 자 곧 므홀랏 사람 바르실래의 아들 아드리엘의 다섯 아들을 붙잡아

6 So hand over seven of his male descendants, and we will hang them before the Lord at Gibeah, the town of Saul, the Lord's chosen king." "I will hand them over," the king answered.

7 But because of the sacred promise that he and Jonathan had made to each other, David spared Jonathan's son Mephibosheth, the grandson of Saul.

8 However, he took Armoni and Mephibosheth, the two sons that Rizpah the daughter of Aiah had borne to Saul; he also took the five sons of Saul's daughter Merab, whom she had borne to Adriel son of Barzillai, who was from Meholah.

21:6 일곱 사람을 우리에게 내주소서. 기브온 사람들은 사울의 자손 일곱 명을 요구하였다. 사실 기브온 사람들은 더 많이 죽었지만 상징적인 숫자로 일곱을 요구한 것으로 보인다.

9 그들을 기브온 사람의 손에 넘기니 기브온 사람이 그들을 산 위에서 여호와 앞에 목 매어 달매 그들 일곱 사람이 동시에 죽으니 죽은 때는 곡식 베는 첫날 곧 보리를 베기 시작하는 때더라

9 David handed them over to the people of Gibeon, who hanged them on the mountain before the Lord—and all seven of them died together. It was late in the spring, at the beginning of the barley harvest, when they were put to death.

21:9 여호와 앞에 목 매어 달매 그들 일곱 사람이 동시에 죽으니. 결국 사울 자손 일곱 명이 죽임을 당하였다. 사울이 저지른 죄가 여러 해 후에 이스라엘에 기근을 가져왔다. 죄는 사라지는 것이 아니다. 죄는 시간이 지나도 반드시 죄값을 치르게 되어 있다. 하나님이 없으면 죄값이라는 것도 없다. 그러나 정의로우신 하나님이 계시므로 모든 죄값이 치러져야 한다.

10 아야의 딸 리스바가 굵은 베를 가져다가 자기를 위하여 바위 위에 펴고 곡식 베기 시작할 때부터 하늘에서 비가 시체에 쏟아지기까지 그 시체에 낮에는 공중의 새가 앉지 못하게 하고 밤에는 들짐승이 범하지 못하게 한지라

10 Then Saul's concubine Rizpah, the daughter of Aiah, used sackcloth to make a shelter for herself on the rock where the corpses were, and she stayed there from the beginning of harvest until the autumn rains came. During the day she would keep the birds away from the corpses, and at night she would protect them from wild animals.

21:10 리스바가 굵은 베를 가져다가...하늘에서 비가 시체에 쏟아지기까지 그 시체에 낮에는 공중의 새가 앉지 못하게 하고. 처형된 7명의 사람 중에 두 사람이 리스바의 아들이었다. 리스바는 사울의 후궁이었는데 그는 갑자기 두 아들을 잃게 된 것이다. 시신은 비가 올 때까지 처리하지 못하도록 명령이 내려졌던 것으로 보인다. 리스바는 자신의 아들들의 시신이 짐승에 의해 훼손되지 않도록 밤낮으로 시신을 지켰다. '비가 시체에 쏟아지기까지' 지켰다고 말한다. 기간이 명시되지 않아 한 달이 걸렸을지 육 개월이 걸렸을지는 모른다. 이스라엘은 시신이 빨리 썩는 기후이기 때문에 시신이 썩는 냄새가 심하게 났을 것이다. 그러나 리스바는 아들들의 시신을 지키고자 하는 일념으로 시체 옆에서 밤을 새는 일을 계속 하였다.

11 이에 아야의 딸 사울의 첩 리스바가 행한 일이 다윗에게 알려지매

11 When David heard what Rizpah had done,

21:11 리스바가 행한 일이 다윗에게 알려지매. 다윗은 리스바의 일을 듣고 어머니의 모성애에 감동받았다. 그래서 리스바가 그렇게 지키고자 하였던 명예를 지킬 수 있게 해 주었다.

12 다윗이 가서 사울의 뼈와 그의 아들 요나단의 뼈를 길르앗 야베스 사람에게서 가져가니 이는 전에 블레셋 사람들이 사울을 길보아에서 죽여 블레셋 사람들이 벧산 거리에 매단 것을 그들이 가만히 가져온 것이라

13 다윗이 그 곳에서 사울의 뼈와 그의 아들 요나단의 뼈를 가지고 올라오매 사람

들이 그 달려 죽은 자들의 뼈를 거두어다가

12 he went and got the bones of Saul and of his son Jonathan from the people of Jabesh in Gilead. (They had stolen them from the public square in Beth Shan, where the Philistines had hanged the bodies on the day they killed Saul on Mount Gilboa.)

13 David took the bones of Saul and Jonathan and also gathered up the bones of the seven men who had been hanged.

21:12 사울의 뼈와 그의 아들 요나단의 뼈를 길르앗 야베스 사람에게서 가져가니. 다윗은 사울의 뼈와 자신이 사랑하고 존경하는 요나단의 뼈까지 가져다가 이번에 죽은 이들의 뼈와 함께 고향의 좋은 곳에 안치되게 하였다.

14 사울과 그의 아들 요나단의 뼈와 함께 베냐민 땅 셀라에서 그의 아버지 기스의 묘에 장사하되 모두 왕의 명령을 따라 행하니라 그 후에야 하나님이 그 땅을 위한 기도를 들으시니라

14 Then they buried the bones of Saul and Jonathan in the grave of Saul's father Kish, in Zela in the territory of Benjamin, doing all that the king had commanded. And after that, God answered their prayers for the country.

21:14 그 후에야 하나님이 그 땅을 위한 기도를 들으시니라. 땅이 정상적인 상황이 되어 결실을 맺는 상태가 된 것을 말한다. 사울의 죄가 있었다. 그 죄로 인하여 고통을 당한 기브온 사람들의 기도가 있었을 것이다. 사울의 죄 때문에 기근이 시작되었다. 죄는 그렇게 많은 것을 아프게 한다. 그런데 죄 속에서 빛나는 것이 있었으니 리스바의 사랑이었다. 아들들을 향한 모성애로 자녀들의 마지막 명예를 지켜주기 위해 자신의 모든 것을 희생하는 모습은 다윗의 마음을 감동시켰고 이스라엘 사람들을 감동시켰다. 그래서 죄인이었지만 사울 자손의 명예를 지켜줄 수 있게 되었다. 하나님께서 땅을 회복시켜 주셨다. 사랑이 죄의 아픔을 극복하였다. 수많은 죄가 가득한 이 땅에서 우리는 절망할 것이 아니라 사랑해야 한다. 죄로 아파하는 땅을 사랑으로 치유해야 한다.

15 블레셋 사람이 다시 이스라엘을 치거늘 다윗이 그의 부하들과 함께 내려가서 블레셋 사람과 싸우더니 다윗이 피곤하매

16 거인족의 아들 중에 무게가 삼백 세겔 되는 놋 창을 들고 새 칼을 찬 이스비브놉이 다윗을 죽이려 하므로

15 There was another war between the Philistines and Israel, and David and his men went and fought the Philistines. During one of the battles David grew tired.

16 A giant named Ishbibenob, who was carrying a bronze spear that weighed about three and a half kilogrammes and who was wearing a new sword, thought he could kill David.

21:16 이스라엘에게 군사적으로 가장 큰 대적은 블레셋이었다. 이스라엘은 블레셋의 압제 속에 있다가 사울 때에 조금 벗어났고 다윗 때에는 오히려 이겼다. 그 과정에는 여러 영웅이 있었기 때문에 가능했다. **거인족의 아들...이스비브놉이 다윗을 죽이려 하므로.** 블레셋은 이스라엘과의 싸움에서 다윗을 발견하고 다윗이 있는 곳에 싸움을 집중하였던 것으로 보인다. 거인족인 이스비브놉이 앞장서서 다윗을 죽이려 하였다.

17 스루야의 아들 아비새가 다윗을 도와 그 블레셋 사람을 쳐죽이니 그 때에 다윗의 추종자들이 그에게 맹세하여 이르되 왕은 다시 우리와 함께 전장에 나가지 마옵소서 이스라엘의 등불이 꺼지지 말게 하옵소서 하니라

17 But Abishai son of Zeruiah came to David's help, attacked the giant, and killed him. Then David's men made David promise that he would never again go out with them to battle. "You are the hope of Israel, and we don't want to lose you," they said.

21:17 아비새가 다윗을 도와 그 블레셋 사람을 쳐죽이니. 아비새가 이스비브놉과 싸워 죽임으로 다윗이 가까스로 살 수 있었다.
사람들은 보통 다윗이 골리앗과 싸워 이긴 전쟁만 기억한다. 그러나 이 전쟁에서는 다윗이 이스비브놉과의 싸움에서 힘든 싸움을 하고 있었는데 아비새가 그를 죽여서 싸움에서 이긴 이야기다. 이곳에 기록되어 있지 않으면 사람들은 알지도 못할 것이다. 그런데 이곳에 이렇게 기록되어 있어도 사실 이 사건을 아는 사람은 극히 드물다. 다윗이 골리앗과 싸워 이긴 것에 대해서 100명 중에 80명이 안다면 아비새가 골리앗과 같은 거인족과 싸워 이긴 것을 아는 사람은 100명 중에 1명도 안 될 것 같다. **왕은**

다시 우리와 함께 전쟁에 나가지 마옵소서 이스라엘의 등불이 꺼지지 말게 하옵소서. 장군들은 다윗이 위험에 처하였던 상황을 생각하며 다시는 위험에 처하지 않도록 전쟁터에 나가지 말 것을 요청하였다. 다윗이 싸움에 나가 골리앗과 싸워 이길 때가 있고 이제는 싸움에 나가지 말아야 할 때가 된 것이다. 이제는 다윗의 장군들이 싸움에 나가는 것이 더 효율적이다. 다윗이 죽으면 이스라엘이 무너지지만 장군이 죽으면 한 장군의 죽음으로 끝날 것이기 때문이다. 이전에는 다윗이 싸워야 했으나 이제는 다윗이 싸우지 말아야 한다. 그것이 이스라엘에 유익하였다.

18 그 후에 다시 블레셋 사람과 곱에서 전쟁할 때에 후사 사람 십브개는 거인족의 아들 중의 삽을 쳐죽였고

18 After this there was a battle with the Philistines at Gob, during which Sibbecai from Hushah killed a giant named Saph.

21:18 십브개는 거인족의 아들 중의 삽을 쳐 죽였고. 블레셋의 거인족과 싸워 이긴 사람이 또 있었다. 십브개는 블레셋의 거인 족과 싸워 이겼다.

19 또 다시 블레셋 사람과 곱에서 전쟁할 때에 베들레헴 사람 야레오르김의 아들 엘하난은 가드 골리앗의 아우 라흐미를 죽였는데 그 자의 창 자루는 베틀 채 같았더라

20 또 가드에서 전쟁할 때에 그 곳에 키가 큰 자 하나는 손가락과 발가락이 각기 여섯 개씩 모두 스물 네 개가 있는데 그도 거인족의 소생이라

19 There was another battle with the Philistines at Gob, and Elhanan son of Jair from Bethlehem killed Goliath from Gath, whose spear had a shaft as thick as the bar on a weaver's loom.

20 Then there was another battle at Gath, where there was a giant who loved to fight. He had six fingers on each hand and six toes on each foot.

21:19 엘하난은 가드 골리앗의 아우 라흐미를 죽였는데. 엘하난은 라흐미를 죽여 이스라엘을 구하였다.

21 그가 이스라엘 사람을 능욕하므로 다윗의 형 삼마의 아들 요나단이 그를 죽이니라

22 이 네 사람 가드의 거인족의 소생이 다윗의 손과 그의 부하들의 손에 다 넘어졌더라

21 He defied the Israelites, and Jonathan, the son of David's brother Shammah, killed him.

22 These four were descendants of the giants of Gath, and they were killed by David and his men.

21:21 다윗의 형 삼마의 아들 요나단이 그를 죽이니라. 요나단은 이름이 나오지 않은 거인족을 죽임으로 전쟁을 승리로 이끌었다.

이름도 잘 모르는 사람들이 나온다. 오늘날에는 이름이 매우 생소하다. 그러나 이 당시는 조금은 아는 사람들이 더 있었을 것이다. 그러나 다윗이 골리앗을 죽인 것만큼 유명하지는 않았을 것이다. 그래서 그들의 영웅담을 기억하도록 하기 위해 그들이 거인족을 죽인 것을 기록하고 있다. 영웅들은 기억되어야 하기 때문이다.

22장

다윗의 시

22-23장 7절은 다윗의 시다. 다윗의 생애에 대한 추가적인 것을 기록하면서 그가 쓴 시에 대해 말하지 않으면 그것이 이상할 것 같다. 그는 시인이었다. 신앙인은 때로 시인이 된다.

22장-23장 7절은 히브리 문법의 구조(키아즘, 교차대구법)로 생각할 때 여섯 개 에피소드의 중심이다. 또한 사무엘하 전체 주제를 잘 반영하는 내용이기도 하다.

> 1 여호와께서 다윗을 모든 원수의 손과 사울의 손에서 구원하신 그 날에 다윗이 이 노래의 말씀으로 여호와께 아뢰어
>
> 1 When the Lord saved David from Saul and his other enemies, David sang this song to the Lord:

22:1 여호와께서 다윗을 모든 원수의 손과 사울의 손에서 구원하신 그 날에 다윗이 이 노래. 다윗은 수많은 시를 남겼다. 그의 시는 '시'라는 문학작품이 아니라 '하나님과의 동행'이라는 신앙인의 실제적 삶이었다.

> 2 이르되 여호와는 나의 반석이시요 나의 요새시요 나를 위하여 나를 건지시는 자시요
>
> 3 내가 피할 나의 반석의 하나님이시요 나의 방패시요 나의 구원의 뿔이시요 나의 높은 망대시요 그에게 피할 나의 피난처시요 나의 구원자시라 나를 폭력에서 구원하셨도다
>
> 2 The Lord is my protector; he is my strong fortress.
>
> 3 My God is my protection, and with him I am safe. He protects me like a shield; he

defends me and keeps me safe. He is my saviour; he protects me and saves me from violence.

22:2-3 다윗은 여호와를 나의 반석, 요새, 방패, 구원의 뿔, 높은 망대, 피할 피난처 등의 이미지로 말한다. 6가지 이미지 중에 한 가지(구원의 뿔)만 공격용이고 나머지는 수비용이다. 다윗이 그만큼 많이 약자였고 도망자였다는 것을 볼 수 있다. 그렇게 약하였으나 하나님이 그를 보호하셔서 모든 어려움을 이기고 왕이 될 수 있었다. **구원의 뿔.** 강한 힘을 의미한다. 소와 사자가 싸우는 것을 보았다. 사자는 소를 공격하면서도 소의 뿔이 무서워 누워 버리곤 하였다. 몸이 조금만 높으면 뿔의 공격을 받기 때문이다. 다윗은 주로 약자였고 수비적인 위치였으나 끝내 공격을 받으면 소처럼 뿔로 상대방을 제압하였다. 그때 하나님께서 그에게 '구원의 뿔'이셨음을 고백하고 있다. **나의 하나님.** 2-3절에만 히브리어로 '나의'가 9번, '나를'이 2번 사용되었다. 이러한 이미지는 시적 표현으로만 사용된 것이 아니라 실제로 다윗이 경험한 삶이었다. 다윗에게 하나님은 멀리 계신 분이 아니라 자신과 아주 밀접한 관계 속에 함께 하시는 하나님이셨다. 하나님은 천지를 창조하신 결코 가까이할 수 없는 경외의 하나님이시다. 그러나 또한 우리를 지극히 사랑하셔서 우리와 함께 하시는 분이다. 그래서 하나님을 '나의 하나님'으로 경험하며 살아야 한다. 모든 것을 창조하시고 다스리시는 하나님의 실존을 내가 의식하지 못하고 살면 안 된다. 나와 상관 없는 분으로 살면 안 된다. 인생은 통치자 하나님을 얼마나 더 인식하며 살고 있는지, 자기 자신이 하나님과 얼마나 더 밀접한 관련 속에서 살아 가는지로 가치를 따질 수 있다. 하나님을 생각하지 않고 관련 없이 살고 있다면 무가치한 삶이다.

> 4 내가 찬송 받으실 여호와께 아뢰리니 내 원수들에게서 구원을 받으리로다
>
> 4 I call to the Lord, and he saves me from my enemies. Praise the Lord!

22:4 다윗은 하나님을 '나의 하나님'으로 알게 되었다. 알면 알수록 놀라워 '찬송 받으실 여호와'라고 말한다. '내 원수들에게서 구원을 받으리로다'라고 말한다. 높고 높으신 하나님께서 낮고 낮은 자신을 구원하시니 얼마나 놀라운 사랑인가? 특이한 것은 이러한 것이 모두 일어난 경험인데 과거형이 아니라 현재형과 미래형을 사용하고 있다는 것이다. 그것은 하나님의 인도하심이 과거의 일만이 아니라 그가 앞으로도 늘 경험할 일

임을 포함하고 있는 고백일 것이다. 우리는 하나님을 알아야 한다. 더 깊이 알아야 한다. 늘 더 깊이 알아가야 한다. 하나님을 아는 만큼, 경험한 만큼 복된 인생이 된다.

> 5 사망의 물결이 나를 에우고 불의의 창수가 나를 두렵게 하였으며
>
> 6 스올의 줄이 나를 두르고 사망의 올무가 내게 이르렀도다
>
> 5 The waves of death were all round me; the waves of destruction rolled over me.
>
> 6 The danger of death was round me, and the grave set its trap for me.

22:5 사망의 물결...불의의 창수. 바다에서 큰 물결에 숨이 막혀 보았는가? 그것이 사망의 불결이다. 계곡에서 갑자기 물이 쏟아져 오는 것을 본적이 있는가? 그것이 '물의의 창수'이다. 물은 악을 상징할 때가 많다. 주변 모두가 악의 물결로 가득하고, 갑자기 악의 일들이 쏟아져 오는 것을 경험하며 다윗은 그때마다 죽음을 실감하였다.

> 7 내가 환난 중에서 여호와께 아뢰며 나의 하나님께 아뢰었더니 그가 그의 성전에서 내 소리를 들으심이여 나의 부르짖음이 그의 귀에 들렸도다
>
> 7 In my trouble I called to the Lord; I called to my God for help. In his temple he heard my voice; he listened to my cry for help.

22:7 내가 환난 중에 여호와께 아뢰며. 다윗은 하나님께 기도하였다. 세상의 악한 파도와 물결을 보고 어떤 사람은 '어쩔 수 없다'라고 말한다. '어찌 세상의 파도를 피하거나 이길 수 있겠느냐'고 말한다. 그래서 세상과 타협한다. 그러나 다윗은 세상과 타협하지 않고 하나님께 기도하였다. 하나님께 피하였다. 세상의 파도는 그들 말대로 결코 피할 수 없다. 그러나 하나님께 피하면 세상의 파도를 피할 수 있다. 악의 물결을 피할 수 있다. **그가 그의 성전에서 내 소리를 들으심이여.** 세상에서 우리는 하나님을 볼 수 없다. 오직 세상의 파도와 물결만 보인다. 그러나 세상을 창조하신 하나님께서 '그의 성전'에 계신다. 그의 '성전'은 이 세상의 모든 것을 창조하신 자리다. 물질 세계를 넘어 존재한다. 우리는 결코 볼 수 없다. 그러나 하나님은 우리를 보고 계신다. 이 세상을 보고 통치하고 계시며 그 백성의 기도를 들으신다.

8 이에 땅이 진동하고 떨며 하늘의 기초가 요동하고 흔들렸으니 그의 진노로 말미암음이로다

9 그의 코에서 연기가 오르고 입에서 불이 나와 사름이여 그 불에 숯이 피었도다

10 그가 또 하늘을 드리우고 강림하시니 그의 발 아래는 어두캄캄하였도다

8 Then the earth trembled and shook; the foundations of the sky rocked and quivered because God was angry!

9 Smoke poured out of his nostrils, a consuming flame and burning coals from his mouth.

10 He tore the sky apart and came down, with a dark cloud under his feet.

22:8 땅이 진동하고 떨며 하늘의 기초가 요동하고. 땅은 결코 움직이지 않는다. 그런데 움직였다. **그의 진노로 말미암음이로다.** 하나님의 진노가 있을 때 움직인다. 세상에서 결코 불가능한 일이 있다. 그러나 하나님께서 일하시면 가능하다. '하나님의 힘'을 경험할 때 하나님의 실존을 만나게 된다.

11 그룹을 타고 날으심이여 바람 날개 위에 나타나셨도다

11 He flew swiftly on his winged creature; he travelled on the wings of the wind.

22:11 그룹을 타고 날으심이여. 하나님께서 하늘을 가르고 초월의 자리에서 물질의 자리로 내려오신다. 물질도 하나님께서 창조하셨기 때문에 물질 또한 하나님 나라의 일부분이다. 그래서 물질 세계의 자리로도 오신다.

12 그가 흑암 곧 모인 물과 공중의 빽빽한 구름으로 둘린 장막을 삼으심이여

13 그 앞에 있는 광채로 말미암아 숯불이 피었도다

12 He covered himself with darkness; thick clouds, full of water, surrounded him;

13 burning coals flamed up from the lightning before him.

22:12 모인 물과 공중의 빽빽한 구름으로 둘린 장막을 삼으심이여. 하늘의 시커먼 비구름을 말한다. 시내산에서 그 백성에게 임하실 때 빽빽한 검은 구름 가운데서 말씀하셨다.

14 여호와께서 하늘에서 우렛소리를 내시며 지존하신 자가 음성을 내심이여

15 화살을 날려 그들을 흩으시며 번개로 무찌르셨도다

16 이럴 때에 여호와의 꾸지람과 콧김으로 말미암아 물 밑이 드러나고 세상의 기초가 나타났도다

14 Then the Lord thundered from the sky, and the voice of Almighty God was heard.

15 He shot his arrows and scattered his enemies; with flashes of lightning he sent them running.

16 The floor of the ocean was laid bare, and the foundations of the earth were uncovered when the Lord rebuked his enemies and roared at them in anger.

22:14-15 14절은 '천둥'을 '지존하신 자의 음성'으로 15절에서는 '번개'를 '그 분의 화살'로 말한다. 16절에서는 '돌풍'을 '여호와의 콧김'으로 말한다. 세상의 모든 자연현상은 하나님의 힘을 보여준다. 그러한 것에서 우리는 하나님의 임재를 경험할 수 있다. 그러한 돌풍이 홍해(갈대바다)를 갈랐다. 갑작스러운 비구름이 이스라엘 군사를 살렸다. 자연의 힘이 하나님의 거룩한 도구가 되어 그 백성을 특별하게 살리는 일이 일어났다. 자연의 모든 것은 모든 사람을 위한 것이기도 하지만 또한 나를 위한 것이며 어떤 것은 나 한 사람을 위한 아주 특별한 선물이기도 하다.

17 그가 위에서 손을 내미사 나를 붙드심이여 많은 물에서 나를 건져내셨도다

17 The Lord reached down from above and took hold of me; he pulled me out of the deep waters.

22:17 위에서 손을 내미사 나를 붙드심이여. 다윗이 어려움을 당하였을 때 하나님께서 그에게 손을 내미사 건져 주셨다. 하나님은 전능하신 분이다. 세상을 통치하신다. 다윗의 하나님이다. 백성인 다윗이 어려움을 당할 때 결코 그냥 모른 척하지 않으셨다.

하나님께서 그에게 손을 내미시는 것을 다윗은 계속 경험하였다. **많은 물에서 나를 건져내셨도다.** 바다에서 또는 급류 속에 휘말려 다윗이 죽게 생겼을 때 위에서 헬리콥터가 떠서 사다리를 내려주듯이 하나님께서 다윗을 건져 주셨다. 구체적인 방법은 어떤 것이었을까? 구체적인 방법은 매우 다양하였을 것이다. 상황마다 그에 맞는 방식으로 구원하셨을 것이다. 어쩌면 우연 같았고 어쩌면 기적 같았을 것이다. 다윗은 그러한 모든 것을 '하나님의 구원'이라 말하고 있다.

> 18 나를 강한 원수와 미워하는 자에게서 건지셨음이여 그들은 나보다 강했기 때문이로다
>
> 18 He rescued me from my powerful enemies and from all those who hate me— they were too strong for me.

22:18 나를 강한 원수와 미워하는 자에게서 건지셨음이여. 그들은 강하였다. 그들은 다윗을 미워하였다. 그러나 그들은 다윗을 무너뜨리지 못하였다. 그들은 분명히 다윗보다 더 강하였으나 다윗을 무너뜨리지 못하였다.

> 19 그들이 나의 재앙의 날에 내게 이르렀으나 여호와께서 나의 의지가 되셨도다
>
> 19 When I was in trouble, they attacked me, but the Lord protected me.

22:19 그들이 나의 재앙의 날에 내게 이르렀으나. 다윗이 어려움에 처했을 때 더욱더 매섭게 다윗을 공격하였다. 그러나 그때 다윗은 더욱 분명하게 깨달았다. **여호와께서 나의 의지가 되셨도다.** 상대가 강하고 다윗이 약할수록 더욱더 드러나는 것은 '하나님'이셨다. 분명히 다윗은 무너질 것 같았다. 그러나 쓰러지지 않았다. 하나님께서 그를 도우셨기 때문임이 더욱더 드러나는 순간이다.

사람들은 '재앙의 날'에 힘들다고 아우성이다. 경제가 힘들다고 말한다. 그러나 사람들은 사실 재앙이 있어야 하늘을 보는 경향이 많다. 비가 잘 내리면 비를 주시는 하나님께 감사하지 않는다. 비가 안 내려야 비를 구하고 비를 주시는 하나님께 감사한다. 재앙이 있는 것이 문제가 아니라 재앙이 없는 것이 문제인 것을 더 많이 본다. 중

요한 것은 재앙이 아니라 하나님을 찾는 것이다. 재앙이 있어 하나님을 더 찾는다면 재앙은 좋은 것이다. 재앙의 날에 사람들은 힘 없는 나를 더 멀리하지만 오직 하나님은 우리에게 손을 내미신다. 아니 사실 이전부터 손을 내밀고 계셨는데 보지 못하다가 재앙의 날에 보이는 것이다. 하나님의 손을 잡으라. 그것이 재앙이 주는 축복이다.

> **20** 나를 또 넓은 곳으로 인도하시고 나를 기뻐하시므로 구원하셨도다
>
> **20** He helped me out of danger; he saved me because he was pleased with me.

22:20 나를 또 넓은 곳으로 인도하시고. 답답하게 조여오던 상황에서 '넓은 곳' 곧 '자유로운 상황'으로 나윗을 선지신 것을 고백하는 구절이다. 하나님께서 우리를 구원하시는 것을 실제로 경험해야 한다. 그런데 그러한 구원을 경험하는 것이 쉽지는 않다. 사실 역경을 만나면 누구나 구원받기 원할 것이다. 믿음 없는 사람조차도 하나님을 찾는 경우가 많다. **나를 기뻐하시므로 구원하셨도다.** 하나님께서 다윗을 기뻐하셨기 때문에 그를 구원하셨다. 이것은 이후에 말하는 다윗의 믿음에 대한 이야기다. 믿음이 좋은 사람이 하나님을 끝까지 믿음 안에서 구할 때가 가장 좋다. 그러나 믿음이 없는 사람이라 할지라도 진실함으로 하나님을 찾으면 그 사람도 하나님께서 기뻐하시는 사람이 된다는 것을 함께 기억해야 한다. 하나님은 탕자가 돌아오는 것을 결코 거절하신 적이 없다. 늘 매우 기뻐하신다. 그러니 진심으로 하나님을 찾으면 어느 순간이든 어느 사람이든 하나님은 그를 기뻐하실 것이다. 그를 구원하신다.

> **21** 여호와께서 내 공의를 따라 상 주시며 내 손의 깨끗함을 따라 갚으셨으니
>
> **21** The Lord rewards me because I do what is right; he blesses me because I am innocent.

22:21 여호와께서 내 공의를 따라 상 주시며. '내 공의'는 다윗의 무엇을 말하는 것이 아니다. 모든 의는 오직 하나님으로부터 나온다. 하나님의 말씀을 의미한다. 다윗이 하나님의 말씀을 지켰음을 의미한다. 다윗이 하나님의 말씀을 지키고 있기에 하나님께서 그를 구원하신 것을 말한다.

22 이는 내가 여호와의 도를 지키고 악을 행함으로 내 하나님을 떠나지 아니하였으며

22 I have obeyed the law of the Lord; I have not turned away from my God.

22:22 여호와의 도를 지키고. 다윗은 어려운 상황에서도 말씀을 지켰다. 어려워도 끝까지 말씀을 따라 진리를 지켰다. 악을 행하면 조금은 더 편한 길이 있을 수 있으나 그래도 말씀을 붙잡고 갔음을 말한다.

23 그의 모든 법도를 내 앞에 두고 그의 규례를 버리지 아니하였음이로다

23 I have observed all his laws; I have not disobeyed his commands.

22:23 모든 법도를 내 앞에 두고. 그는 상황에 따라 말씀을 취사선택하지 않고 모든 말씀을 지켰다. 어려워도 지켰다.

24 내가 또 그의 앞에 완전하여 스스로 지켜 죄악을 피하였나니

25 그러므로 여호와께서 내 의대로, 그의 눈앞에서 내 깨끗한 대로 내게 갚으셨도다

24 He knows that I am faultless, that I have kept myself from doing wrong.

25 And so he rewards me because I do what is right, because he knows that I am innocent.

22:24 내가 또 그의 앞에 완전하여. '완전하여'는 '완벽하다'는 것을 의미하는 것이 아니다. 말씀을 따르며 도덕적인 성숙함을 포함한다. 노아도 이 단어를 사용하여 '당대에 완전한 자라'는 말을 들었다. 아브라함에게는 하나님께서 '내 앞에서 행하여 완전하라'고 말씀하셨다. 우리는 하나님 앞에 부끄러운 모습으로 '죄를 행하면서 부끄럽다'고 말하는 것이 아니라 '완전'하여야 한다. 도덕적인 상당한 성숙이 없이 '부끄럽다'라고 말하면 그것은 부끄러움을 넘어 '창피한 것'이다. 축복을 받을 조건으로 다윗은 말씀에 순종하는 믿음을 말한다. 믿음은 '하나님의 신'되심을 믿는 것 만을 의미하는 것이 아니라 하나님의 말씀을 순종하는 것이 복인 것까지 믿는 것이다. 하나님의

뜻인 말씀을 신실하게 따라갈 때 하나님의 인도하심이 있음을 믿는 것이다. 그러기에 말씀을 따라가지 않으면 믿음이 없는 것이다.

> 26 자비한 자에게는 주의 자비하심을 나타내시며 완전한 자에게는 주의 완전하심을 보이시며
>
> 27 깨끗한 자에게는 주의 깨끗하심을 보이시며 사악한 자에게는 주의 거스르심을 보이시리이다
>
> 28 주께서 곤고한 백성은 구원하시고 교만한 자를 살피사 낮추시리이다
>
> 26 O Lord, you are faithful to those who are faithful to you, and completely good to those who are perfect.
>
> 27 You are pure to those who are pure, but hostile to those who are wicked.
>
> 28 You save those who are humble, but you humble those who are proud.

22:26 자비한 자에게는 주의 자비하심을 나타내며. '자비'보다는 '신실한'으로 번역하는 것이 더 나은 것 같다. 사람이 언약을 신실하게 지키면 하나님께서도 그를 구원하신다는 약속을 신실하게 지키신다는 말씀이다. 자신이 말씀에 신실하지 않으면서 하나님께 '구원하시라'고 강요하는 것은 거짓된 것이다. **완전한 자에게는 주의 완전하심을 보이시며.** 선한 사람이 선하신 하나님을 만날 수 있다. 자신이 악하면 선하신 하나님을 기대할 수 없다. 어찌 악한 곳에 하나님의 임재가 있겠는가? 하나님의 임재와 구원을 원한다면 부족하지만 하나님의 선하심을 원하고 추구해야 한다. 믿음은 관계다. 하나님과 그 백성으로서 관계다. 언약으로 맺어진 관계다. 다윗은 언약 안에서 하나님을 구하였다. 그가 언약을 지킨 것은 공로가 아니라 하나님을 구하는 방식이다. 거짓의 자리에 있으면 하나님을 찾는 것이 아니다. 진리의 자리에 있어야 하나님을 찾고 있는 것이다.

> 29 여호와여 주는 나의 등불이시니 여호와께서 나의 어둠을 밝히시리이다
>
> 29 You, Lord, are my light; you dispel my darkness.

22:29 여호와여 주는 나의 등불이시니. 눈으로 보지 않고 싸운다면 질 수밖에 없을 것이다. 싸우고자 한다면 분별할 수 있는 눈이 필요하다. 세상이 온통 어둡다면 눈이 없는 것과 같다. 세상은 어둡다. 그래서 등불이 필요하다. 여호와는 우리의 등불이다. 여호와의 말씀은 우리의 등불이다. 말씀이 없었다면 사람들은 살아가야 할 길을 발견하지 못하였을 것이다. 우리가 가는 길을 밝혀줄 말씀으로 무장되어 있어야 한다. 말씀으로 길을 확인해야 한다.

> **30** 내가 주를 의뢰하고 적진으로 달리며 내 하나님을 의지하고 성벽을 뛰어넘나이다
>
> **30** You give me strength to attack my enemies and power to overcome their defences.

22:30 주를 의뢰하고 적진으로 달리며. 다윗은 무작정 적진으로 돌진한 것이 아니라 하나님의 말씀에 따라 돌진도 하고 멈추기도 하였다. 그가 하나님을 의지하여 성벽을 뛰어넘는 상황은 어떤 상황을 생각하면서 썼을까? 넘지 못할 것 같은 높고 거대한 성벽이 앞에 있다. 그런데 하나님께서 '가라' 하시니 갔다. 사울은 그에게 넘지 못할 성벽이었을 것이다. 그러나 하나님께서 그를 왕으로 세우시고 넘어가게 하셨다. 하나님께서 가라 하시니 그는 성벽을 넘어갔다. '주를 의뢰하고'는 하나님께서 그에게 어떤 특별한 무기를 주신 것을 말하지 않는다. 하나님이 그에게 힘이 되셨다. 하나님의 말씀이 힘이 되었다. 그는 사울을 죽일 수 있는 상황에서도 죽이지 않았다. 하나님께서 그를 왕으로 세우신다 하셨으니 다윗이 그렇게 하지 않아도 하나님께서 선한 방식으로 왕으로 세우실 것을 믿었기 때문이다. 주의 말씀을 의지하였다.

> **31** 하나님의 도는 완전하고 여호와의 말씀은 진실하니 그는 자기에게 피하는 모든 자에게 방패시로다
>
> **31** This God—how perfect are his deeds, how dependable his words! He is like a shield for all who seek his protection.

22:31 하나님의 도는 완전하고 여호와의 말씀은 진실하니. 하나님의 말씀은 하나님의 뜻이다. 하나님의 말씀을 따라 살면 하나님과 함께 동행하는 것이다. 하나님의 임재

가 있다. 하나님께서 그와 함께하시는데 대체 누가 그를 넘어뜨릴 수 있겠는가? 그는 말씀으로 무장하였다. 하나님으로 무장하였다.

> 32 여호와 외에 누가 하나님이며 우리 하나님 외에 누가 반석이냐
>
> 33 하나님은 나의 견고한 요새시며 나를 안전한 곳으로 인도하시며
>
> 32 The Lord alone is God; God alone is our defence.
>
> 33 This God is my strong refuge; he makes my pathway safe.

22:32 여호와 외에 누가 하나님이며. 신이라는 이름을 가진 수많은 것들이 있지만 사실 모두 가짜다. 천지를 창조하신 분은 오직 여호와밖에 없다. 여호와만이 하나님이시다. 그러기에 하나님과 함께 하는 사람은 다른 신과 함께 하는 사람과 비교 대상이 되지 않는다. 여호와 하나님과 함께 하는 사람은 창조주 하나님과 함께 하는 사람이다.

> 34 나의 발로 암사슴 발 같게 하시며 나를 나의 높은 곳에 세우시며
>
> 34 He makes me sure-footed as a deer; he keeps me safe on the mountains.

22:34 나의 발로 암사슴 발 같게. 하나님께서 말씀으로 무장한 사람을 때로는 '암사슴 발 같게'하신다. 사자의 발과 같으면 더 좋을 것 같다. 그러나 때로는 암사슴 발 같은 발을 준비시켜 주신다. 다윗의 인생이 많이 그랬다. 그는 사자와 같이 싸우기보다는 암사슴처럼 도망 다녀야 했다. 힘이 없으니 늘 도망 다녀야 했다. 그러나 다행인 것은 암사슴은 발이 힘이 있어 잘 도망 다닐 수 있었다. 하나님께서 다윗의 발이 암사슴 발 같게 하셨다. 그래서 믿음을 배우게 하셨다. 때론 사자보다 암사슴이 더 많이 배운다.

> 35 내 손을 가르쳐 싸우게 하시니 내 팔이 놋 활을 당기도다

36 주께서 또 주의 구원의 방패를 내게 주시며 주의 온유함이 나를 크게 하셨나이다

37 내 걸음을 넓게 하셨고 내 발이 미끄러지지 아니하게 하셨나이다

35 He trains me for battle, so that I can use the strongest bow.

36 O Lord, you protect me and save me; your help has made me great.

37 You have kept me from being captured, and I have never fallen.

22:35 내 손을 가르쳐 싸우게 하시니. 필요하면 주신다. 사자의 발은 안 주셨어도 암사슴의 발을 주셨다. 또한 골리앗과 같은 키는 아니어도 골리앗을 이길 수 있는 물맷돌 던지는 손을 주셨다. 없는 것을 걱정하지 마라. 하나님께서 우리에게 필요한 것을 주신다. 필요 없는 것은 없는 것이 더 좋다. 하나님께서 나를 준비시키시는 일에 잘 무장되어야 한다. 그것이 나중에 사용될 것이다.

38 내가 내 원수를 뒤쫓아 멸하였사오며 그들을 무찌르기 전에는 돌이키지 아니하였나이다

39 내가 그들을 무찔러 전멸시켰더니 그들이 내 발 아래에 엎드러지고 능히 일어나지 못하였나이다

38 I pursue my enemies and defeat them; I do not stop until I destroy them.

39 I strike them down, and they cannot rise; they lie defeated before me.

22:38 내가 내 원수를 뒤쫓아 멸하였사오며. 하나님께서 다윗이 원수를 멸하게 하셨다. **무찌르기 전에는 돌이키지 아니하였나이다.** 열 번 피해 다녔지만 한 번 공격할 때 확실하게 승리할 수 있도록 하셨다. 승리가 필요한 곳에서는 확실히 승리하게 하신다.

40 이는 주께서 내게 전쟁하게 하려고 능력으로 내게 띠 띠우사 일어나 나를 치는 자를 내게 굴복하게 하셨사오며

41 주께서 또 내 원수들이 등을 내게로 향하게 하시고 내게 나를 미워하는 자를 끊어 버리게 하셨음이니이다

40 You give me strength for the battle and victory over my enemies.

41 You make my enemies run from me; I destroy those who hate me.

22:40 주께서 내게 전쟁하게 하려고 능력으로 내게 띠 띠우사 일어나 나를 치는 자를 굴복하게 하셨사오며. 싸움이 시작되었을 때 하나님께서 그를 이미 전에 무장시켜 주셨기 때문에 그 싸움에서 이길 수 있었다.

42 그들이 도움을 구해도 구원할 자가 없었고 여호와께 부르짖어도 대답하지 아니하셨나이다

43 내가 그들을 땅의 티끌 같이 부스러뜨리고 거리의 진흙 같이 밟아 헤쳤나이다

42 They look for help, but no one saves them; they call to the Lord, but he does not answer.

43 I crush them, and they become like dust; I trample on them like mud in the streets.

22:42 여호와께 부르짖어도 대답하지 아니하셨나이다. 다윗의 적들도 자칭 신앙인이어서 하나님께 도움을 구하였다. 그러나 그들은 무늬만 신앙인이었다. 그들은 이미 말씀에서 벗어나 있었다. 말씀에서 벗어난 자리에서 도움을 구하는 것은 하나님께 거짓의 편에 서라는 말과 같다. 그들의 도움 요청은 거짓을 행하라는 것이기 때문에 하나님께서 그들의 도움 요청을 들어 주실리가 없다.

44 주께서 또 나를 내 백성의 다툼에서 건지시고 나를 보전하사 모든 민족의 으뜸으로 삼으셨으니 내가 알지 못하는 백성이 나를 섬기리이다

45 이방인들이 내게 굴복함이여 그들이 내 소문을 귀로 듣고 곧 내게 순복하리로다

46 이방인들이 쇠약하여 그들의 견고한 곳에서 떨며 나오리로다

44 You saved me from my rebellious people and maintained my rule over the nations; people I did not know have now become my subjects.

45 Foreigners bow before me; when they hear me, they obey.

46 They lose their courage and come trembling from their fortresses.

22:44 모든 민족의 으뜸으로 삼으셨으니 내가 알지 못하는 백성이 나를 섬기리이다. 다윗은 예상하지 못했던 승리까지 거둘 수 있었다. 진리의 자리에 있는 다윗을 하나님께서 더욱더 크게 승리하게 하셨기 때문이다. 진리는 참으로 크다. 진리의 길을 걸어갈 때 필요하다면 더욱더 큰 승리를 거두게 될 것이다.

47 여호와의 사심을 두고 나의 반석을 찬송하며 내 구원의 반석이신 하나님을 높일지로다

48 이 하나님이 나를 위하여 보복하시고 민족들이 내게 복종하게 하시며

49 나를 원수들에게서 이끌어 내시며 나를 대적하는 자 위에 나를 높이시고 나를 강포한 자에게서 건지시는도다

47 The Lord lives! Praise my defender! Proclaim the greatness of the strong God who saves me!

48 He gives me victory over my enemies; he subdues the nations under me

49 and saves me from my foes. O Lord, you give me victory over my enemies and protect me from violent men.

22:47 내 구원의 반석이신 하나님을 높일지로다. 다윗의 결론은 하나님을 찬양하는 것이다.

50 이러므로 여호와여 내가 모든 민족 중에서 주께 감사하며 주의 이름을 찬양하리이다

51 여호와께서 그의 왕에게 큰 구원을 주시며 기름 부음 받은 자에게 인자를 베푸심이여 영원하도록 다윗과 그 후손에게로다 하였더라

50 And so I praise you among the nations; I sing praises to you.

51 God gives great victories to his king; he shows constant love to the one he has chosen, to David and his descendants for ever.

22:50 모든 민족 중에서 주께 감사하며 주의 이름을 찬양하리이다. 하나님께서 그를 민족 중에서 높이시면 그는 민족 중에서 하나님을 찬양하였다. 그는 어느 자리에 가든

그곳에서 하나님을 찬양하였다. 하나님만이 드러나게 하였다.

신앙인의 승리는 신앙인이 드러나는 것이 아니라 하나님이 드러남으로 마친다. 하나님께 영광돌리는 것이 가장 큰 영광이다. 다윗은 승리를 통해 자신 안에 하나님이 더욱더 드러났다. 승리를 통해 자신의 주변에 하나님이 드러나도록 하였다. 결론은 하나님이다. 하나님의 영광이다. 통치자 하나님께서 하나님의 영광이 드러나는 곳에 승리를 주지 않으시겠는가? 사람들이 하나님을 몰라 죽어가고 있다. 그런데 하나님이 드러나 하나님께 영광을 돌리고 사람들이 구원에 이른다면 하나님께서 가장 기뻐하시는 일이 이루어지는 것이다. 그렇다면 하나님께서 어찌 승리를 주지 않으시겠는가?

23장

다윗의 마지막 노래와
다윗의 용사

23:1-7은 다윗의 마지막 노래이다. 유언과 같다.

1 이는 다윗의 마지막 말이라 이새의 아들 다윗이 말함이여 높이 세워진 자, 야곱의 하나님께로부터 기름 부음 받은 자, 이스라엘의 노래 잘 하는 자가 말하노라

2 여호와의 영이 나를 통하여 말씀하심이여 그의 말씀이 내 혀에 있도다

1 David son of Jesse was the man whom God made great, whom the God of Jacob chose to be king, and who was the composer of beautiful songs for Israel. These are David's last words:

2 The spirit of the Lord speaks through me; his message is on my lips.

23:1 다윗의 마지막 말. 이것은 다윗이 이후에 말하지 않았다는 뜻이 아니다. 이것은 족장들의 마지막 유언과 같은 것이며 예언적 성격을 가지고 있는 말이라는 뜻이다. '특별하다' '중요하다'는 뜻이다. **이스라엘의 노래 잘하는 자.** 다윗은 시를 쓰고 노래하는 것을 좋아하였고 잘하였다. 시편에 기록된 시 중에 그가 쓴 시가 압도적으로 많다. 그는 어려움을 만나도 시를 남겼다. 기뻐할 일이 있으면 시를 썼다. 늘 노래하였다. 우리도 늘 노래해야 한다. 어떤 환경도 우리를 향한 하나님의 사랑의 시간이다. 찬양해야 하는 순간이다. 어쩌면 가장 힘들 때가 가장 찬양하고 감사해야 하는 순간일 것이다. 찬양의 기술이 아니라 찬양의 마음이 가득하여 '노래 잘하는 사람' '찬양을 잘하는 사람'이 되어야 한다.

다윗이 어떤 상황에서도 노래할 수 있었던 것은 상황을 정확히 통제하시는 하나님을 믿었기 때문이다. 힘든 일을 만나도 결국 하나님의 인도하심이 있을 것을 믿었기 때문이다. 때로 어떤 '시'는 상황이 어두운 터널로 마칠 때가 있다. 그러나 그는 하나님의 완벽한 통치를 신뢰하였기 때문에 여전히 찬양으로 화답하였다.

3 이스라엘의 하나님이 말씀하시며 이스라엘의 반석이 내게 이르시기를 사람을 공의로 다스리는 자, 하나님을 경외함으로 다스리는 자여

3 The God of Israel has spoken; the protector of Israel said to me: "The king who rules with justice, who rules in obedience to God,

23:3 사람을 공의로 다스리는 자, 하나님을 경외함으로 다스리는 자여. 다윗은 하나님의 '의'(말씀)를 따라 다스렸다. 그는 하나님의 나라 속에서 살았고 사람들에게 하나님 나라의 영향을 미쳤다. 다윗은 하나님의 말씀을 가지고 살아감으로 하나님과 함께 살았다. 하나님의 뜻에 따라 살기에 그곳에 하나님의 임재가 있었다. 위대함은 사람에게서 나오는 것이 아니다. 오직 창조주 하나님으로부터 나온다. 다윗이 왕이었기에 위대한 것이 아니라 하나님의 임재가 있는 삶이었기에 위대하였다.

4 그는 돋는 해의 아침 빛 같고 구름 없는 아침 같고 비 내린 후의 광선으로 땅에서 움이 돋는 새 풀 같으니라 하시도다

4 is like the sun shining on a cloudless dawn, the sun that makes the grass sparkle after rain."

23:4 돋는 해의 아침 빛 같고. '구름 없는 아침' '비 내린 후의...움이 돋는 새 풀' 등은 모두 돋는 해의 아침 빛을 꾸미는 말이다. 화창한 아침 빛은 모든 식물에 생명과 활기를 준다. 비는 식물을 새롭게 한다. 작은 농사라도 해 본 사람은 비가 얼마나 중요한지를 안다. 비를 맞은 후 아침의 태양 빛은 식물을 왕성하게 자라게 한다.
하나님께서 세상을 창조하셨다. 세상을 창조하신 하나님은 세상이 생명력이 있고 활기차기를 원하신다. 노래하기를 원하신다. 비록 세상이 타락하여 자연 재해도 있고 무너진 부분이 많지만 여전히 세상에 빛을 주시고 비를 주심으로 세상에 생명을 주신다. 하나님의 사람은 세상에 생명을 주는 사람이 되어야 한다. 세상을 세우는 사람이 되어야 한다. 비관적이고 파괴적인 사람이 아니라 노래하며 세우는 사람이 되어야 한다. 세상이 선악과를 먹음으로 하나님과 단절되고 죄와 아픔이 들어왔다. 그 속에서 신앙인은 말씀을 먹음으로 다시 하나님과 잇대어져야 한다. 자신의 생각이 아니라 하나님의 뜻을 중요하게 여기라. 그러면 노래하는 삶이 될 것이다.

5 내 집이 하나님 앞에 이같지 아니하냐 하나님이 나와 더불어 영원한 언약을 세우사 만사에 구비하고 견고하게 하셨으니 나의 모든 구원과 나의 모든 소원을 어찌 이루지 아니하시랴

5 And that is how God will bless my descendants, because he has made an eternal covenant with me, an agreement that will not be broken, a promise that will not be changed. That is all I desire; that will be my victory, and God will surely bring it about.

23:5 하나님이 나와 더불어 영원한 언약을 세우사. 하나님께서 다윗에게 약속을 주셨다. 어느 날 갑자기 찾아온 사무엘을 통해 기름을 부으셨다. 약속을 주셨다. 그리고 다윗의 씨에 대한 약속을 주셨다. 다윗의 씨에 대한 약속은 메시야 약속이며 모든 사람들에게 영원한 약속이 된다. 다윗에게 주신 약속이 메시야 약속이기 때문에 영원한 약속인 것만은 아니다. 메시야 약속은 모든 약속의 중심이다. 우리들에게 구약과 신약이 있듯이 모든 말씀은 약속이다. 하나님과 우리 사이의 약속이다. 영원한 약속으로 그 약속은 영원과 연결된 것이다. 그래서 영원한 가치를 가진다. 그 약속에 따라 사는 삶에 영원한 가치를 입히는 옷이다. **만사에 구비하고 견고하게 하셨으니.** 모든 것을 자세히 정돈된 그리고 확실한 약속을 주셨다고 말한다. 언약은 흐리멍덩하고 막연하게 주지 않으셨다. 언약을 보라. 얼마나 자세히 기록되어 있는가? 우리가 무엇을 하고 무엇을 생각하면서 살아야 하는지 아주 자세히 기록되어 있다. 알고자 한다면 평생을 투자해도 다 알지 못할 정도로 많이 기록되어 있다. 파도파도 계속 나오는 금광과 같다. 무엇보다 '확실함'이 귀하다. 그 약속은 결코 사라지지 않는다. 깨지지 않고 변함이 없다. 3,500년 전에 기록된 말씀이 오늘날에도 여전히 그대로 보존되고 전해지며 유효하다는 것이 놀랍다. 시대는 변하였어도 말씀은 변하지 않았고 여전히 고귀하다. **나의 모든 구원과 나의 모든 소원을 어찌 이루지 아니하시랴.** 다윗은 언약을 확신하고 있다. '나의 모든 구원과 나의 모든 소원'을 이루어 주실 것을 확신하였다. 그의 모든 삶이 구원되고 모든 소원이 하나님의 소원이 된다. 하나님께서 약속하셨기 때문이다. 그의 구원과 소원만이 아니라 다윗 이후 믿음의 모든 사람들을 향한 약속이다. 신앙인은 자신의 모든 삶을 말씀 위에서 살아간다. 그래서 모든 삶에 약속이 있다. 엄청난 약속이다. 영원토록 유효하다. 그 가치의 삶을 살고 있으니 노래가 나온다. 계속 노래하게 된다. 이 약속은 결코 공수표가 아니다. 하나님께서 약속어음을 부도내지 않으신다. 세상이 결코 바꿀 수도 없다. 세상이 우리의 돈을 빼앗아 가고 건강도 빼앗아 갈 수는 있어도 우리의 영원한 언약을 빼앗아 갈 수는 없다. 그래서 세상의 어떤 일에도 노래하며 살 수 있다.

6 그러나 사악한 자는 다 내버려질 가시나무 같으니 이는 손으로 잡을 수 없음이로다

6 But godless people are like thorns that are thrown away; no one can touch them with bare hands.

23:6 사악한 자. 세바가 반역하였을 때 그를 '불량배'(20:1)라고 칭한 히브리어와 같은 단어(벨리알)이다. 무가치한 자, 악한 자라는 뜻이다. **사악한 자는 다 내버려질 가시나무 같으니.** 영원한 약속 없이 사는 사람들은 그 삶이 결국은 가시나무 인생이라는 것이다. 농사를 짓다보면 '찔레나무'가 어디에서 왔는지 수없이 많다. 보는 즉시 잘라낸다. 사람들이 열심히 산다고 별의별 일을 다 하면서 살고, 대단한 것 같기도 하지만 결국은 단지 '불살려질' 가시나무에 불과하다.

7 그것들을 만지는 자는 철과 창자루를 가져야 하리니 그것들이 당장에 불살리리로다 하니라

7 You must use an iron tool or a spear; they will be burnt completely.

23:7 그것들이 당장에 불살리리로다. 이 땅에서 살아갈 때 어떤 것은 꽤 괜찮다. 멋있어 보인다. 탐나는 것도 있다. 그러나 결국은 무가치하다. 그것을 명심해야 한다. 영원한 가치가 없는 것은 모두 불살라지는 것에 불과하다. 영원한 언약 위에 살지 않은 모든 것이 그러하다. 모든 것이 선악과에 불과하다. 선악과를 먹으면서 웃고 있지만 그것은 엄청난 불행이다.

노래 잘하였던 다윗이 영적인 마지막 유언을 하는 것을 보았다. 우리도 노래 잘하는 사람이 되기 위해 이 마지막 유언에 세심한 주의를 기울여야 한다. 하나님께서 다윗에게 '하나님의 의(말씀)'를 가지고 살았다 말씀하는 것을 보았다. 그래서 그는 세상에 생명을 주는 빛으로의 삶을 살았다. 하루하루 살아가는 것이 생명을 주는 것이었으니 얼마나 행복하였을까? 주변에 하나님 나라를 확장하는 삶이요 생명을 주는 삶이었다. 그래서 노래할 수밖에 없는 삶이었다.
다윗은 말씀을 영원한 언약으로 간직하고 지켰다. 그래서 이 땅을 살아가면서도 영원을 살아갔다. 영원을 준비하였고 영원한 가치 있는 삶을 살았다. 많은 사람이 무가치

한(사악한) 삶을 살고 있다. 영원한 언약을 모르고 살기 때문이다. 오늘 우리는 영원한 언약을 가지고 있으면서도 모르고 살고 있지는 않을까? 성경에 너무 무지하다. 성경을 알아야 한다. 성경을 알아 하나님의 뜻과 마음이 살아있는 삶을 살아야 한다. 영원한 가치의 삶을 살면서 늘 노래하는 사람으로 살기를 기도한다.

삼하 23:8-39은 다윗의 용사들에 대한 에피소드이다.

> 8 다윗의 용사들의 이름은 이러하니라 다그몬 사람 요셉밧세벳이라고도 하고 에센 사람 아디노라고도 하는 자는 군지휘관의 두목이라 그가 단번에 팔백 명을 쳐죽였더라
>
> 9 그 다음은 아호아 사람 도대의 아들 엘르아살이니 다윗과 함께 한 세 용사 중의 한 사람이라 블레셋 사람들이 싸우려고 거기에 모이매 이스라엘 사람들이 물러간지라 세 용사가 싸움을 돋우고
>
> 8 These are the names of David's famous soldiers: the first was Josheb Basshebeth from Tachemon, who was the leader of "The Three"; he fought with his spear against 800 men and killed them all in one battle.
>
> 9 The second of the famous three was Eleazar son of Dodo, of the clan of Ahoh. One day he and David challenged the Philistines who had gathered for battle. The Israelites fell back,

23:8 다윗의 용사들의 이름은 이러하니라. 다윗은 그를 돕는 훌륭한 용사들이 있어 그의 모든 일이 가능하였다. 그래서 그들에 대해 간략히 소개하고 있다. 이곳에서는 간략히 소개하지만 실상은 훨씬 더 중요한 사람들이라 할 수 있다. 우리가 있는 그 자리는 혼자만의 위업이 아니다. 우리가 있는 자리는 늘 누군가 함께하는 사람이 있었기 때문에 가능하다. 그것을 기억해야 한다. 누군가와 함께 하는 사람이 되어야 하고, 함께하였다는 것을 기억해야 한다. **요셉밧세벳이라고도 하고 에센 사람 아디노라고도 하는 자는 군지위관의 두목이라.** 그는 다윗의 용사들 중 가장 고위급의 세 사람 중에 두목이라 말한다. **단번에 팔백 명을 쳐죽였더라.** 이것이 그가 혼자 싸웠는지는 정확하지 않으나 이후의 다른 두 사람이 혼자 싸운 것을 생각해 볼 때 그도 그랬을 가능성이 높다. 다른 사람이 없었어도 홀로 적군과 맞서 싸웠다. 승리의 가능성이 없어 보였으나 승리하였다.

10 그가 나가서 손이 피곤하여 그의 손이 칼에 붙기까지 블레셋 사람을 치니라 그 날에 여호와께서 크게 이기게 하셨으므로 백성들은 돌아와 그의 뒤를 따라가며 노략할 뿐이었더라

10 but he stood his ground and fought the Philistines until his hand was so stiff that he could not let go of his sword. The Lord won a great victory that day. After it was over, the Israelites returned to where Eleazar was and stripped the armour from the dead.

23:10 그의 손이 칼에 붙기까지 블레셋 사람을 치니라. 세 용사 중의 한 사람인 엘르아살 이야기이다. 그도 홀로 블레셋 사람들과 맞서 싸웠던 것으로 보인다. '손이 칼에 붙기까지' 블레셋 사람들을 쳤다고 말한다. '손이 칼에 붙었다'는 것은 칼을 잡고 하도 많이 칼을 휘둘러서 손이 경직되어 나중에 손에서 칼을 놓으려 하여도 손이 펴지지 않았다는 것을 의미한다. 그는 그렇게 앞서 블레셋 군인들과 싸웠다.

11 그 다음은 하랄 사람 아게의 아들 삼마라 블레셋 사람들이 사기가 올라 거기 녹두나무가 가득한 한쪽 밭에 모이매 백성들은 블레셋 사람들 앞에서 도망하되

11 The third of the famous three was Shammah son of Agee, from Harar. The Philistines had gathered at Lehi, where there was a field of peas. The Israelites fled from the Philistines,

23:11 아게의 아들 삼마. 그는 최고위급 세 사람 중의 마지막 사람이다. **녹두나무가 가득한 한쪽 밭에 모이매.** 렌틸콩(녹두) 밭에 블레셋 사람들이 수확물을 약탈하려고 왔다. 블레셋 군사를 보고 이스라엘 사람들이 무서워 도망갔다. 이에 삼마가 땅과 콩을 지키기 위해 홀로 맞서 싸운 것이다.
세 장군은 모두 홀로 맞서 싸운 특성을 가지고 있다. 그들은 많은 군사를 거느린 장군이었다. 그런데 그들은 군사들 뒤에서 자신을 보호하는 장군이 아니라 많은 군사들 앞에서 홀로 먼저 싸우는 장군들이었다는 특성을 가지고 있다. 그들의 그러한 솔선수범이 다른 병사들의 사기를 돋우었고 결국 싸움을 승리로 이끌었다.

12 그는 그 밭 가운데 서서 막아 블레셋 사람들을 친지라 여호와께서 큰 구원을

이루시니라

12 but Shammah stood his ground in the field, defended it, and killed the Philistines. The Lord won a great victory that day.

23:12 여호와께서 큰 구원을 이루시니라. 그들의 싸움에 반복하여 표현되는 구절이다. 싸움에서 장군들의 활약이 두드러지게 보였다. 그러나 그것이 하나님께서 이끄신 것임을 분명히 말한다. 영웅의 활약 뒤에 하나님의 인도하심이 있다. 모든 영웅이 그러하다. 그래서 영웅이다. 영웅을 볼 때 늘 그 뒤의 하나님을 보아야 한다. 하나님을 향한 고백이 있어야 한다.

13 또 삼십 두목 중 세 사람이 곡식 벨 때에 아둘람 굴에 내려가 다윗에게 나아갔는데 때에 블레셋 사람의 한 무리가 르바임 골짜기에 진 쳤더라

14 그 때에 다윗은 산성에 있고 그 때에 블레셋 사람의 요새는 베들레헴에 있는지라

13 Near the beginning of harvest time three of "The Thirty" went down to the cave of Adullam, where David was, while a band of Philistines was camping in the Valley of Rephaim.

14 At that time David was on a fortified hill, and a group of Philistines had occupied Bethlehem.

23:13 삼십 두목 중 세 사람. 이 세 사람이 바로 앞에서 나온 세 사람에 대한 이야기인지 아니면 뒤의 30인 중의 세 사람인지에 대해서는 확정하기가 어렵다. 그러나 만약 '삼십 두목 중 세 사람'이라는 구절을 본문으로 삼는다면 후자에 해당할 것이다. 이스라엘의 최고위급 3인에 대한 이야기에 더불어 이제 30인에 대한 이야기를 한다. 그런데 이름은 밝히지 않고 있다. **아둘람 굴에 내려가 다윗에게 나아갔는데.** 이 구절은 아마 다윗이 왕이 되기 전 광야 생활을 할 때 아둘람 굴에 있을 때를 배경으로 말하는 것 같다.

15 다윗이 소원하여 이르되 베들레헴 성문 곁 우물 물을 누가 내게 마시게 할까 하매

15 David felt homesick and said, "How I wish someone would bring me a drink of water from the well by the gate at Bethlehem!"

23:15 베들레헴 성문 곁 우물 물을 누가 내게 마시게 할까. 이것은 다윗이 목이 말라서가 아니라 다른 이유 때문일 것이다. 1. 향수병으로서 자신의 고향 베들레헴의 물을 먹던 때를 생각하며 먹고 싶은데 그곳에 블레셋 군대가 있어 먹지 못하고 있는 것. 2. 베들레헴이 블레셋 군대가 농작물 약탈을 위해 진을 치고 있는 상황을 가슴 아파하며 언제나 전쟁이 끝나고 베들레헴 사람들이 평화롭게 물을 마실 수 있을지를 말하는 것. 어느 정도 둘 다 가능성이 있다.

16 세 용사가 블레셋 사람의 진영을 돌파하고 지나가서 베들레헴 성문 곁 우물 물을 길어 가지고 다윗에게로 왔으나 다윗이 마시기를 기뻐하지 아니하고 그 물을 여호와께 부어 드리며

17 이르되 여호와여 내가 나를 위하여 결단코 이런 일을 하지 아니하리이다 이는 목숨을 걸고 갔던 사람들의 피가 아니니이까 하고 마시기를 즐겨하지 아니하니라 세 용사가 이런 일을 행하였더라

18 또 스루야의 아들 요압의 아우 아비새이니 그는 그 세 사람의 우두머리라 그가 그의 창을 들어 삼백 명을 죽이고 세 사람 중에 이름을 얻었으니

19 그는 세 사람 중에 가장 존귀한 자가 아니냐 그가 그들의 우두머리가 되었으나 그러나 첫 세 사람에게는 미치지 못하였더라

16 The three famous soldiers forced their way through the Philistine camp, drew some water from the well, and brought it back to David. But he would not drink it; instead he poured it out as an offering to the Lord

17 and said, "Lord, I could never drink this! It would be like drinking the blood of these men who risked their lives!" So he refused to drink it. Those were the brave deeds of the three famous soldiers.

18 Joab's brother Abishai (their mother was Zeruiah) was the leader of "The Famous Thirty". He fought with his spear against 300 men and killed them, and became famous among "The Thirty".

19 He was the most famous of "The Thirty" and became their leader, but he was not as famous as "The Three".

23:16 세 용사가 블레셋 사람의 진영을 돌파하고 지나가서 베들레헴 성문 곁 우물 물을 길어 가지고 다윗에게로 왔으나. 다윗의 말을 듣고 그를 존경하고 사랑하는 세 용사가 움직였다. 아둘람에서 베들레헴까지 직선거리로 21km이다. 길을 따라가면 30km되는 거리다. 그 먼 거리를 다윗을 위해 물을 길러 갔다. 블레셋 군사를 통과해야 하는 위험한 행보다. 그러나 그들은 다윗을 위해 그 길을 갔다 왔다.

20 또 갑스엘 용사의 손자 여호야다의 아들 브나야이니 그는 용맹스런 일을 행한 자라 일찍이 모압 아리엘의 아들 둘을 죽였고 또 눈이 올 때에 구덩이에 내려가서 사자 한 마리를 쳐죽였으며

21 또 장대한 애굽 사람을 죽였는데 그의 손에 창이 있어도 그가 막대기를 가지고 내려가 그 애굽 사람의 손에서 창을 빼앗아 그 창으로 그를 죽였더라

22 여호야다의 아들 브나야가 이런 일을 행하였으므로 세 용사 중에 이름을 얻고

23 삼십 명보다 존귀하나 그러나 세 사람에게는 미치지 못하였더라 다윗이 그를 세워 시위대 대장을 삼았더라

24 요압의 아우 아사헬은 삼십 명 중의 하나요 또 베들레헴 도도의 아들 엘하난과

25 하롯 사람 삼훗과 하롯 사람 엘리가와

26 발디 사람 헬레스와 드고아 사람 익게스의 아들 이라와

27 아나돗 사람 아비에셀과 후사 사람 므분내와

28 아호아 사람 살몬과 느도바 사람 마하래와

29 느도바 사람 바아나의 아들 헬렙과 베냐민 자손에 속한 기브아 사람 리배의 아들 잇대와

30 비라돈 사람 브나야와 가아스 시냇가에 사는 힛대와

31 아르바 사람 아비알본과 바르훔 사람 아스마웻과

32 사알본 사람 엘리아바와 야센의 아들 요나단과

33 하랄 사람 삼마와 아랄 사람 사랄의 아들 아히암과

34 마아가 사람의 손자 아하스배의 아들 엘리벨렛과 길로 사람 아히도벨의 아들 엘리암과

35 갈멜 사람 헤스래와 아랍 사람 바아래와

36 소바 사람 나단의 아들 이갈과 갓 사람 바니와

37 암몬 사람 셀렉과 스루야의 아들 요압의 무기를 잡은 자 브에롯 사람 나하래와

38 이델 사람 이라와 이델 사람 가렙과

20 Benaiah son of Jehoiada, from Kabzeel, was another famous soldier; he did many brave deeds, including killing two great Moabite warriors. He once went down into a pit on a snowy day and killed a lion.

21 He also killed an Egyptian, a huge man who was armed with a spear. Benaiah attacked him with his club, snatched the spear from the Egyptian's hand, and killed him with it.

22 Those were the brave deeds of Benaiah, who was one of "The Thirty".

23 He was outstanding among them, but was not as famous as "The Three". David put him in charge of his bodyguard.

24 Other members of "The Thirty" included: Asahel, Joab's brother; Elhanan son of Dodo from Bethlehem;

25 Shammah and Elika from Harod;

26 Helez from Pelet; Ira son of Ikkesh from Tekoa;

27 Abiezer from Anathoth; Mebunnai from Hushah;

28 Zalmon from Ahoh; Maharai from Netophah;

29 Heleb son of Baanah from Netophah; Ittai son of Ribai from Gibeah in Benjamin;

30 Benaiah from Pirathon; Hiddai from the valleys near Gaash;

31 Abialbon from Arabah; Azmaveth from Bahurim;

32 Eliahba from Shaalbon; The sons of Jashen; Jonathan;

33 Shammah from Harar; Ahiam son of Sharar from Harar;

34 Eliphelet son of Ahasbai from Maacah; Eliam son of Ahithophel from Gilo;

35 Hezro from Carmel; Paarai from Arab;

36 Igal son of Nathan from Zobah; Bani from Gad;

37 Zelek from Ammon; Naharai from Beeroth, Joab's armour bearer;

38 Ira and Gareb from Jattir;

23:20 눈이 올 때에 구덩이에 내려가서 사자 한 마리를 쳐죽였으며. 눈이 거의 오지 않는 이스라엘 산지에 눈이 온 것과 사자가 그 웅덩이에 있는 것 등이 모두 일반적이지 않은 이야기다. 사자는 굶주림에 매우 사나워 있을 것이다. 그런데 아비새는 그 사자

에게 내려가 싸웠다. 다른 사람들을 향한 진실한 마음이 있었기 때문일 것이다.

> 39 헷 사람 우리아라 이상 총수가 삼십칠 명이었더라
>
> 39 Uriah the Hittite. There were 37 famous soldiers in all.

23:39 우리아. 그는 아내 밧세바 사건 때문에 억울하게 죽었지만 다윗을 위해 진심으로 싸운 용사였다. **총수가 삼십칠 명이었더라.** 이곳에 나온 이름은 36명이다. 그 이름에 '요압'이 나와 있지 않은데 아마 요압을 합하여 37인이라고 말하고 있을 것이다. 요압은 군대장관이었으나 이곳에서 아비새와 아사헬의 형제로 나온다. 요압이 군대장관이었으나 다윗의 용사는 지위에 있지 않기에 그는 그냥 넘어간 것 같다.
다윗의 용사들을 보았다. 다윗의 업적은 그들이 있었기 때문에 가능하였다. 하나님 나라를 위해 진심으로 함께하는 사람이 있다는 것은 복이다. 우리는 '나'를 넘어 '우리'로 살아가야 한다. 그러할 때 주님의 뜻을 더 잘 이루어 갈 수 있다.

24장

다윗의
인구조사

마지막 여섯 번째 에피소드다. 사무엘하 마지막 이야기로서 다윗의 죄를 말한다.

> **1** 여호와께서 다시 이스라엘을 향하여 진노하사 그들을 치시려고 다윗을 격동시키
> 사 가서 이스라엘과 유다의 인구를 조사하라 하신지라
>
> **1** The Lord was angry with Israel once more, and he made David bring trouble on them.
> The Lord said to him, "Go and count the people of Israel and Judah."

24:1 여호와께서 다시 이스라엘을 향하여 진노하사 그들을 치시려고. 다윗이 인구조사
를 한 이유는 크게 3가지다. 1.이스라엘의 죄. 2. 다윗의 죄. 3.하나님이 다윗을 격동시
키셔서. 이 세 가지가 완벽하게 독립적이면서도 유기적으로 작동하였다. 이중에 가장
큰 이유는 '이스라엘의 죄' 때문이다. 그것이 구체적으로 무엇인지는 나오지 않았다.
그런데 아마 우상숭배일 것이다. 죄는 장려하지 않아도 어느새 사람들 속에 깊이 뿌
리를 내리곤 한다. 다윗이나 이스라엘 백성은 자신들의 죄에 대해 심각하게 생각하지
않고 있었다. 그러나 하나님은 이스라엘의 죄에 많이 진노하셨고 그들의 죄에 대해 심
판하시기로 작정하셨다. 사람들이 아무 생각 없이 행할 때도 하나님께서는 그들의 영
혼에 깊은 관심을 가지고 계신다. 그래서 죄에 대해 민감하시다.

> **2** 이에 왕이 그 곁에 있는 군사령관 요압에게 이르되 너는 이스라엘 모든 지파 가
> 운데로 다니며 이제 단에서부터 브엘세바까지 인구를 조사하여 백성의 수를 내게
> 보고하라 하니
>
> **2** So David gave orders to Joab, the commander of his army: "Go with your officers

through all the tribes of Israel from one end of the country to the other, and count the people. I want to know how many there are."

24:2 인구를 조사하여 백성의 수를 내게 보고하라. 인구조사를 하는 것 자체가 문제는 아니다. 출애굽 후 광야생활 전과 후에 하나님께서 인구조사를 직접 명령하기도 하셨다. 그래서 다윗이 인구조사를 시키는 것 자체가 문제는 아니다. 그렇다면 무엇이 문제일까?

인구조사를 하는 다윗의 의도나 인구조사 방법에 문제가 있었을 것이다. 의도가 문제라면 그가 인구조사를 하는 것이 교만에서 나온 것이라는 측면이다. 사람을 자랑하는 마음이 싹트기 시작한 것이다. 만약 방법의 문제라면 출애굽기 말씀과 관련이 있다. "네가 이스라엘 자손의 수효를 조사할 때에 조사 받은 각 사람은 그들을 계수할 때에 자기의 생명의 속전을 여호와께 드릴지니 이는 그들을 계수할 때에 그들 중에 질병이 없게 하려 함이라" (출 30:12) 이 말씀에 따라 '속전'을 드려야 하는데 그것에 대한 내용이 안 나온다. 두 가지 중 어떤 것이 문제인지는 모르지만 둘 다 모호하다. 마음의 문제라면 가장 드러나지 않는 것이다. 자기 자신도 모를 수 있다. 방법의 문제라면 말씀에 주의를 기울이지 않으면 모를 수도 있다.

3 요압이 왕께 아뢰되 이 백성이 얼마든지 왕의 하나님 여호와께서 백 배나 더하게 하사 내 주 왕의 눈으로 보게 하시기를 원하나이다 그런데 내 주 왕은 어찌하여 이런 일을 기뻐하시나이까 하되

4 왕의 명령이 요압과 군대 사령관들을 재촉한지라 요압과 사령관들이 이스라엘 인구를 조사하려고 왕 앞에서 물러나

5 요단을 건너 갓 골짜기 가운데 성읍 아로엘 오른쪽 곧 야셀 맞은쪽에 이르러 장막을 치고

6 길르앗에 이르고 닷딤홋시 땅에 이르고 또 다냐안에 이르러서는 시돈으로 돌아

7 두로 견고한 성에 이르고 히위 사람과 가나안 사람의 모든 성읍에 이르고 유다 남쪽으로 나와 브엘세바에 이르니라

8 그들 무리가 국내를 두루 돌아 아홉 달 스무 날 만에 예루살렘에 이르러

3 But Joab answered the king, "Your Majesty, may the Lord your God make the people of Israel a hundred times more numerous than they are now, and may you live to see

him do it. But why does Your Majesty want to do this?"

4 But the king made Joab and his officers obey his order; they left his presence and went out to count the people of Israel.

5 They crossed the Jordan and camped south of Aroer, the city in the middle of the valley, in the territory of Gad. From there they went north to Jazer,

6 and on to Gilead and to Kadesh, in Hittite territory. Then they went to Dan, and from Dan they went west to Sidon.

7 Then they went south to the fortified city of Tyre, on to all the cities of the Hivites and the Canaanites, and finally to Beersheba, in the southern part of Judah.

8 So after nine months and twenty days they returned to Jerusalem, having travelled through the whole country.

24:3 내 주 왕은 어찌하여 이런 일을 기뻐하시나이까. 당시 인구조사는 세금을 거두거나, 땅을 분배하는 것, 싸울 수 있는 병사의 수를 알아보기 위해 하였다. 그래서 때로는 지방 세력의 거부감을 불러일으키기도 하였다. 그래서 요압이 반대한 측면이 있을 것이다.

9 요압이 백성의 수를 왕께 보고하니 곧 이스라엘에서 칼을 빼는 담대한 자가 팔십만 명이요 유다 사람이 오십만 명이었더라

9 They reported to the king the total number of men capable of military service: 800,000 in Israel and 500,000 in Judah.

24:9 요압이 백성의 수를 왕께 보고하니. 요압이 다윗에게 백성의 수를 보고함으로 그렇게 끝나는 것 같았다. 그러나 그렇게 끝나지 않았다. 죄는 드러나지 않아도 반드시 심판을 받기 때문이다.

우리의 죄가 지금 당장은 문제되지 않아도 나중에 문제가 될 것이다. 그러기에 우리는 늘 자신의 잘못된 행동이 있지 않은지 살피면서 살아야 한다. 죄를 조심해야 한다. 고질병으로 있는 자신의 죄에 대해 하나하나 이겨가야 한다.

10 다윗이 백성을 조사한 후에 그의 마음에 자책하고 다윗이 여호와께 아뢰되 내가 이 일을 행함으로 큰 죄를 범하였나이다 여호와여 이제 간구하옵나니 종의 죄를 사하여 주옵소서 내가 심히 미련하게 행하였나이다 하니라

11 다윗이 아침에 일어날 때에 여호와의 말씀이 다윗의 선견자 된 선지자 갓에게 임하여 이르시되

12 가서 다윗에게 말하기를 여호와께서 이와 같이 말씀하시기를 내가 네게 세 가지를 보이노니 너를 위하여 너는 그 중에서 하나를 택하라 내가 그것을 네게 행하리라 하셨다 하라 하시니

10 But after David had taken the census, his conscience began to trouble him, and he said to the Lord, "I have committed a terrible sin in doing this! Please forgive me. I have acted foolishly."

11 The Lord said to Gad, David's prophet, "Go and tell David that I am giving him three choices. I will do whichever he chooses." The next morning, after David got up,

24:10 다윗이 백성을 조사한 후에 그의 마음에 자책하고. 다윗은 인구 조사가 끝나고 나서 자신의 죄를 깨달았다. 자신이 무엇을 잘못하였는지를 알았다. **종의 죄를 사하여 주옵소서.** 다윗은 신앙인이었기에 자신의 죄를 깨닫고 바로 죄를 사해 주시기를 간청하였다.

13 갓이 다윗에게 이르러 아뢰어 이르되 왕의 땅에 칠 년 기근이 있을 것이니이까 혹은 왕이 왕의 원수에게 쫓겨 석 달 동안 그들 앞에서 도망하실 것이니이까 혹은 왕의 땅에 사흘 동안 전염병이 있을 것이니이까 왕은 생각하여 보고 나를 보내신 이에게 무엇을 대답하게 하소서 하는지라

13 Gad went to him, told him what the Lord had said, and asked, "Which is it to be? Three years of famine in your land or three months of running away from your enemies or three days of an epidemic in your land? Now think it over, and tell me what answer to take back to the Lord."

24:13 나를 보내신 이에게 무엇을 대답하게 하소서. 사죄를 구하는 다윗에게 하나님께서 선지자를 보내 말씀하셨다. 다윗에게 하나님께서 벌을 내리실 것인데 3가지 중에 선택하라 하셨다. 3년 기근(칠십인역 본문과 역상 21:12 참조), 3개월 동안 적군의 공격에 의한 도망, 3일의 전염병 중에 하나를 선택하라 하셨다. 사죄의 간구에 용서를

선포하지 않으시고 벌을 선포하셨다. 단순히 용서하지 않으시고 죄에 대해 벌을 받아야 한다고 말씀하셨다. 신앙인들이 죄 용서를 공짜로 받으려는 경향이 많다. 그러나 진정한 죄 용서를 받으려면 지은 죄보다 더 많은 대가를 치르는 정신을 가져야 한다. 사실 더 많은 대가를 치를 수는 없다. 100만원을 훔치면 1000만원을 베푸는 것보다 더 나쁘다. 그러나 그럼에도 불구하고 100만원을 훔쳤으면 100만원보다 더 많이 갚아야 최소한 죄 용서에 대해 간청할 수 있는 마음의 자세다.

> **14** 다윗이 갓에게 이르되 내가 고통 중에 있도다 청하건대 여호와께서는 긍휼이 크시니 우리가 여호와의 손에 빠지고 내가 사람의 손에 빠지지 아니하기를 원하노라 하는지라
>
> **14** David answered, "I am in a desperate situation! But I don't want to be punished by human beings. Let the Lord himself be the one to punish us, for he is merciful."

24:14 여호와께서는 긍휼이 크시니 우리가 여호와의 손에 빠지고 내가 사람의 손에 빠지지 아니하기를 원하노라. 이것은 두 번째 벌인 '원수에게 쫓겨 3달 동안 도망하는 것'을 피하는 것이다. 그리고 첫번째나 세 번째 벌을 받겠다는 대답이다. 다윗은 하나님의 긍휼하심을 의지하였다. 그가 비록 하나님의 벌을 받는 것이지만 하나님은 사랑과 긍휼이 많으셔서 언제든지 돌이키시는 분이라는 것을 믿었기 때문이다.

> **15** 이에 여호와께서 그 아침부터 정하신 때까지 전염병을 이스라엘에게 내리시니 단에서부터 브엘세바까지 백성의 죽은 자가 칠만 명이라
>
> **15** So the Lord sent an epidemic on Israel, which lasted from that morning until the time that he had chosen. From one end of the country to the other 70,000 Israelites died.

24:15 그 아침부터 정하신 때까지 전염병을 이스라엘에게 내리시니. '정하신 때'는 3일째 일수도 있고 아니면 첫날 저녁쯤 될 수도 있다. 전염병이 내리는 날을 3일로 정하셨지만 아직 다 마치지 않은 때인 것은 분명하다. 그런데 벌써 칠만 명이 죽었다. 죄의 자리는 참으로 처절하다. 갑작스럽게 짧은 시간에 칠만 명이나 죽으면서 이스라

엘 전역은 순식간에 통곡으로 가득하였을 것이다. 누군가는 곡 소리를 내고 누군가는 곡 소리를 들을 것이다. 슬픔과 공포가 가득하였을 것이다. 그런데도 사람들은 죄에 대해 잘 생각하지 못하고 있었을 것이다. 그리고 죄의 진짜 정체는 이 땅에서의 죽음보다 비교할 수 없을 정도로 훨씬 더 강렬한 아픔이라는 것을 짐작하지 못하고 있을 것이다. 그것이 불행이다. 죄값을 모르는 것이 불행이다.

> **16** 천사가 예루살렘을 향하여 그의 손을 들어 멸하려 하더니 여호와께서 이 재앙 내리심을 뉘우치사 백성을 멸하는 천사에게 이르시되 족하다 이제는 네 손을 거두라 하시니 여호와의 사자가 여부스 사람 아라우나의 타작 마당 곁에 있는지라
>
> **16** When the Lord's angel was about to destroy Jerusalem, the Lord changed his mind about punishing the people and said to the angel who was killing them, "Stop! That's enough!" The angel was by the threshing place of Araunah, a Jebusite.

24:16 천사가 예루살렘을 향하여 그의 손을 들어 멸하려 하더니 여호와께서...이제는 네 손을 거두라. 아직 멸하는 기한이 차지 않았다. 천사가 예루살렘을 치려고 하였다. 그런데 하나님께서 '멈추라' 하셨다. 이스라엘 백성들이 죽어가는 것은 그들이 아플 뿐만 아니라 하나님께도 마음 아픈 일이었던 것이 분명하다. **여호와의 사자가 여부스 사람 아라우나의 타작 마당 곁에 있는지라.** 천사가 아라우나의 타작 마당에 서서 예루살렘을 내려다보며 하나님의 다음 명령을 기다리고 있었다. 아직 3일이 다 차지 않았기 때문이다. 이제 예루살렘은 생과 사의 갈림길에 서 있었다.

> **17** 다윗이 백성을 치는 천사를 보고 곧 여호와께 아뢰어 이르되 나는 범죄하였고 악을 행하였거니와 이 양 무리는 무엇을 행하였나이까 청하건대 주의 손으로 나와 내 아버지의 집을 치소서 하니라
>
> **17** David saw the angel who was killing the people, and said to the Lord, "I am the guilty one. I am the one who did wrong. What have these poor people done? You should punish me and my family."

24:17 다윗이 백성을 치는 천사를 보고. 다윗은 이스라엘 백성이 전염병으로 죽어가

는 것을 보았다. 갑작스러운 전염병으로 수많은 사람이 죽어가는 것을 보고받았을 것이다. 다윗은 슬픔 가운데 하나님의 긍휼을 의지하며 간구하였다. **나는 범죄하였고 악을 행하였거니와.** 이 구절 안에 강조하는 장치가 3개('보라'는 단어, '나는'의 반복(번역에서는 빠짐) 사용, '나는'의 도치)가 들어가 있다. 다윗은 자신이 죄인임을 매우 강조하며 말하고 있다. 자신이 죄인이니 자신과 자신의 집을 치고 백성들은 살려 주시기를 간구하고 있다. 눈물의 호소일 것이다. 얼마나 아파하며 이 말을 하고 있을까?

죄의 자리에서 우리는 자신의 책임을 알아야 한다. 우리는 죄인이다. 하나님 앞에 엎드려야 하는 죄인이다. 특별히 공동체에 문제가 생겼을 때 세상은 희생양을 찾는다. 그러나 교회는 다윗처럼 자신이 죄인인 것을 알아야 한다. 우리는 늘 '우리의 죄를 사하여 주옵시고'라고 기도한다. 공동체의 죄는 우리의 죄이고 나의 죄나. 교회의 누군가 죄를 범할 때 그것은 또한 '나의 죄'인 것을 알아야 한다. 나의 책임이 있다. 그래서 그 사람을 책망하기 전에 내가 하나님 앞에 울면서 엎드려야 한다. 우리는 죄의 자리에 있다. 그래서 아프다.

18 이 날에 갓이 다윗에게 이르러 그에게 아뢰되 올라가서 여부스 사람 아라우나의 타작 마당에서 여호와를 위하여 제단을 쌓으소서 하매

19 다윗이 여호와께서 명령하신 바 갓의 말대로 올라가니라

20 아라우나가 바라보다가 왕과 그의 부하들이 자기를 향하여 건너옴을 보고 나가서 왕 앞에서 얼굴을 땅에 대고 절하며

18 That same day Gad went to David and said to him, "Go up to Araunah's threshing place and build an altar to the Lord."

19 David obeyed the Lord's command and went as Gad had told him.

20 Araunah looked down and saw the king and his officials coming up to him. He threw himself on the ground in front of David

24:18 아라우나의 타작 마당에서 여호와를 위하여 제단을 쌓으소서. 울며 기도하는 다윗에게 갓 선지자가 왔다. 아라우나 타작 마당은 백성을 치던 천사가 잠시 멈추어 있는 곳이다. 그곳에 가서 빨리 하나님께 예배를 드리라 말하고 있는 것이다. 아라우나의 타작 마당은 전염병이 멈춘 자리를 표시하는 곳이며 생명과 죽음 사이의 경계선과 같다. 그곳은 이전에 아브라함이 이삭을 바쳤던 곳이기도 하다. 이후에 성전이 지

어지는 곳이다. 아라우나 타작 마당 자리는 정확히 오늘날 예배의 자리이다. 그곳이 건물 성전의 자리였다면 오늘날 교회가 성전인 시대이기에 사람들이 예배하기 위해 모일 때 그곳이 아라우나 타작 마당이 된다. 그곳에 죽음과 생명의 경계선이 있다. 그들은 세상에서 수많은 죽음의 일들을 경험하고 왔다. 죄를 범하고 온 사람도 있다. 그러나 하나님의 긍휼하심으로 다시 생명으로 거듭난다. 예배의 자리에 우리가 설 때 우리는 참으로 죄인이며 죽어야 마땅하지만 하나님께서 긍휼을 베푸셔서 우리를 다시 살리신다.

21 이르되 어찌하여 내 주 왕께서 종에게 임하시나이까 하니 다윗이 이르되 네게서 타작 마당을 사서 여호와께 제단을 쌓아 백성에게 내리는 재앙을 그치게 하려 함이라 하는지라

22 아라우나가 다윗에게 아뢰되 원하건대 내 주 왕은 좋게 여기시는 대로 취하여 드리소서 번제에 대하여는 소가 있고 땔 나무에 대하여는 마당질 하는 도구와 소의 멍에가 있나이다

23 왕이여 아라우나가 이것을 다 왕께 드리나이다 하고 또 왕께 아뢰되 왕의 하나님 여호와께서 왕을 기쁘게 받으시기를 원하나이다

21 and asked, "Your Majesty, why are you here?" David answered, "To buy your threshing place and build an altar for the Lord, in order to stop the epidemic."

22 "Take it, Your Majesty," Araunah said, "and offer to the Lord whatever you wish. Here are these oxen to burn as an offering on the altar; here are their yokes and the threshing boards to use as fuel."

23 Araunah gave it all to the king and said to him, "May the Lord your God accept your offering."

24:21 네게서 타작 마당을 사서 여호와께 제단을 쌓아 백성에게 내리는 재앙을 그치게 하려 함이라. 타작마당은 다윗 성 바로 위에 있는 곳이다. 다윗은 한걸음에 올라갔을 것이다. 그리고 그 땅을 사서 그곳에서 제사를 드리고자 하였다. 제사하는 다윗의 마음이 얼마나 절박하였을까? 그 제사는 이스라엘 백성들의 수많은 생명을 살린다. 오늘날도 마찬가지다. 우리의 예배는 절박하다. 예배에서 수많은 사람들의 생명이 살아난다. 예배는 죽음과 생명의 경계선에 있다. 예배를 드려도 진실하지 못하면 여전히 죽음 가운데 있다. 하나님을 만나는 사람은 생명이 있다. 우리는 예배에 절박함이 있

어야 한다. 하나님을 향한 경외와 믿음이 없는 사람들이 하나님을 만나기를 바라는 절박함이 있어야 한다.

> **24** 왕이 아라우나에게 이르되 그렇지 아니하다 내가 값을 주고 네게서 사리라 값 없이는 내 하나님 여호와께 번제를 드리지 아니하리라 하고 다윗이 은 오십 세겔로 타작 마당과 소를 사고
>
> **24** But the king answered, "No, I will pay you for it. I will not offer to the Lord my God sacrifices that have cost me nothing." And he bought the threshing place and the oxen for **50** pieces of silver.

24:24 내가 값을 주고 네게서 사리라 값 없이는 내가 하나님 여호와께 번제를 드리지 아니하리라. 번제는 제물 전체를 태워 '온전한 헌신'을 상징한다. 자신을 모두 드리는 것이다.

예배에 헌신의 마음이 없으면 제대로 된 예배가 될 수 없다. 시간 남아서 예배드리는 것이 아니라 최우선적으로 시간을 만들어야 한다. 예배 시간은 편안하게 위로 받는 시간이 아니라 죽음과 생명을 오가는 처절한 마음으로 집중하여 드려야 한다. 얼마나 어렵게 예배에 왔는데 그 시간을 그냥 흘려 보내겠는가? 무엇과도 바꿀 수 없는 시간이 되어야 한다. 공짜 예배나 습관적으로 의미 없이 보내는 예배가 아니라 나의 모든 것을 다하는 최선의 예배가 되어야 한다.

> **25** 그 곳에서 여호와를 위하여 제단을 쌓고 번제와 화목제를 드렸더니 이에 여호와께서 그 땅을 위한 기도를 들으시매 이스라엘에게 내리는 재앙이 그쳤더라
>
> **25** Then he built an altar to the Lord and offered burnt offerings and fellowship offerings. The Lord answered his prayer, and the epidemic in Israel was stopped.

24:25 여호와께서 그 땅을 위한 기도를 들으시매 이스라엘에게 내리는 재앙이 그쳤더라. 제사를 받으시고 기도를 들으심으로 하나님께서 이스라엘에 내리는 재앙을 일찍 멈추게 하셨다. 재앙이 일찍 멈추는 것이 하나님의 뜻이기도 하였다. 우리는 이 땅에서 우리의 수많은 죄 때문에 많은 재앙 가운데 살고 있다. 우리는 알고 있는 죄와 모르는

죄에 대하여 죄사함을 위해 예배하며 기도해야 한다. 그러할 때 재앙이 멈추고 하나님의 은혜가 가득하게 된다.

사무엘하를 마치면서 전하는 마지막 에피소드 6개에서 첫번째 에피소드와 여섯 번째 에피소드가 죄에 대한 벌 이야기다. 키아즘 구조안에서 서로 짝이다. 첫번째 에피소드에서는 사울이 지은 죄에 대해 다윗이 처벌하였다. 그리고 여섯 번째 에피소드는 이스라엘과 다윗의 죄 때문에 처벌을 받는 이야기다. 죄의 이야기에서 중요한 것은 죄에 대해 책임이 있다는 것이다. 어느 누구나 마찬가지다. 죄를 극복하지 못하고 죽은 사울이나 하나님의 용서로 죄를 극복한 다윗에게나 죄에 대한 책임 부분은 분명하다. 다윗은 결국 죄를 이기고 찬양하는 인생이 되었다. 그것이 중요하다.

다윗은 평생 수많은 싸움을 하였다. 그러나 죄와의 싸움은 더욱더 중요하다. 우리는 죄와 싸워야 한다. 이것이 우리가 많은 돈을 버는 것이나 어떤 다른 것보다 더 중요하다. 돈이나 명예를 얻는 것은 작은 일이나 죄를 범하거나 이기는 것은 매우 큰 일이다. 이 땅에서 죄와의 싸움에서 이겨야 한다. 그래서 찬양하는 인생이 되어야 한다.

사무엘하 (성경, 이해하며 읽기)

발행	2024년 1월 14일
저자	장석환
펴낸이	장석환
펴낸곳	도서출판 돌계단
출판사등록	2022.07.27(제393-2022-000025호)
주소	안산시 상록구 삼태기2길 4-16
전화	031-416-9301
총판	비전북 031-907-3927
이메일	dolgaedan@naver.com
ISBN	979-11-979752-6-4

https://blog.naver.com/dolgaedan